**Pues yo lo veo así**

XAVIER SALA I MARTÍN

# Pues yo lo veo así
### Sobre la crisis económica y más...

PLAZA JANÉS

Primera edición: marzo, 2010

© 2010, Xavier Sala i Martín
© 2010, Random House Mondadori, S.A.
Travessera de Gràcia, 47-49. 08021 Barcelona

Quedan prohibidos, dentro de los límites establecidos en la ley y bajo los apercibimientos legalmente previstos, la reproducción total o parcial de esta obra por cualquier medio o procedimiento, ya sea electrónico o mecánico, el tratamiento informático, el alquiler o cualquier otra forma de cesión de la obra sin la autorización previa y por escrito de los titulares del *copyright*. Diríjase a CEDRO (Centro Español de Derechos Reprográficos, http://www.cedro.org) si necesita fotocopiar o escanear algún fragmento de esta obra.

Printed in Spain – Impreso en España

ISBN: 978-84-01-38993-1
Depósito legal: B. 8604-2010

Compuesto en Comptex & Ass., S. L.

Impreso en Novagrafik
Pol. Ind. Foinvasa
c/ Vivaldi, 5
08110 Montcada i Reixac

Encuadernado en Encuadernaciones Bronco

L 389931

*A la XVII Ursula Sala-Illa, con amor*

# Índice

INTRODUCCIÓN . . . . . . . . . . . . . . . . . . . . . . . . . . . . . . . . 13

## 1
## CRISIS FINANCIERA 2008-2009

Cuando se pierde... se pierde . . . . . . . . . . . . . . . . . . . . . . 33
La tormenta perfecta. . . . . . . . . . . . . . . . . . . . . . . . . . . . . 36
Los músicos del *Titanic*. . . . . . . . . . . . . . . . . . . . . . . . . . 39
Entidades de patrocinio público. . . . . . . . . . . . . . . . . . . . 42
Crisis (1): ¿qué ha pasado?. . . . . . . . . . . . . . . . . . . . . . . . 45
Crisis (2): 1929. . . . . . . . . . . . . . . . . . . . . . . . . . . . . . . . 48
Crisis (3): neointervencionismo. . . . . . . . . . . . . . . . . . . . 51
Crisis (4): más tranquilos. . . . . . . . . . . . . . . . . . . . . . . . . 54
Crisis (5): eliminar el IVA. . . . . . . . . . . . . . . . . . . . . . . . 57
Crisis (6): España. . . . . . . . . . . . . . . . . . . . . . . . . . . . . . 60
Crisis (7): gasto inútil. . . . . . . . . . . . . . . . . . . . . . . . . . . 63
Crisis (8): minar la confianza. . . . . . . . . . . . . . . . . . . . . 66
Crisis (9): el pánico seguirá . . . . . . . . . . . . . . . . . . . . . . 69
Crisis (10): menos libertad. . . . . . . . . . . . . . . . . . . . . . . 72
Crisis (11): peligroso regalo. . . . . . . . . . . . . . . . . . . . . . 75
Crisis (12): no tiene solución. . . . . . . . . . . . . . . . . . . . . 78
Crisis (14): lo que no se ve. . . . . . . . . . . . . . . . . . . . . . . 81
Crisis (15): los nuevos desequilibrios . . . . . . . . . . . . . . . 84

## 2
## FREAKONOMICS

| | |
|---|---:|
| Monopolios aquí y allí | 89 |
| Los augures de César | 92 |
| La privatización del gobierno | 95 |
| Lo repugnante tiene su atractivo | 98 |
| Una idea disparatada | 101 |
| Su caballo de Troya | 104 |
| El show será transparente | 107 |
| Cómo encontrar la flauta mágica | 110 |
| Legalizando la prostitución | 113 |
| Limitar nuestra libertad | 116 |
| Creadores de «infodemias» | 119 |
| El oráculo de Delfos | 122 |
| Varios fundamentalismos | 125 |
| Introducir discriminación | 128 |
| La maldición de los recursos naturales | 131 |
| La ley de la oferta y la demanda | 134 |
| Después de la Navidad | 137 |
| Pospongan el sexo hasta abril | 140 |
| La suerte de los Rothschild | 143 |
| Dinero y felicidad | 146 |
| Mercados matrimoniales | 149 |
| «Outsourcing» sexual | 152 |
| La tragedia del bien comunal | 155 |

## 3
## ÁFRICA

| | |
|---|---:|
| El Mussolini africano | 161 |
| La esperanza de África | 164 |
| ... no podemos fracasar | 167 |
| www.umbele.org | 170 |
| Un salario para estudiar | 173 |
| Plan Marshall para África (I) | 176 |
| Plan Marshall para África (y II) | 179 |
| Barreras en el océano | 182 |
| «1 euro = 2 euros» | 185 |
| Soplan vientos de esperanza | 188 |

## 4
## ECOLOGÍA Y CAMBIO CLIMÁTICO

| | |
|---|---|
| Marketing climático | 193 |
| Cambio climático (I): una verdad incómoda | 196 |
| Cambio climático (II): mezclar ciencia y política | 199 |
| Cambio climático (III): a la vuelta de la esquina | 202 |
| Cambio climático (IV): el tipo de interés | 205 |
| Cambio climático (V): entre unos y otros | 208 |
| Cambio climático (y VI): no es nuestra prioridad | 211 |
| El premio Nobel de la Paz | 214 |
| La separación de la basura | 217 |

## 5
## ESTADO DEL BIENESTAR

| | |
|---|---|
| Catástrofes imaginarias | 223 |
| Ronald Reagan | 226 |
| «Michaelmooreísmo» | 229 |
| Babas de moralina barata | 232 |
| Si el *Katrina* pasara por Barcelona | 235 |
| Antes muerta que sencilla | 238 |
| Universalidad + Igualdad = Mediocridad | 241 |
| Funcionarios doctrinales | 244 |

## 6
## INTERNACIONAL

| | |
|---|---|
| Tasa Tobin, pero sin Tobin | 249 |
| Gente interesada | 252 |
| Infausto anticapitalismo populista | 255 |
| ¡Que se *vashan* todos! | 258 |
| Más globalización... y menos ONU y Banco Mundial | 261 |
| El «fin» del milagro chino | 264 |
| Suecia: ¿espejo o espejismo? | 267 |
| No tienen otro remedio | 270 |
| El problema es la intervención | 273 |
| Obama es el más atractivo | 276 |
| Venezuela está sola | 279 |
| AGRADECIMIENTOS | 283 |

# Introducción

Roma. 27 de mayo de 2009, 22.49 h. Termina el partido en que el Futbol Club Barcelona gana la final de la liga de campeones, batiendo por dos a cero al todopoderoso Manchester United. Samuel Eto'o y Lionel Messi han marcado los goles. Tras ganar la Copa del Rey y Liga Española, la consecución de la Champions League permite al Barça ser el único equipo de la historia que ha conseguido el ansiado triplete. Afortunadamente, no han sido necesarios ni la prórroga ni los penaltis.

Londres. 6 de mayo de 2009, 23.45 h. Hace una hora que ha acabado la semifinal Chelsea-Barça. El gol de Andrés Iniesta en el minuto 93 ha clasificado al Barça para la final. En mi Blackberry aparece un correo electrónico de Ignacio Palacios-Huerta, profesor de economía de la London School of Economics. Tras felicitarme por el paso del Barça a la final, el profesor Palacios me envía un detallado estudio estadístico de cómo se comportan los jugadores del Manchester ante los lanzamientos desde el punto de penalti: Van der Sar se lanza a su derecha el 70 % de las veces cuando el lanzador del penalti es diestro y se lanza a su izquierda el 87,5 % de las veces cuando el lanzador es zurdo. Nunca ha parado un penalti tirado raso cerca del palo o alto. Todos los que ha parado en su vida han sido lanzados a media altura. Cristiano Ronaldo, por su parte, lanza el 72 % de las veces a la derecha del portero; el 20 %, a la izquierda y el 8 %, por el centro. Es curioso que se prodigue tan poco por el centro porque por ese lado nunca ha fallado un penalti. Cuando hace paradiña, el porcentaje de lanzamientos a la derecha aumenta hasta el 85 %, aunque hace dos años que no hace ninguna.* El estudio del profesor Palacios-Huerta se completa con análisis similares de los demás delanteros del Manchester: Rooney, Giggs, Tévez, Berbatov, etc.

Inmediatamente después de recibir este mensaje, recuerdo que un año antes, el Manchester ganó la final de la Champions al Chelsea desde el punto de penalti, con el famoso tropiezo del capitán del Chelsea, John Terry, en el último lanzamiento. Ese pensamiento me inquieta. Inmediatamente reenvío el mensaje de Palacios-Huerta a Txiki Beguiristain quien me comunica que se lo pasa a Pep Guardiola y a Juan Carlos Unzué, el entrenador de porteros del Barça.

Han pasado ya unos meses desde la final de Roma. Desconozco si Guardiola llegó a utilizar las estadísticas en los entrenamientos. Pero, afortunadamente para nuestra salud cardíaca, el Barça no tuvo que acudir a la tanda de penaltis para ganar la final. Ganamos en el tiempo reglamentario.

Llegados a este punto, muchos de ustedes se preguntarán: ¿por qué un profesor de economía como Ignacio Palacios-Huerta tenía los datos de los lanzamientos de penaltis de los jugadores del Manchester? ¿Es Palacios-Huerta un fanático del fútbol que se dedica a mirar partidos en lugar de hacer investigación económica? La verdad es que Ignacio, un vasco simpatizante del Barça pero acérrimo seguidor del Athletic, colecciona datos de lanzamientos desde el punto de penalti porque es especialista en estrategia empresarial y teoría de juegos. ¿Cómo? ¿Un especialista en estrategia empresarial interesado en lanzamientos de penaltis? ¡Estos economistas están locos!, pensarán ustedes. Pues no. Resulta que el angustioso momento que enfrenta a portero

* Casualidades de la vida: escribo estas líneas el día en que el Madrid juega contra el Almería. Cristiano Ronaldo ha lanzado un penalti. Por primer vez en dos años ha hecho paradiña, ha lanzado a la derecha del portero a media altura y ha fallado.

contra delantero, con el balón parado a once metros de la portería, es uno de los mejores laboratorios donde examinar el comportamiento estratégico de dos personas que se juegan mucho en la acción. Un experimento perfecto para comprobar si los seres humanos se comportan tal como predice la teoría de juegos que enseñamos en las facultades de economía y se utiliza en las empresas.

Veamos. Todos los jugadores tienen un lado preferido al cual chutar la pelota cuando lanzan un penalti. Normalmente, a los jugadores zurdos les gusta lanzar a la izquierda del portero y a los diestros, a la derecha. Si no hubiera portero, la mejor estrategia para marcar sería chutar a ese lado. El problema es que hay porteros, y si éstos supieran que el jugador zurdo siempre chuta a su izquierda, ellos se lanzarían a ese lado y le pararían todos los penaltis. Ahora bien, sabiendo el jugador que el portero sabe que su lado favorito es el izquierdo, lo mejor que puede hacer es engañarlo y lanzar de vez en cuando a la derecha. Y claro, el portero sabe que, de vez en cuando, el jugador se lanzará a la derecha por lo que su mejor estrategia es tirarse él, de vez en cuando, a ese lado aunque el lado favorito del lanzador sea el izquierdo. Estamos, pues, ante un complicado juego de estrategia que enfrenta a portero y jugador. ¿Qué hacer? La teoría económica dice que la conducta más inteligente que pueden llevar a cabo los jugadores es lanzar mayoritariamente a su lado bueno y, de vez en cuando, cambiar de lado. Es importante que el cambio de lado no sea sistemático porque si un jugador sigue una regla específica (por ejemplo, tirar tres veces seguidas a la izquierda y la siguiente a la derecha), los porteros acabarán descubriendo esa regla y sabrán exactamente adónde se tienen que tirar. La mejor estrategia es, pues, chutar mayoritariamente —cerca de un 70% de las veces— a su lado bueno pero, de manera totalmente aleatoria (y por lo tanto impredecible), chutar al otro lado.

Para ver si los jugadores y los porteros se comportan de manera racional y como predice la teoría, investigadores como Ignacio Palacios-Huerta se han pasado años analizando miles de lanzamientos desde el punto de penalti. Ya ven. A veces, pues, los investigadores económicos nos dedicamos a examinar cosas que la mayoría de los mortales no relacionan con la economía.

Y es que el trabajo de un economista no sólo consiste en analizar situaciones de crisis como las vividas durante el 2008 y el 2009. ¡Que también! El trabajo del economista consiste en estudiar el comportamiento humano en situaciones que poco tienen que ver con el dinero, las crisis económicas o el precio de las acciones empresariales. La lección más importante que se enseña en las facultades de economía es que el hombre (y la mujer) reaccionan a los incentivos. Y la tarea principal de los economistas es entender cómo una política, una ley, una regla, una situación de recesión, un impuesto o un subsidio cambian los incentivos de los individuos a trabajar, invertir, comprar, ahorrar o a quedarse en casa. El hacer el diagnóstico correcto nos lleva a explicar por qué esa política, esa regulación o ese subsidio puede acabar teniendo consecuencias inesperadas que acaben sorprendiendo al político que las introduce. Un político puede creer que la introducción de un impuesto le va a llevar a recaudar más dinero. Pero un economista puede descubrir que puede desincentivar la inversión, cosa que puede reducir el trabajo y el ingreso de los trabajadores y, por lo tanto, puede acabar reduciendo (y no aumentando) la recaudación fiscal. ¡Paradojas de la economía!

En este sentido, el presente libro se divide en cinco capítulos. Algunos de ellos analizan problemas económicos en el sentido tradicional y otros hablan de economía en el sentido más amplio de la palabra. El primer capítulo es quizá el de más actualidad ya que analiza la crisis económica que el mundo entero ha vivido recientemente. Sin llegar a ser la gran depresión de 1929, la crisis de 2008-2009 ha sido una de las más importantes de los últimos cien años.

Todo empezó con los graves errores de política económica por parte del banco central norteamericano (la Reserva Federal): el entonces glorificado Allan Greenspan mantuvo los tipos de interés demasiado bajos durante demasiado tiempo a principios de la década. El objetivo de Greenspan era evitar que el colapso de las empresas «puntocom» se contagiara al resto de la economía y provocara una crisis en el año 2000. Los azares de la vida hicieron que, justo cuando se salía de aquel episodio, tuvieran lugar los ataques terroristas del 11 de setiembre de 2001 que amenazaron a la economía con una nueva crisis. Greenspan optó por seguir manteniendo los tipos de interés reducidos. El comienzo de las guerras de Afganistán e Irak introdujo incertidumbres adicionales que llevaron a Greenspan a seguir manteniendo la política de bajos tipos de interés.

Y claro, cuando los tipos de interés son tan bajos durante tanto tiempo pasan cosas extrañas. Y la primera mitad de la década no fue una excepción: por un lado, las familias aprovecharon para pedir prestado y comprar viviendas. Esa demanda de viviendas hizo subir sus precios. Al subir los precios, la gente vio que la adquisición de una vivienda podía ser una buena inversión (sobre todo porque las alternativas, como son las bolsas, no daban el rendimiento esperado). Eso atrajo a inversores que también compraron y eso hizo subir los precios todavía más. La economía entera se vio envuelta en una espiral de subidas de precios, adquisiciones y más subidas de precios, una espiral conocida con el fastuoso nombre de «burbuja inmobiliaria».

Por otro lado, al ver esos tipos tan bajos, los bancos, que viven de prestar dinero a cambio de un interés, buscaron rentabilidad en familias con pocos ingresos y con una alta probabilidad de no poder devolver la hipoteca, familias llamadas *subprime*. Al tener un riesgo superior, esas familias pagaban un interés más alto con una prima de riesgo aunque los bancos (que también se dejaron llevar por la mentalidad de burbuja inmobiliaria) pensaron que el peligro quedaba mitigado por el hecho de que el precio de sus viviendas estaba subiendo: si algún día tienen problemas, pensaron, las familias podrán vender la casa a un precio superior al de la hipoteca, cosa que les permitirá devolver el dinero. Amparándose en este razonamiento, los bancos se dedicaron a prestar dinero a gente con mucho riesgo de morosidad y eso dejaba una pequeña rentabilidad. No muy grande.

Pero una rentabilidad. Y para poder hacer un gran negocio con una rentabilidad pequeña, tenían que multiplicar el volumen. El problema es que el número de hipotecas que podían dar estaba limitado por la regulación financiera. Es la famosa regulación de Basilea que impide que los créditos concedidos por un banco sobrepasen una determinada proporción de su propio capital. Es decir, si un banco tiene un capital de 1.000 y la regulación dice que sólo puede prestar el 30% de su capital, el banco sólo puede dar hipotecas por valor de 300. Pero los bancos vieron una manera de hacer negocio sin dejar de respetar la normativa: la regulación permitía que los propios bancos crearan unos fondos de inversión paralelos (llamados *conduits*) que compraran las hipotecas a las familias *subprime*. Es decir, la regulación permitía que el banco creara un *conduit*, que éste pidiera un crédito de 300 en el mercado interbancario, y que utilizara los 300 para comprar las hipotecas del banco. De ese modo, el banco ya no tenía ninguna hipoteca en su balance sino que tenía 300 en efectivo, por lo que podía coger ese dinero y volver a prestarlo. Curiosamente, a pesar de que el fondo *conduit* era propiedad del banco, la regulación de Basilea permitía que la contabilidad fuese separada, por lo que no tenía en cuenta que, en realidad, el banco seguía teniendo 300 en hipotecas ya que era el propietario de un fondo que tenía esas hipotecas. Basilea permitía que el banco no contara las hipotecas de los *conduits*, por lo que podía repetir el proceso una y otra vez.

¿Qué hacían los *conduits* con las hipotecas? ¿Se las quedaban en un cajón? No. De hecho, las juntaban con otras hipotecas y las vendían a otras entidades financieras. Utilizando lenguaje sofisticado, a ese proceso se le llama «titularizar» las hipotecas. Esas entidades financieras, por su parte, juntaban esos paquetes de hipotecas con otros paquetes de hipotecas y las volvían a vender. Los compradores de los compradores hacían lo mismo y el proceso se repetía una y otra vez. Casualmente, todo esto pasaba cuando los departamentos de finanzas de todos los bancos estaban siendo invadidos por matemáticos cuyos modelos explicaban cómo se tenían que hacer esas complicadas combinaciones y reempaquetamientos de productos financieros para eliminar el riesgo. Sí, sí. Eliminar el riesgo. Si no lo entienden no se preocupen. Yo tampoco lo entiendo. De hecho, nadie entendía exactamente cómo lo hacían. Pero se suponía que los matemáticos eran tan listos (tanto o más listos que los economistas) que nadie se atrevía a decir que no lo entendía. Nadie quería quedar como el tonto de la película, de manera que todo el mundo decía que, efectivamente, esos activos reempaquetados eran una grandísima idea que había eliminado el riesgo. De hecho, los matemáticos engañaron incluso a las empresas de «rating» encargadas de evaluar el riesgo de los activos que uno quiere vender. Y es que en Estados Unidos (y, de hecho, en casi todo el mundo occidental) antes de vender un activo financiero, uno tiene que ir a una empresa independiente especializada y pedirle que evalúe el grado de riesgo. El sistema es parecido al que se utiliza en el mercado de diamantes: antes de comprar una piedra preciosa, el cliente va a un evaluador independiente y le pide que le diga la calidad del color, la talla, la luminosidad, etc. Pues bien, si esa empresa evaluadora de riesgo piensa que el activo es seguro en el sentido de que existe una elevada probabilidad de que recupere el dinero con un retorno elevado, se le otorga la categoría de AAA. Si existen posibilidades de que no sea devuelto, se le ponen sólo dos As, o una A, o una A-, o triple B, y así, hasta la D, que es la categoría que se da a los bonos basura. Una vez la empresa independiente de rating evalúa el producto financiero y le pone un rating en forma de letras, el banco puede pasar a vender ese activo y el comprador sabe qué tipo de riesgo está asumiendo.

El problema del sistema de evaluación independiente es que, tal como está diseñado, quien decide qué empresa de rating evalúa el producto (y por tanto, cobra los honorarios por hacerlo) es el banco emisor. Y claro, si el banco puede decidir si le da el negocio de evaluación a Moody's, a S&P o a Fitch (que son las tres grandes empresas que se dedican a ello), seguramente escogerá la que sea más generosa concediendo As. La razón es que el precio al que el banco va a poder vender el activo será más alto cuanto menos arriesgado parezca (es decir, cuantas más As le conceda la evaluadora independiente), por lo que va a pedir evaluación a la empresa que le conceda más As. Total, que el sistema vigente antes de la crisis hacía que las empresas independientes tuvieran incentivos a conceder más As de la cuenta porque ésa era la manera de conseguir clientes. Resultado: los peligrosos bonos tóxicos aparecían ante los compradores como unos activos completamente seguros.

Por si todo eso no fuera suficiente, aparecieron empresas aseguradoras que se dedicaban a asegurar el pago de los intereses de esos activos: usted me da 7.000 dólares ahora y si la familia *subprime* que ha pedido un crédito de 250.000 dólares no devuelve el crédito, tranquilos que se lo devuelvo yo. Esos seguros tenían nombres pomposos y que ahora son malditos: *credit default swaps*. Es más, el gobierno también garantizaba los pagos de los intereses de las hipotecas *subprime* a través de dos grandes empresas patrocinadas por el Estado llamadas Freddie Mac y Fannie Mae. ¿Por qué hacía eso el gobierno? Pues por razones políticas: los políticos querían poder decir que ellos habían conseguido que las familias más pobres del país también tenían acceso al sueño americano de ser propietarios de una vivienda digna. Un objetivo loable con consecuencias catastróficas.

Tenemos, pues, una gran bola de nieve financiera donde los bancos acumulaban, a través de esos fondos *conduit*, una montaña de activos peligrosos con la apariencia de ser muy seguros. Y parecían seguros porque las empresas independientes evaluadoras de riesgo decían que lo eran, porque nadie entendía los modelos matemáticos que figuraba que eliminaban el riesgo y porque había entidades aseguradoras públicas y privadas que aseguraban el pago de los intereses en caso de morosidad. La cosa no podía fallar. Bien. De hecho, sólo podía fallar si todas las familias *subprime* dejaban de pagar a la vez, pero eso no iba a pasar nunca, ¿correcto? ¡No! Incorrecto: todas las familias *subprime* dejaron de pagar a la vez.

¿Por qué? Pues porque explotó la burbuja inmobiliaria: estaba claro que en el momento que bajaran los precios, las familias verían que les salía más a cuenta dejar la casa en manos del banco que pagar una hipoteca superior al precio de la vivienda y masivamente se convertirían en morosas. Y eso fue exactamente lo que pasó. Resulta que aquello de que el ladrillo nunca baja no era verdad y los precios empezaron a bajar. Las familias dejaron de devolver sus créditos y la morosidad se disparó. Las aseguradoras tuvieron que desembolsar lo asegurado... pero no habían previsto que la morosidad fuera tan masiva; no tuvieron suficiente dinero para pagar lo que debían y empezaron a quebrar: primero Bear Sterns, luego Freddie Mac, Fannie Mae y finalmente AIG.

El aumento de la morosidad hizo que los activos garantizados por esas hipotecas empezaran a perder su valor. De hecho perdieron tanto valor que pronto fueron bautizadas como «activos tóxicos». El problema es que habían sido retitularizados tantas veces que nadie sabía ni cuántos activos tóxicos había ni quién los tenía. Eso creó una desconfianza entre bancos que hizo que dejaran de prestar. Primero dejaron de prestar a otros bancos. Los tipos de interés interbancarios (como el Euríbor) se dispararon y, con ellos, los pagos mensuales de millones de familias que dejaron de poder pagar sus hipotecas que estaban indexadas al Euríbor. La morosidad aumentó, no ya entre las familias *subprimes* sino entre todas las familias del mundo.

Y aquí volvió a aparecer la regulación de Basilea: los bancos de inversión como Merril Lynch o Lehman Brothers habían utilizado esos bonos que ahora eran tóxicos como garantía financiera para pedir prestado y utilizar el dinero para hacer más negocio (eso de pedir prestado para prestar es un negocio moderno que se llama «apalancamiento»). El problema fue que la regulación decía que, cuando el valor de esas garantías bajara, los bancos estaban obligados a deshacerse de otros activos y utilizar el dinero para reponer la garantía perdida. El problema es que eso pasaba justo en el momento en el que nadie quería comprar esos activos a precios razonables. Pero como estaban obligados a vender, vendieron. Eso sí... ¡a precio de saldo! Eso aumentó sus pérdidas, cosa que redujo la cotización de sus activos, cosa que les obligó a vender más, cosa que les aumentó sus pérdidas..., y así sucesivamente en una espiral negativa de pérdidas y caídas de cotización que los llevó a la quiebra. El pánico financiero estaba servido. Sólo quedaba que el todopoderoso gobierno de Estados Unidos interviniera salvando a los bancos, sus puestos de trabajo y el sistema financiero que engrasaba la maquinaria económica del país. Pero el comportamiento errático del gobierno, que después de salvar a Freddie Mac, Fannie Mae y AIG, dejó que Lehman Brothers quebrara el 14 de septiembre de 2008, contribuyó al desplome de la confianza internacional: ¿por qué se comportaba de una manera tan arbitraria el gobierno? ¿Con qué criterios decide ayudar a unos bancos pero no a otros? No había respuestas claras y eso acentuó el desconcierto: no sólo el sector financiero se desplomaba sino que daba la impresión de que el gobierno no sabía lo que estaba pasando.

La desconfianza, el pánico y la descapitalización de los bancos hicieron que, no sólo dejaran de prestar a otros bancos sino que dejaran de prestar a empresas no financieras de todo el mundo. Inversiones en el sector tecnológico de Sillicon Valley, el de la automoción de Alemania o el de la construcción en España no se llevaron a cabo por falta de financiación. La consecuencia es que la actividad económica cayó, los puestos de trabajo desaparecieron y lo que empezó como un problema hipotecario en Estados Unidos se contagió a la economía real del mundo entero. La crisis económica mundial estaba servida.

¿Quién tiene la culpa de lo sucedido? Pues yo diría que hay muchos culpables. El primero, el original, es el banco de la Reserva Federal, con Allan Greenspan a la cabeza, por mantener una política de bajos tipos de interés durante demasiado tiempo. El segundo, el gobierno de Estados Unidos, por manipular el sistema financiero a través de Freddie Mac y Fannie Mae para que aseguraran créditos hipotecarios a familias que no los podía devolver. El tercer culpable son los bancos de inversión privados que, al confiar ciegamente en los modelos financieros matemáticos, no supieron ver el riesgo agregado que suponía apalancarse excesivamente para comprar activos que no acababa de entender. El cuarto es el sistema de remuneración de los ejecutivos de esos bancos. El sistema de cobro de bonos a final de año introduce incentivos a adoptar estrategias de inversión excesivamente arriesgadas. El problema es que el ejecutivo cobra el 10% de los beneficios cuando hay beneficios pero no paga el 10% de las pérdidas cuando hay pérdidas. Si el ejecutivo puede escoger entre una estrategia conservadora que genera 10 millones cada año durante 10 años y otra arriesgada que da beneficios de 900 millones durante el primer año y pérdidas de 100 millones en los siguientes nueve años, ¿qué estrategia adoptará?: fíjense que sus «bonos de final de año» serán de 1 millón anual si adopta estrategia conservadora (con un salario total de 10 millones a lo largo de la década) y de 90 millones el primer año y cero cada uno de los siguientes (con un salario total de 90 millones) si adopta la estrategia arriesgada. Visto esto, los ejecutivos tienen todos los incentivos a adoptar estrategias arriesgadísimas y convertir el sistema financiero en un gran casino donde los bancos utilizan el dinero de los accionistas para hacer grandes y arriesgadas apuestas. Por eso los altos ejecutivos que vieron que el complejo de activos tóxicos era excesivamente arriesgado no hicieron nada para evitarlo. No tenían incentivos para hacerlo.

El quinto culpable de la crisis es el sistema de evaluación independiente (las empresas de «rating») que, al permitir al banco emisor escoger la compañía evaluadora, genera incentivos entre las evaluadoras que buscan tener honorarios al decir que el producto es menos arriesgado de lo que en realidad es. El sexto causante de la crisis fue la regulación. Pero no la «falta de regulación» o la «desregulación» como tan comúnmente se ha dicho en los medios, sino la «mala regulación». No es verdad que no hubiera regulación. Estaban las reglas de Basilea. El problema es que la regulación que había no era la adecuada: las reglas permitían, por ejemplo, que los bancos de inversiones crearan los *conduits* o que la contabilidad de esos *conduits* fuera independiente de la del banco aunque fueran propiedad del banco. Y eso, a la postre, fue uno de los problemas.

Un tema aparte es el de la crisis económica española. Soy de la opinión que la recesión española es distinta de la mundial por lo que España ha sufrido dos crisis: la internacional y la resultante de la propia burbuja inmobiliaria. Durante muchos años, España entera creyó que el crecimiento económico basado en la construcción era sano y no se hicieron los deberes. Familias, bancos, gobiernos y empresas pusieron demasiados huevos en la canasta de la construcción y la promoción inmobiliaria en la creencia de que los precios de la vivienda nunca dejarían de subir. El negocio de la promoción inmobiliaria y la construcción fue financiado por un sistema bancario que se endeudaba para poder prestar a esas empresas constructoras transformadas en una especie de Rey Midas que convertían en oro todo lo que tocaban. El día que las viviendas dejaron de subir, las constructoras dejaron de construir... y de pagar. Y a los bancos se les hicieron unos agujeros financieros que les impidieron prestar a las empresas productivas que nada tenían que ver con el negocio inmobiliario. Esas empresas dejaron de invertir y crear puestos de trabajo y la crisis se expandió por toda la economía. El presidente del gobierno ha dicho en numerosas ocasiones que España sufre por culpa de la crisis internacional. No es verdad. Si no hubiera habido crisis internacional, tarde o temprano España habría sufrido una crisis porque el modelo de crecimiento basado en una burbuja inmobiliaria no podía durar.

El problema es que la burbuja dio muchos años de bonanza y eso hizo creer a los líderes españoles que eran más listos que nadie. Les hizo pensar que no tenían necesidad de hacer los deberes y trabajar para que la economía fuese competitiva. De hecho, se dedicaban a ir por el mundo sacando pecho y predicando las bondades del sistema económico español. Hasta que la burbuja explotó. Y la construcción y el sector inmobiliario desaparecieron. Y su desaparición no sólo dejó un descomunal agujero financiero sino que dejó patente que el motor de la economía española era de cartón. Desaparecido el seudomotor, el problema apareció con toda su crueldad: el rey estaba desnudo y la economía española no tenía nada que hacer. Ahora todo el mundo corre y todo el mundo habla de competitividad e innovación. Los ministros piensan que van a arreglar la economía con leyes, subsidios y regulación. Pero la cosa es un poco más complicada y la solución comportará un poco más de sacrificios.

Y de todo esto se habla en el capítulo 1 de este libro: primero se analiza el origen de la crisis y se discuten las implicaciones de las diferentes soluciones. Por ejemplo, se discuten los incentivos perversos que genera el rescate de entidades privadas cuando hacen quiebra, se compara la presente crisis con la gran depresión de 1929, se analizan las diferentes acciones llevadas a cabo por los diferentes gobiernos del mundo (regulación, gasto público, déficits fiscales, subidas de impuestos o rescates de bancos) y se argumenta que la inminente salida de la crisis puede ser temporal debido a la gran cantidad de desequilibrios generados para salir de la actual recesión. También se habla de la reacción tardía del gobierno de España a reconocer que había crisis cuando todo el mundo veía que había una catástrofe, de las medidas necesarias para recuperar la competitividad y de las diferentes propuestas hechas por el ejecutivo español.

El segundo capítulo es, desde mi punto de vista, el más interesante del libro aunque muchos de ustedes pensarán que no está directamente relacionado con la economía. En los años cincuenta, el profesor de la Universidad de Chicago Gary Becker (desde mi punto de vista, el economista más creativo del siglo XX) empezó a utilizar la metodología económica para estudiar problemas que aparentemente poco tenían que ver con la economía pero que, en realidad, tenían mucho que ver con los incentivos. Becker analizó, por ejemplo, los incentivos a contraer matrimonio, a tener hijos, a invertir en educación y capital humano, a fumar, a cuidar la salud, a abrocharse el cinturón de seguridad o incluso a suicidarse. La aplicación de la metodología económica a aspectos de la vida que aparentemente poco tienen que ver con la economía ha sido bautizada recientemente con el nombre de «Freakonomics» por Steven Levitt, un estudiante aventajado y colega de Gary Becker en la escuela de Chicago y autor de uno de los best sellers mundiales con ese título. Pues bien, la segunda parte de este libro es una colección de pensamientos encuadrados bajo el título de «Freakonomics». Ahí se habla de por qué los hombres altos tienen más hijos que los bajos, de por qué el dinero sí conlleva la felicidad, de la discriminación femenina, la maldición de los recursos naturales o de por qué los guapos ganan más dinero que los feos. También se explica por qué la mayoría de los jugadores de fútbol de primera división han nacido en los tres primeros meses del año, por qué deberíamos eliminar los regalos de Navidad, de los radicalismos creacionistas y anticlericales, la inutilidad de hacer predicciones económicas, por qué (a pesar de que no fumo) creo que la prohibición de fumar es una mala idea y por qué legalizaría la prostitución o eliminaría las leyes antidóping en los juegos olímpicos. También explico por qué la inmigración no es la solución al problema de las pensiones, o por qué, en lugar de levantar las barreras de los peajes, lo que habría que hacer es subir los peajes cuando las autopistas se congestionan, o de las falsas alarmas creadas por el alarmismo de la prensa, fenómeno que bautizo con el nombre de «infodemias». Todos estos artículos tienen en común que se utiliza la metodología económica para analizar problemas que a priori poco tienen que ver con la economía tradicional.

El tercer capítulo del libro habla de una de mis pasiones: África. África sigue siendo el continente más pobre del planeta y sigue teniendo complicadísimos problemas de salud pública, principalmente de malaria y sida. Pero a mediados de los años noventa, África empezó un proceso de crecimiento y desarrollo económico que la ha llevado a reducir sus tasas de pobreza. En este capítulo se discuten las causas y, entre otras cosas, se llega a la conclusión de que la ayuda económica masiva llevada a cabo durante las últimas décadas, ha fracasado. Y se explica por qué ha fracasado y por qué los grandes planes de salvación que se están proponiendo desde las Naciones Unidas o desde los gobiernos del primer mundo tienen todos los visos de volver a fracasar. Por el contrario, abogo por la modestia. Por las pequeñas acciones que no intentan salvar el planeta o erradicar la pobreza sino simplemente mejorar las condiciones de vida de algunos ciudadanos del continente.

El cuarto capítulo es seguramente el que más controversia levantará entre los lectores. El tema central de este capítulo es el cambio climático. Escribo estas páginas de introducción justo cuando unos hackers han entrado en los ordenadores de la Climate Research Unit de la Universidad de East Anglia en el Reino Unido y han hecho públicos miles de correos electrónicos escritos por algunos de los líderes del IPCC (Panel Internacional del Cambio Climático de la ONU). En estos emails, los científicos discuten estrategias para manipular los datos, boicotear a los científicos «disidentes» o «negacionistas» o impedir que las investigaciones contrarias a la visión oficial sean publicadas. Si es verdad que destacados miembros del IPCC se comportan así, la comunidad científica relacionada con el cambio climático tiene un serio problema de credibilidad. De ser cierto este incipiente escándalo, la necesaria imparcialidad de un órgano de la ONU como es el IPCC se vería gravemente comprometida.

Antes de empezar y antes de que se me acuse de negacionista, déjenme explicar que yo no niego la evidencia científica: el planeta tierra se ha calentado durante el último siglo. Sobre eso no hay ninguna duda. Lo que sí cuestiono es la capacidad que tienen los científicos de explicar el origen de ese calentamiento o de predecir el futuro (catastrófico) del clima planetario. Y lo cuestiono porque para explicar tanto el origen del calentamiento como las predicciones catastróficas se necesitan complejos modelos matemáticos del clima y se necesitan predicciones económicas. Es decir, para saber cuánto $CO_2$ habrá en la atmósfera dentro de un siglo, es necesario saber cuál será la renta per cápita del mundo entero dentro de 100 años; hay que saber la composición sectorial de esa renta, la tecnología que se utilizará para producir esa renta o la cantidad de ciudadanos que habitarán en nuestro planeta. Yo no sé si los modelos matemáticos del clima son buenos o no (aunque sospecho que no mucho dado que, desde 1998, el planeta se ha enfriado cuando todos los modelos predicen que debería haberse calentado todavía más). Lo que sí sé es que los modelos de predicción del futuro económico son absolutamente nefastos. Y como que, sin las predicciones económicas no se pueden hacer predicciones de temperaturas, cualquier observador mínimamente imparcial debe tener un cierto grado de escepticismo para con los alarmismos que vemos publicados día sí y día también.

Otro de los argumentos desarrollados en el capítulo 4 es que la lucha contra el cambio climático que evite posibles catástrofes climáticas dentro de un siglo no es una prioridad. El planeta se enfrenta hoy (y no dentro de 100 años) a problemas más urgentes que afectan a los más pobres. Entre ellos están las pandemias de sida y malaria o la pobreza extrema. Los billones de euros que vamos a dedicar a luchar contra las inclemencias del tiempo serían más beneficiosos si se dedicaran a tratar esos temas más urgentes.

El capítulo quinto analiza diferentes aspectos del estado del bienestar. Desde la imposibilidad de conseguir un sistema educativo que sea a la vez igualitario y generalizado sin que sea mediocre hasta cómo se deberían dividir las facturas en los restaurantes para solucionar lo que se llama «la tragedia de los bienes comunales» pasando por la muerte del liderazgo intelectual de Europa, oprimido por la burocratización y funcionarización de la ciencia. También se examina la ineptitud del gobierno estadounidense a la hora de reaccionar ante el huracán *Catrina*, la contribución de Ronald Reagan al progreso económico y mental de Estados Unidos o los nefastos análisis que de la sociedad norteamericana hace Michael Moore. Finalmente, el último capítulo discute las situaciones económicas de diversos países del mundo como Venezuela, Suecia, China, Estados Unidos o Argentina. También se discuten otros aspectos de la economía internacional como el papel de los fondos soberanos, la globalización, las instituciones internacionales como la ONU, el Banco Mundial o la Organización Mundial del Comercio o la Tasa Tobin.

Por cierto, no les he explicado cuáles fueron los resultados del estudio Palacios-Huerta sobre el lanzamiento de penaltis. ¿Se comportaban de manera racional los jugadores a la hora de ejecutar la pena máxima? Pues resulta que la inmensa mayoría de ellos... ¡sí, se comportan como expertos matemáticos en teoría de juegos! Es decir, lanzan cerca del 70% de los penaltis hacia su lado bueno y, de manera aleatoria, alternan con su lado malo. Lógicamente, los jugadores no solucionan el complicado juego matemático de estrategia. Ellos actúan de forma intuitiva, guiados por su talento innato y muchas horas de práctica. El resultado final, sin embargo, es que los jugadores responden a los incentivos y encuentran la estrategia óptima y se comportan como expertos profesores de estrategia empresarial.

Dice Lionel Messi que, cuando empieza a correr hacia la pelota momentos antes de chutar un penalti, ni él mismo sabe a qué lado va a dirigir el balón. Eso es exactamente lo que debe hacer el perfecto lanzador de penaltis.

# 1

# Crisis financiera 2008-2009

## Cuando se pierde... se pierde

Supongo que muchos de ustedes no juegan regularmente a la ruleta y, si lo hacen, apuestan cantidades moderadas porque saben que si juegan demasiado acabarán perdiendo mucho. Pero ¿qué harían si el gobierno decidiera devolverles el dinero cada vez que no sale el número apostado? Si me permiten, yo les recomendaría que se fueran corriendo al Banc Sabadell, pidieran un crédito de millones de euros y se fueran directos al casino: cuando los números les salieran de cara, se forrarían y cuando no, el gobierno se lo devolvería todo. Naturalmente, ese programa tendría dos consecuencias. La primera es que nos convertiría a todos en jugadores patológicos. Y la segunda, que en pocas semanas el gobierno se quedaría sin un euro.

Absurdo, ¿no? Pues eso es precisamente lo que proponen algunos políticos norteamericanos para salir de la incipiente crisis financiera. La historia empezó hace cinco años cuando, al ver que los tipos de interés eran anormalmente bajos, algunos financieros listos vieron una oportunidad de negocio en las familias consideradas *peligrosas*. Es decir, familias poco solventes, con rentas bajas o con un historial de impagos catalogados como *clientes de baja calidad* (o, en inglés, *subprime*). Al no haber competencia de los bancos normales, ya que no quieren tener nada que ver con esos clientes peligrosos, los nuevos financieros podrían concederles créditos hipotecarios a un tipo de interés elevado. El negocio consistía en pedir dinero a los bancos normales a tipos bajos y prestar a clientes peligrosos a tipos altos.

Para hacer más atractivo el paquete, ofrecían programas de repago con cuotas muy bajas durante cinco años. En realidad, era como si inicialmente dieran tipos de interés subsidiado, un subsidio que pensaban cobrar con creces a partir del quinto año.

Pues bien. Estamos hoy en el quinto año, las cuotas han subido y, como era de esperar, una parte de esas familias *peligrosas* no ha podido afrontar sus pagos y los financieros se han visto obligados a quedarse con sus casas. El problema es que los precios de esas casas han bajado y los tipos de interés han subido, con lo que esos financieros se han quedado sin negocio y con una enorme cartera de viviendas que no pueden vender. Muchos de ellos, amenazados de quiebra, están despidiendo a sus trabajadores, cerrando locales y reduciendo dramáticamente sus actividades. Es la llamada crisis de los créditos *subprime*.

Como siempre que ocurren crisis de este tipo, ya han aparecido los políticos que reclaman la intervención del gobierno y de la Reserva Federal para que facilite dinero barato a esas empresas con el objetivo de evitar que se vayan al garete. Eso sería un error: una de las bases del sistema financiero es que los beneficios elevados se consiguen sólo si uno asume riesgo. Es decir, el retorno es el premio para quien se arriesga a ganar mucho... o perder mucho. Y los financieros sabían que recibían un interés más elevado de lo normal, única y exclusivamente porque estaban prestando a clientes *peligrosos*. Si la cosa hubiera salido bien, ellos se habrían quedado el dinero. Ahora que ha salido mal son ellos, y no los contribuyentes, los que deben pagar las consecuencias. Salvarlos ahora de la ruina tendría los mismos resultados que el programa de devolver el dinero a quien juega a la ruleta y pierde: aparte de malversar recursos públicos, aparecerían muchos nuevos financieros con ganas de especular con riesgos excesivos porque sabrían que, en caso de que las cosas salieran mal, el gobierno les salvaría el trasero.

Todo esto no quiere decir que el gobierno no deba intervenir. Lo debe hacer en dos áreas distintas. Primero, si la crisis se contagia al resto de la economía, entonces y sólo entonces, deberá bajar los tipos de interés. Pero no como una cosa especial, sino siguiendo las mismas reglas que utilizaría si la crisis hubiera sido causada por un aumento de los precios del petróleo, un ataque terrorista o una recesión en China. Segundo, el gobierno debe asegurarse de que las familias no fueron engañadas con el anzuelo de intereses subsidiados al principio, seguido de intereses usureros a partir del quinto año. Si las familias sabían y entendían lo que estaban haciendo, no hay problema. Pero si fueron inducidas al engaño, los timadores deben ser perseguidos. Y para impedir que futuros financieros abusen de los clientes siguiendo esa estrategia, el Estado podría aprobar una ley que permitiera a cualquier cliente devolver el resto de la hipoteca en cualquier momento y sin penalización. De este modo, si un financiero decide subsidiar los intereses durante cinco años, allá él: los clientes aceptarán encantados ese regalo, porque, llegado el quinto año, podrán pedir otro préstamo a tipos normales y devolver el dinero al usurero, con lo que éste se quedará sin negocio.

Dicho esto, lo que no debería hacer el gobierno es imponer regulaciones y barreras que impidan la aparición de nuevos empresarios financieros que se arriesguen e innoven. Al fin y al cabo, aunque todo esto acabe en una crisis, el episodio del crédito *subprime* ha permitido que millones de familias pobres pudieran comprar casas. Y, de hecho, el 97% de ellas ha resultado ser lo suficientemente solvente para devolver el dinero e impedir que eso pueda volver a suceder sería un error.

Ahora bien, el gobierno debe dejar claro que, como diría el gran filósofo e inventor de la técnica de la obviedad con mensaje profundo, Johan Cruyff: cuando se gana, se gana, y cuando se pierde... se pierde.

*La Vanguardia*, 17 de septiembre de 2007

## La tormenta perfecta

Día de Halloween de 1991. La costa Este de Estados Unidos sufre una descomunal tempestad causada por la improbable combinación de aire caliente y bajas presiones provenientes del norte, aire frío y altas presiones provenientes del este y el resto de un huracán tropical que sube del sur. Estos tres factores no se dan simultáneamente casi nunca. Pero cuando se dan, originan lo que se conoce como... la tormenta perfecta.

Enero de 2008. Como cada año, los economistas nos vemos acosados por la prensa para que hagamos las predicciones del año nuevo. Si uno no quiere quedar como un ignorante, debe profetizar alguna cosa con más o menos sentido. Ya que yo soy de los que no tienen bola de cristal, déjenme que les cuente lo que están diciendo los grandes gurús de la futurología económica: durante el año 2008, ¡habrá una profunda crisis económica!

Hay seis factores que apuntan en esa dirección. Primero, la crisis financiera del *subprime*. Empezó hace unos años cuando unos bancos espabilados hicieron préstamos hipotecarios a familias con poca capacidad de devolver el dinero (*subprime*). En lugar de guardarse esas hipotecas peligrosas, esos bancos las «securitizaron». Es decir, las pusieron en paquetes con otras hipotecas y las vendieron al mejor postor. Éste, por su lado, las reempaquetó y las volvió a vender. Y así, los paquetes de hipotecas peligrosas fueron de banco en banco hasta su destino final. El problema es que ni ese destino final se conoce, ni se sabe cuántas hay. En las últimas semanas hemos descubierto que Merrill Lynch, Citigroup y Unión de Bancas Suizas (UBS) poseían decenas de miles de millones de dólares. Es decir, hemos descubierto que el agujero financiero es grande y que no lo tienen bancos desconocidos, sino bancos muy importantes.

El problema es que, al no saberse quién tiene agujeros financieros, los bancos se guardan el dinero porque tienen miedo a prestar. Eso hace que muchas empresas que querrían invertir, es decir, que querrían comprar maquinaria y ampliar su capacidad productiva, no lo hacen porque nadie les presta dinero. La empresa de maquinaria no vende, por lo que debe despedir a algunos trabajadores. Esos trabajadores dejan de comprar comida o ropa, por lo que las empresas de comida o ropa pierden dinero y despiden a sus trabajadores, y el círculo vicioso se expande por toda la economía. Es decir, lo que empezó como una crisis de hipotecas *subprime*, se contagia a la economía real y se transforma en una recesión económica en toda regla.

Segundo factor: los precios de la vivienda en Estados Unidos están cayendo y se estima que durante el año 2008 la caída puede llegar a ser de hasta un 25%. Esto puede provocar lo que se conoce como «efecto riqueza»: el gasto realizado por los consumidores depende de lo ricos que éstos son o creen que son. Cuando el precio de sus viviendas baja, perciben que se han empobrecido y dejan de comprar comida o ropa por lo que las empresas de comida o ropa pierden dinero, despiden a sus trabajadores... y el círculo vicioso vuelve a empezar.

Tercero: el precio del petróleo ronda los 100 dólares por barril. En el año 1974, un aumento parecido, por sí solo, causó una de las más grandes recesiones de siglo XX. Es cierto que la economía de hoy, con muchos más servicios y menos industria, es menos dependiente de los precios de la energía. Pero también es cierto que el aumento del precio del petróleo coincide con el de otras materias primas. La razón es que, esta vez, los precios no suben porque unos locos de la OPEP han reducido la oferta, sino porque los dos países más poblados del mundo,

China y la India, están creciendo rápidamente y demandan grandes cantidades de materias primas.

Cuarto, el euro está por las nubes: un euro caro hace que los productos europeos sean caros y eso impide que Europa exporte y tome el timón de la economía mundial cuando Estados Unidos entre en crisis.

Quinto, el dólar corre el riesgo de sufrir una caída catastrófica. En estos momentos hay tres grandes grupos de personas que tienen dólares en sus carteras: los chinos, los fondos de pensiones alemanes y japoneses y los exportadores de petróleo. Si estos grupos ven que el dólar se debilita, pueden intentar quitarse sus miles de millones de dólares de encima para no sufrir pérdidas, cosa que precipitaría la caída de la moneda norteamericana, provocando un siniestro financiero sin precedentes.

Sexto: la situación geopolítica sigue teniendo elevadas dosis de incertidumbre. El asesinato de Benazir Bhutto, candidata a primera ministra de un país islamista poseedor de la bomba nuclear, es un triste recordatorio de que conflictos bélicos o atentados terroristas en gran escala pueden ocurrir en cualquier momento.

Total, seis son los factores que apuntan a una crisis económica global. Lógicamente, por más que insistan los profetas, nadie sabe con certeza si esa crisis finalmente se va a producir porque también hay razones para ser optimista. Por ejemplo, los bancos centrales de Europa y Estados Unidos están aumentando la cantidad de dinero para que las empresas que deseen invertir puedan hacerlo y el gobierno norteamericano está ayudando a las familias *subprime* a pagar sus hipotecas.

Lo que pasa es que, si bien cada uno de estos seis factores, por sí solo, podría desencadenar una crisis económica mundial, hoy se dan todos simultáneamente. Es decir, estamos ante la combinación improbable de factores que no se dan casi nunca pero que, cuando se dan, podrían acabar originando... la tormenta perfecta.

*La Vanguardia*, 8 de enero de 2008

## Los músicos del *Titanic*

¿Sabían que para hervir una rana lo que hay que hacer es ponerla en agua fría y calentarla lentamente? Se ve que si uno la pone directamente en agua hirviendo, la rana salta escaldada, mientras que si la mete en agua fría y la temperatura sube poco a poco, su cuerpo se acostumbra al calor y acaba muriendo cocida.

Que España está perdiendo competitividad económica es cada día más obvio. Lo que no es tan evidente es que la causa sea la misma que la de... ¡la rana!

Países como Finlandia o Suecia hicieron profundas reformas económicas en los años noventa, justo después de sufrir recesiones catastróficas. Esas crisis escaldaron tanto a las autoridades de la época que saltaron como la rana ante el agua hirviendo e iniciaron unas costosas reformas que les han hecho ganar competitividad a medio plazo.

Mientras tanto, España disfrutaba de un crecimiento que ya lleva trece años ininterrumpidos y que ha hecho que las autoridades presuman y se dediquen a ir por el mundo dando arrogantes lecciones de cómo se hacen las cosas.

El problema es que el crecimiento español se ha basado casi exclusivamente en dos sectores de limitado recorrido: el turismo y la construcción. El turismo podía seguir tirando al menos hasta que la masificación y los desastres medioambientales hicieran mella. El boom de la construcción, sin embargo, no podía continuar, ya que se basaba en el aumento continuado de precios que hacía que una gran masa de ciudadanos quisiera ser propietaría de viviendas para hacerse rica. Ese deseo de comprar (facilitado en parte por unos bancos que daban hipotecas baratas y larguísimas) retroalimentaba los precios y las ganas de comprar, creando un círculo vicioso —que algunos llaman burbuja inmobiliaria— en el que la construcción creó millones de puestos de trabajo, riqueza y un crecimiento económico espectacular.

La felicidad era tan grande que nadie se daba cuenta de que, para la rana, la temperatura estaba subiendo y que, para España, la competitividad se iba deteriorando. Pero la autocomplacencia hacía que nadie se preocupara de implementar las dolorosas reformas que hubieran permitido pasar a producir bienes alternativos cuando el boom inmobiliario llegara a su fin: la calidad de los estudiantes —y futuros trabajadores— empeoraba objetivamente, las empresas que querían ampliar actividades e innovar encontraban entornos cada vez más regulados y hostiles, la investigación perdía calidad y rumbo, el marco institucional era cada vez más opresivo y la mentalidad general era cada día más funcionarial y menos emprendedora, entre otras cosas.

Pero, en lugar de reformar, España seguía basando su crecimiento en el ladrillo, hasta el punto de que entre el 15% y el 19% del PIB español dependía de la construcción (en comparación, en Estados Unidos esa proporción no llegaba al 5%). Eso creó una dependencia tan grande que ponía en peligro las bases del crecimiento si algún día llegaba la crisis al sector.

Y, naturalmente, la crisis llegó al sector. Y, lógicamente, España no estaba preparada porque la rana ya estaba hervida: las familias norteamericanas *subprime* dejaron de pagar su hipoteca, las viviendas bajaron de precio, los consumidores se empobrecieron, los bancos dejaron de prestar y se precipitó la recesión. Claro que todo eso sucedía en Estados Unidos... o al menos eso proclamaban nerviosamente esperanzados el presidente Zapatero y el ministro Solbes.

El problema es que luego llegaron los dramáticos datos del mes de enero: la inflación más alta de los últimos doce años, la producción industrial se derrumbó en 2,4 puntos (la mayor caída de los últimos seis años), el índice PMI empresarial sufrió el descenso más brusco de la historia al pasar de 51 a 42, el paro sufrió el mayor aumento desde que se construyen estadísticas, las reservas de vivienda bajaron en un 60% (lo que obligará a reducir todavía más la construcción en los próximos meses), el déficit exterior llegó al 10% del PIB, el stock de divisas cayó hasta 13.000 millones y sólo permite comprar el equivalente de doce días de importaciones, la confianza de los consumidores se desmoronó de 72,3 a 70,9 y la bolsa sufrió dos desplomes históricos en una semana.

¿Y qué hicieron los líderes españoles ante todo esto? Pues, de hecho... ¡nada! Se limitaron a proclamar que el superávit fiscal representaba un gran seguro para el país y que todo iba la mar de bien. Pero en economía, la actitud del gobierno es importante, aunque sólo sea para no crear desconfianza. Si uno dice que no pasa nada pero los números indican lo contrario, uno da la impresión de que está perdido, o que no entiende que existe un problema, o que no sabe solucionarlo... o, simplemente, que está rezando para que la crisis no explote hasta después de las elecciones, a ver si le salva la campana. Sea como fuere, esa actitud pasiva e interesadamente optimista provoca una desconfianza que no hace más que empeorar la situación.

El 21 de enero, día de catástrofe bursátil en España, me llamaron de RAC 1 para que opinase sobre el tema. Uno de los cómicos del programa, al ver la pasividad de Zapatero y Solbes mientras las bolsas se hundían, los comparó con los músicos del *Titanic* que tocaban el violín, ajenos al hundimiento del transatlántico, para calmar los ánimos, ignorados por una gente que veía cómo las grietas se abrían y el agua se colaba por todas partes. No es que yo abogue por la intervención cada vez que cae la bolsa, pero la analogía es perfecta: en materia económica, las autoridades españolas están actuando como los músicos del *Titanic*.

*La Vanguardia*, 17 de febrero de 2008

## Entidades de patrocinio público

El mundo económico al revés: mientras en Estados Unidos un gobierno autoproclamado antiintervencionista utiliza dinero público para salvar a empresas financieras, en España, un gobierno nominalmente socialista deja que grandes compañías inmobiliarias como Martinsa Fadesa hagan suspensión de pagos sin intervenir.

Vaya por delante que, en general, aplaudo con entusiasmo la decisión del gobierno español de no ayudar a empresas en apuros: una de las leyes básicas del sistema capitalista es que cuando las empresas hacen las cosas bien, los accionistas deben poder apropiarse de los beneficios, pero, cuando van mal, son ellos y sólo ellos los responsables de cargar con las pérdidas. Porque si hacemos aquello de que «si sale cara, gana el empresario, y si sale cruz, paga el contribuyente», las empresas tienden a tomar decisiones demasiado arriesgadas con perjuicio para todos, un fenómeno que los economistas llaman «azar moral».

¿Por qué el gobierno de George Bush ha salvado el trasero a empresas como Fannie Mae y Freddie Mac, contrariamente a lo que recomienda su retórica liberal?

Para responder hay que repasar un poco la historia. En los años treinta, el presidente Franklin D. Roosevelt quiso facilitar el acceso de los americanos a la propiedad de sus viviendas. Hasta entonces, cuando un banco concedía un crédito a una familia, el contrato se quedaba en un cajón del banco y éste recibía cada mes el pago de la hipoteca. Entonces, Roosevelt creó una institución pública, llamada Fannie Mae, que compraba esas hipotecas a los bancos y las vendía a inversores privados, pasando éstos a cobrar los pagos mensuales que efectuaban las familias. De esa manera, el banco recuperaba inmediatamente el dinero, cosa que le permitía conceder inmediatamente otra hipoteca a otra familia. Así, no sólo se multiplicaba el negocio, sino que se permitía que muchos más americanos pudieran comprar una vivienda al poder acceder a una hipoteca. Para atraer a los inversores, Fannie Mae los aseguraba de los posibles impagos. Es decir, el inversor pagaba una prima de, digamos, 7.000 dólares a cambio de que, si algún día la familia no devolvía el crédito de 100.000 dólares, Fannie Mae le reintegraba los 100.000 al inversor. Y así, de 7.000 en 7.000, ganó mucho dinero con esos seguros hipotecarios.

En 1970, el gobierno quiso romper el monopolio de Fannie Mae creando una compañía hermana llamada Freddie Mac. Pasado un tiempo, las *cuasi privatizó* a las dos. Digo «cuasi privatizó» y no «privatizó» porque, a pesar de que los accionistas eran privados, ambas empresas operaban en una especie de limbo legal que les daba privilegios especiales entre los que destacaba la garantía implícita de que, en caso de quiebra, el gobierno las salvaría. De hecho, Fannie y Freddie no eran y no son ni empresas públicas ni empresas privadas, sino algo que se llama *government sponsored entities* (entidades de patrocinio público). Ese limbo legal hizo que tanto Fannie como Freddie tuvieran incentivos a la hora de asegurar créditos por encima de sus posibilidades, porque pensaban (¡o sabían!) que en caso de problemas el gobierno las acabaría sacando del apuro.

Durante los últimos meses, y cuando entre las dos controlan casi la mitad de los doce billones de créditos hipotecarios que existen en Estados Unidos, el precio de la vivienda ha empezado a bajar, muchas familias han empezado a no poder o no querer devolver sus hipotecas y, claro, las empresas que habían asegurado esas hipotecas están teniendo que pagar a los inversores el valor de los créditos perdidos. A raíz de eso, los dos gigantes han sufrido unas pérdidas billonarias que les han llevado, literalmente, al borde del colapso. El pasado 14 de julio la Administración norteamericana decidió demostrar por qué esas *empresas patrocinadas por el gobierno* tenían privilegios especiales e intervino para evitar su quiebra.

La pregunta clave es: ¿hizo bien en intervenir? Pues no es fácil de decir. A favor de la intervención está el hecho de que si se deja que quiebren dos empresas tan grandes, tan íntimamente entrelazadas con el resto de la economía y que tienen asegurada a tanta gente como Fannie y Freddie, las consecuencias para el resto del mundo serían incalculables.

A favor de la no intervención está el argumento de que el gobierno norteamericano, que en estos momentos no tiene dinero efectivo, deberá pedir un préstamo gigante para hacer frente al rescate de Fannie y Freddie, y eso comportará un aumento de tipos de interés mundiales y un perjuicio para el resto de las economías del planeta. Las dos alternativas son malas.

¿Y qué hay del azar moral? ¿No tienen razón quienes dicen que el gobierno no debe rescatar empresas porque, si lo hace, las demás compañías deciden tomar decisiones demasiado arriesgadas pensando que a ellas también las salvarán? Pues la verdad es que, en este caso la respuesta es que no, porque, al estar en un limbo legal especial, el rescate de Fannie y Freddie no tiene por qué enviar el mensaje a las empresas estrictamente privadas de que también serán rescatadas.

En este caso, Fannie Mae y Freddie Mac tenían problemas de azar moral desde que su *cuasi privatización* durante los años setenta las dejó con un estatus de privilegio que las indujo a asumir los riesgos excesivos que han desembocado en el colapso actual. Es el problema que tienen las empresas que no son ni públicas ni privadas sino *entidades de patrocinio público*.

*La Vanguardia*, 17 de julio de 2008

# Crisis (1):
## ¿qué ha pasado?

La tormenta perfecta sigue su curso inexorable y todos nos preguntamos cuál es la solución. Antes de hablar de remedios, es importante saber qué ha pasado porque, sin un diagnóstico correcto, no hay soluciones acertadas.

Todo empezó en el año 2001, cuando Alan Greenspan quiso evitar el colapso de la bolsa tras el fiasco de las *puntocom* reduciendo los tipos de interés del 6,5% al 2,5% en menos de un año. Con esos tipos tan bajos, los bancos, que viven de prestar dinero a cambio de un interés, buscaron rentabilidad en familias con pocos ingresos y con una alta probabilidad de no poder devolver la hipoteca, familias llamadas *subprime*. Al tener un riesgo superior, esas familias pagaban un interés más alto, aunque los bancos pensaron que el peligro quedaba mitigado por el hecho de que el precio de sus viviendas estaba subiendo: si algún día tienen problemas, pensaron, las familias podrán vender la casa a un precio superior al de la hipoteca, lo que les permitirá devolver el dinero.

Pero los márgenes que podían cobrar eran tan pequeños que, para obtener rentabilidad, tenían que multiplicar el volumen. El problema es que el número de hipotecas que podían dar estaba limitado por la regulación de Basilea que impide que los créditos concedidos por un banco sobrepasen una determinada proporción de su capital. Curiosamente, lo que sí permite esa regulación es que los bancos creen unos fondos de inversión paralelos (llamados *conduits*) que compren sus créditos. Y así lo hicieron: los *conduits* pedían prestado, compraban las hipotecas a los bancos y éstos recuperaban el dinero. Al haber desaparecido el crédito de sus balances (y al permitir la regulación de Basilea que la contabilidad del banco y el *conduit* se hiciera separadamente), los bancos podían volver a prestar el mismo dinero, ampliando de esta manera el negocio.

Los *conduits*, a su vez, cogían las hipotecas, las reempaquetaban (en lenguaje sofisticado, «titularizaban») de maneras tan complejas que conseguían ratings de AAA que indicaban un riesgo mínimo y las vendían a bancos de inversión. Para facilitar la operación, incluso obtenían seguros con nombres pomposos como *credit default swaps*. Los bancos de inversión, a su vez, utilizaban esos activos como garantía para pedir créditos adicionales y apalancar más operaciones financieras, creando así una enorme bola de nieve de activos que, por muy sofisticados que fueran, tenían como garantía última las hipotecas de las familias *subprime*.

Y todo eso iba muy bien mientras el precio de la vivienda subía. Pero llegó un día en que dejó de subir. Las familias que habían pedido prestados 100.000 dólares vieron que su casa sólo valía 60.000 y tuvieron que tomar una decisión: devolver una casa de 60.000 o devolver una hipoteca de 100.000. No hay que ser muy listo para ver que, si la regulación permite escoger, muchos devolverán la casa y no pagarán la hipoteca. Y resulta que la regulación permitía escoger y, por lo tanto, decidieron no pagar: la morosidad se disparó y todos los activos garantizados por esas hipotecas empezaron a perder su valor y a ser catalogados de *tóxicos*. El problema es que habían sido retitularizados tantas veces que nadie sabía ni cuántos activos tóxicos había ni quién los tenía. Eso creó una desconfianza entre bancos que hizo que dejaran de prestarse dinero unos a otros. Los tipos de interés interbancarios (como el Euríbor) se dispararon y, con ellos, los pagos mensuales de millones de familias que dejaron de poder pagar sus hipotecas. La morosidad aumentó, no ya entre las familias *subprime*, sino entre todas las familias del mundo. Las aseguradoras tuvieron que desembolsar lo asegurado... pero no tenían dinero suficiente, por lo que fueron las primeras en quebrar. Sus nombres: Bear Stearns, Freddie Mac, Fannie Mae y AIG. ¿Les suenan?

Y aquí volvió a aparecer la regulación de Basilea: los bancos de inversión como Merril Lynch o Lehman Brothers habían utilizado esos bonos que ahora eran tóxicos como garantía financiera y la regulación decía que, cuando el valor de esas garantías bajara, los bancos estaban obligados a deshacerse de otros activos y utilizar el dinero para reponer la garantía perdida. El problema es que eso pasaba justo en el momento en el que nadie quería comprar esos activos a precios razonables. Pero como estaban obligados a vender, vendieron. Eso sí... ¡a precio de saldo! Eso aumentó sus pérdidas, lo que redujo la cotización de sus activos, lo que los obligó a vender más, lo que aumentó sus pérdidas... y así sucesivamente en una espiral negativa de pérdidas y caídas de cotización que los llevó a la quiebra. El pánico financiero estaba servido.

Lo que nos lleva al momento actual: la desconfianza, el pánico y la descapitalización de los bancos están haciendo que no sólo dejen de prestar a otros bancos, sino que dejen de prestar a empresas no financieras de todo el mundo. Inversiones en el sector hospitalario en Alemania o el de la alimentación en Colombia no se llevan a cabo por falta de financiación. La actividad económica cae, los puestos de trabajo desaparecen y lo que empezó como un problema hipotecario en Estados Unidos se está contagiando a la economía real del mundo entero. La ciudadanía pide a sus gobiernos que actúen. Las erráticas políticas públicas que proponen, sin embargo, demuestran que no saben qué hacer, lo cual suscita más desconfianza y agrava la situación. De eso hablaremos en un próximo artículo. De momento, esto es lo que ha pasado.

*La Vanguardia*, 13 de octubre de 2008

# Crisis (2):
# 1929

La crisis financiera global ha sembrado el pánico sobre el estado de la economía global. Muchos analistas comparan la situación con la Gran Depresión de 1929. Se nos recuerdan episodios de inversores lanzándose por las ventanas en Wall Street y colas de norteamericanos hambrientos mendigando por las calles de Nueva York. Incluso mi colega de Columbia, Joe Stiglitz, ha dicho que la caída de Wall Street es al capitalismo lo que la caída del Muro de Berlín fue al comunismo. Las palabras de Stiglitz son una gran contribución intelectual al debate, porque demuestran de una vez por todas que la obtención del premio Nobel no vacuna al galardonado contra la capacidad de decir tonterías.

A ver, seamos serios: ni esta crisis financiera representa el final del capitalismo ni estamos ante una nueva Gran Depresión. La situación actual se parece a la del 29 en dos aspectos esenciales. El primero es que las bolsas han caído. Sí. ¿Y qué? Mucha gente ha perdido dinero y eso es triste. Pero de ahí a que se avecine una gran depresión media un abismo. Estadísticamente, los movimientos a corto plazo de las bolsas no reflejan el estado real de la economía, especialmente durante episodios como los actuales, en que los inversores de bolsa han entrado en un estado de histeria que les impide ver las cosas con claridad.

Dicho esto, existen seis grandes diferencias entre la crisis de 1929 y la actual. Primera: en el año 1929 los depósitos bancarios no estaban asegurados. Cuando empezó la crisis, todas las familias corrieron a buscar sus ahorros a sus bancos. Éstos, lógicamente, no tenían el dinero porque lo habían prestado (ése es, precisamente, su negocio), por lo que devolvieron lo que pudieron y cuando se quedaron sin recursos cerraron las puertas. Millones de americanos perdieron sus ahorros. Nada de eso va a ocurrir en 2008 porque los depósitos están asegurados, precisamente, gracias a la lección de 1929.

Segunda: en 1929 el sistema monetario se basaba en el patrón oro, que impedía que la Reserva Federal (FED) aumentara la liquidez del sistema si no aumentaban previamente sus reservas de ese metal. Como el oro en manos de la FED no aumentó, ésta no pudo imprimir el dinero que desaparecía por culpa de las quiebras bancarias. En el año 2008, los bancos centrales de todo el mundo están imprimiendo dinero para dotar al sistema financiero de liquidez.

Tercera: en 1929 había deflación y los precios y salarios bajaban continuamente. Eso hizo que las deudas familiares fueran inasumibles: si uno tiene una deuda de 100 y un salario de 300, uno puede pagar. Pero si el salario baja a 100 y la deuda sigue siendo la misma, uno acaba por no poder pagar. Eso agravó los problemas financieros de los bancos. En 2008 no sólo no hay deflación sino que hay inflación.

Cuarta: la renta per cápita de Estados Unidos en 1929 era de unos 6.000 dólares (en precios actuales). Hoy supera los 36.000 dólares. Una caída de la renta de un 25% cuando ganas 6.000 plantea problemas serios de hambrunas. La misma caída cuando ganas 36.000 es un problema, pero no genera desastres humanitarios.

Quinta: la reacción de Estados Unidos ante la crisis de 1929 fue la de culpar a los extranjeros y promover las compras de productos americanos poniendo aranceles a las importaciones (la tristemente célebre *Smooth-Hawley tariff*). Naturalmente, la reacción de los extranjeros fue poner aranceles a los productos americanos, lo que desencadenó una guerra comercial que perjudicó a todos. En la actualidad, a pesar de que queda algún globófobo trasnochado (y peludo), no existen economistas documentados que propongan el proteccionismo como la salida a la crisis.

Y sexta, y más importante: existe un dato en el que casi nadie se fija pero que es clave: la tasa de retorno de las inversiones del sector no financiero. En el año 1929, esa tasa era de 0,5%. Es decir, en 1929, si uno invertía un dólar fuera del sector bancario, uno obtenía un retorno casi nulo. En el año 2008, el retorno de la inversión en sectores no financieros es del... ¡10%! Para que se hagan una idea, la tasa de retorno media de los últimos cincuenta años ha sido del 7%. Este dato es muy, pero que muy importante, porque si bien el crecimiento económico de un país no viene precedido de aumentos de la bolsa, sí viene precedido de... ¡elevadas tasas de retorno en el sector no financiero! Para entendernos: mientras Wall Street ha hecho sus locuras financieras, Silicon Valley ha seguido innovando y eso, a la larga, es lo que determina el crecimiento de la economía. Eso quiere decir que, cuando los financieros recuperen la cordura, el capitalismo no sólo no desaparecerá sino que la economía americana saldrá disparada hacia una nueva senda de crecimiento.

¡Ah! Casi me olvidaba. Les decía que había dos factores que hacían que la crisis del año 1929 y la actual fueran parecidas. Uno ya lo he comentado: las bolsas se desplomaron. El segundo: los gobiernos no se enteran de nada. Uno se queda atónito cuando el gobierno aprueba un plan de 700.000 millones para comprar los activos tóxicos de los bancos y una semana después decide que el dinero se utilizará para comprar acciones. Y uno se queda todavía más petrificado cuando ve que la explicación que dan de este cambio es que... ¡la bolsa ha reaccionado negativamente! Que los periodistas confundan la bolsa con la economía tiene un pase. Pero que el gobierno utilice la bolsa para decidir su política económica es una locura que demuestra que anda totalmente perdido. Tan perdido como el de 1929.

*La Vanguardia*, 17 de octubre de 2008

# Crisis (3): neointervencionismo

Parece que se ven luces al final del túnel de la crisis. Lamentablemente, se trata de los faros de un camión que viene de cara. Un camión conducido por Sarkozy y un grupo de políticos neointervencionistas, con Rodríguez Zapatero de polizonte, que dicen querer refundar el capitalismo.

Dejando de lado el hecho de que el capitalismo ni lo fundan ni lo refundan los políticos sino los millones de ciudadanos que tomamos decisiones libres diariamente (ésa es la gran diferencia con respecto a aquellos sistemas económicos fracasados que fueron creados desde el Estado), los neointervencionistas operan bajo dos premisas falsas: la primera es que la crisis financiera ha sido causada por la falta de regulación. En el artículo «Crisis (1): ¿qué ha pasado?» expliqué que las causas deben ser buscadas en la política monetaria de bajos tipos de interés de Greenspan en 2001, en la intromisión del Congreso norteamericano que indujo a entidades semipúblicas como Freddie Mac y Fannie Mae a asegurar créditos a familias *subprime* y a una regulación financiera, basada en la convención de Basilea, que permitía a los bancos crear entidades paralelas, los *conduits*, con balances separados (cosa que permitió a los bancos multiplicar los créditos concedidos de manera ilimitada) y que obligaba a los bancos a sacarse los créditos de encima cuando el valor de sus garantías bajaba, cosa que provocó la espiral negativa de ventas y caídas en bolsa. La crisis, pues, no fue causada por falta de regulación. La regulación existía y existe, pero no sólo no ha evitado la crisis sino que además ha contribuido a generarla y agravarla.

La pregunta clave es: ¿por qué ha fallado la regulación existente? La respuesta es que los políticos que establecen las reglas son incapaces de prever por dónde vienen las crisis. Es muy fácil criticar al entrenador el lunes por la mañana. Y es muy fácil ahora reescribir las normas de Basilea, obligar a que las contabilidades de los bancos y los *conduits* se hagan de manera conjunta, forzar a que la valoración de capital no se haga a valor de mercado para no obligar a vender cuando la cotización baja. El problema es que todo eso llegará demasiado tarde para solucionar la crisis del presente... y no resolverá las del futuro. Porque las próximas crisis ni van a estar causadas por familias *subprime*, ni van a tener que ver con *conduits* o *credit default swaps*. ¿Por dónde van a venir? Pues no lo sé. Nadie lo sabe. ¡Ése es el problema!

La segunda premisa es que los neointervencionistas piensan que se puede evaluar la bondad de un sistema económico analizando sólo las crisis e ignorando sus aspectos positivos. El sistema económico que se quiere reformar ha dado lugar al crecimiento económico mundial más espectacular de la historia. Desde Estados Unidos hasta China, pasando por India, América Latina e incluso África, ese progreso económico sin precedentes ha permitido reducir las tasas de pobreza como nunca antes había sucedido en toda la historia de la humanidad.

Si no se tiene en cuenta la parte positiva, corremos el riesgo de que los neointervencionistas refunden el capitalismo para evitar crisis pasadas, que no lo consigan y que, en el proceso, se carguen algunos los motores del progreso. Y es que la razón principal que explica el fuerte crecimiento de los últimos años es la innovación llevada a cabo por miles de pequeños emprendedores cuyas ideas debían de parecer locuras antes de hacerse realidad: desde Microsoft hasta Intel, pasando por Google, Starbucks, docenas de empresas de telefonía móvil o YouTube, las ideas de todos esos emprendedores debían de parecer tan excéntricas que ningún banco tradicional hubiera querido financiarlas. Gracias a Dios, además de bancos tradicionales, el sistema había creado instrumentos que permitían financiar empresas de alto riesgo, y eso posibilitó el progreso tecnológico.

Un microcosmos que refleja las ventajas y los inconvenientes de la regulación lo tenemos en España, cuyo sistema financiero ha sido alabado por su rigidez reguladora. Sí. Es cierto que el Banco de España impidió a los bancos comprar activos tóxicos, cosa que evitó el contagio procedente de Estados Unidos. Pero también es cierto que no previó que la crisis en España llegaría por otro lado y permitió que los bancos se expusieran exageradamente al sector inmobiliario... y ahora eso lo van a pagar. Es más, la extrema prudencia impuesta al sistema financiero contribuyó a que la tasa de innovación en España fuera preocupantemente baja al no poder asumir los riesgos necesarios para financiar nuevas y arriesgadas tecnologías. Dicho de otro modo: si Sergey Brinn y Larry Page hubieran sido españoles, Google nunca habría sido una realidad porque ningún banco español hubiera financiado una idea tan aventurada. España ha podido disfrutar de progreso tecnológico única y exclusivamente porque ese progreso tuvo lugar en el extranjero. Si no fuera por ello, España estaría anclada en 1970. Y, si como algunos proponen ahora, todo el mundo tuviera el sistema financiero español, quizá hubiéramos evitado la crisis de las *subprime,* pero el mundo entero estaría anclado en 1970. Y eso hubiera sido muy malo.

La crisis financiera será pasajera, pero sus secuelas pueden ser catastróficas y permanentes si dejamos que la batalla intelectual sea ganada por los políticos que conducen ese camión que nos viene de cara y que aprovecharán la ocasión para imponernos sus fobias antiliberales sin tener en cuenta los peligros del neointervencionismo.

*La Vanguardia,* 17 de noviembre de 2008

# Crisis (4):
## más tranquilos

Dentro de cuatro días se celebrará en Bruselas el Consejo Europeo, última gran reunión antes de que a Sarkozy se le agote la presidencia. Aunque en principio no tocaba, parece que la agenda se reorganiza para tratar la crisis económica. Es una nueva oportunidad, pues, para que Sarkozy, Zapatero y compañía intenten refundar el capitalismo. Y es que, a pesar de que al salir de la cumbre del G-20 en Washington el presidente francés proclamó eufórico el comienzo del siglo XXI, la verdad es que esa reunión resultó ser una enorme bofetada para los refundadores.

Los líderes reunidos en Washington entendieron que la gravedad de la situación económica mundial no admitía uno de esos comunicados frívolos que emiten normalmente y esta vez produjeron un documento con algo de sustancia. El problema para Sarkozy y Zapatero es que, más que refundar el capitalismo, el papel reafirma su confianza en la economía de libre mercado, en la globalización y en la apertura de fronteras al movimiento de mercancías y capitales. También proclama que el sistema financiero debe ser regulado (como, de hecho, ya lo es), aunque considera que la regulación no debe impedir el dinamismo y la innovación tan necesarios para el crecimiento.

El escrito explica que las causas de la crisis fueron tres: los errores de las entidades financieras en sus políticas de gestión de riesgo, la complejidad y opacidad de los nuevos instrumentos financieros y la mala gestión de políticos, reguladores y supervisores, incapaces de seguir el ritmo de la innovación. En la declaración final se rechaza ese proteccionismo que tanto contribuyó a que la crisis financiera de 1929 se convirtiera en una gran depresión económica y se adopta el compromiso de no subir los aranceles en doce meses.

A partir de ahí, el documento hace toda una serie de propuestas vagas: mayor coordinación internacional de política fiscal (aunque no concreta si será en forma de reducción de impuestos o aumento del gasto público, o a qué se va a dedicar dicho gasto); el rescate del sistema financiero (pero no dice si se hará con compras de bonos tóxicos o compras de acciones de bancos); mayor transparencia, más estricta supervisión y mejor —no mayor— regulación (aunque no menciona explícitamente cuál). Se propone la reforma del Banco Mundial y el FMI para dar más cabida a los países emergentes... aunque no queda claro a costa de quién esos países van a adquirir más poder. Veo muy contentos a españoles, franceses y europeos varios, pero tengo la impresión de que la nueva arquitectura financiera internacional va a reflejar el hecho de que el centro económico del mundo ya no está en el Atlántico (a medio camino entre Estados Unidos y Europa) sino en el Pacífico (entre Estados Unidos y Asia).

Finalmente, la participación de España: el presidente Zapatero acudió a Washington sacando pecho y ondeando la bandera de la regulación española como ejemplo. El orgulloso presidente olvidó mencionar que, si bien la regulación evitó que la banca comprara bonos tóxicos *subprime* norteamericanos, no impidió que se compraran bonos tóxicos inmobiliarios de la Costa del Sol: se estima que la deuda de las promotoras con la banca española asciende a 300.000 millones de euros (recuerden que eso es más de la mitad de todo el plan de rescate norteamericano). El sector debe pagar unos intereses de 20.000 millones de euros anuales y eso es un gran problema para la banca española, porque, en la actualidad, las inmobiliarias tienen unos ingresos cercanos a... digamos... ¿cero? Es posible que en los próximos meses el presidente Zapatero se tenga que comer ese autobombo.

Además de la chulería, el discurso de Zapatero contenía aquel análisis primitivo que tanto gusta a su parroquia socialista. Ya saben, aquello de que «la crisis la ha causado la derecha y la solucionará la izquierda», y propuso limitar los salarios de los altos ejecutivos, por aquello de la injusticia y las desigualdades sociales. *Kumbaya my Lord.* Lógicamente, todo el mundo se pegó un hartón de reír, porque no hace falta haber superado el jardín de infancia para entender que la crisis financiera no se puede analizar bajo el anacrónico prisma de izquierdas y derechas. Y alguien debería explicarle al señor presidente que cuando los expertos hablan de cambiar el sistema de remuneración no lo hacen porque los ejecutivos cobran «demasiado», sino porque crea incentivos perversos. Si un ejecutivo fuera al casino con dinero de los accionistas y, en caso de ganar, él se quedara la mitad y, en caso de perder, pagaran los accionistas, los ejecutivos se pasarían el día en el casino. Pues una cosa parecida pasa con el sistema de remuneración de verdad: cuando las cosas van bien, los ejecutivos cobran grandes bonos, y cuando van mal, pagan los accionistas. Noten que el problema no es que la compensación sea demasiado alta, sino que está planteada de manera que incentiva a tomar decisiones excesivamente arriesgadas (como ir al casino), cosa que ha contribuido a crear la crisis financiera. ¿Qué quedó del discurso de Zapatero en el documento final? Pues la verdad es que... ¡nada! El documento no mencionaba el tamaño de la remuneración, sino la necesidad de alinear los incentivos. Como tenía que ser.

La próxima parada en el camino de la refundación tendrá lugar en Bruselas la próxima semana. Ya veremos qué pasa. De momento, los resultados de la cumbre del G-20 hicieron que los que creemos en el sistema de mercado como la única vía para progresar pudiéramos respirar... un poco más tranquilos.

*La Vanguardia*, 7 de diciembre de 2008

## Crisis (5):
## eliminar el IVA

Una de las consecuencias trágicas de la presente crisis financiera es que se ha tirado por la borda todo lo que los economistas han (¡hemos!) estudiado y predicado durante décadas. Parece que ahora vale todo: cualquier político que desee aumentar el gasto, sólo tiene que explicar que la crisis actual se parece a la de 1929, pronunciar la frase mágica «como dijo Keynes» y ¡zas!, ya tiene carta blanca para dilapidar dinero.

¡Sí! Ya sé que los libros de macroeconomía dicen que, durante las recesiones económicas, el déficit fiscal debe aumentar. Y también sé que se asocia esa expansión fiscal a los postulados keynesianos (aunque, en realidad, todos los macroeconomistas, incluso los clásicos, promulgan la contraciclicalidad del déficit público). Lo que los textos no dicen, sin embargo, es que una crisis abre la puerta al dispendio ilimitado e indiscriminado por parte de la clase política. Y es que hay dos maneras de incrementar el déficit: una, aumentar el gasto público y dos, reducir impuestos para que quien amplíe el gasto sea el ciudadano.

¿Cuál de las dos opciones es preferible para luchar contra la crisis? Hay quien dice que la mejor política será la que tenga un mayor «multiplicador» y ejerza un impacto mayor sobre el PIB. Es decir, si aumentar el gasto en 10.000 millones genera un aumento del PIB de 20 y, en cambio, reducir los impuestos en 10 genera un aumento del PIB de 10, entonces dicen que el aumento del gasto es mejor que la rebaja de impuestos. Aunque este razonamiento es común, es incorrecto porque si lo que queremos es generar un aumento del PIB de 20, no hay nada que impida al gobierno reducir impuestos en 40 para conseguirlo.

Para evaluar qué política fiscal es mejor, hay que analizar dos aspectos clave. Por un lado, la eficiencia: incluso en épocas de crisis, los contribuyentes debemos asegurarnos de que nuestro dinero no es derrochado. En este sentido, cuando se le da al gobierno la posibilidad de gastar, enseguida surgen ministros, diputados, presidentes de comunidad, alcaldes, y todo tipo de malgastadores patológicos que van a encontrar las maneras más pintorescas de despilfarrar nuestro dinero y que van a tomar decisiones, no con criterios de eficiencia económica sino con criterios políticos y electoralistas (para no ser acusados, por ejemplo, de hacer poco o nada). Eso hace que acaben adquiriendo cosas que no interesan a la gente sino a ellos mismos. Por el contrario, cuando se rebajan los impuestos son los propios ciudadanos los que deciden adónde va a parar el dinero porque ellos son los que lo van a gastar. Según el primer criterio, pues, el recorte impositivo es superior al aumento del gasto público.

El segundo criterio a tener en cuenta es la inmediatez: ¿qué política tendrá un efecto más rápido sobre la economía? La inmediatez es importante porque las recesiones tienen una duración corta y una política fiscal anticrisis que surta efecto después de la crisis es inútil. En este sentido, el aumento del gasto público en infraestructuras (como los 33.000 millones de inversión en transportes y medio ambiente propuesto por el gobierno español) requiere concursos públicos, adjudicación de obras, escrituras de contratos, negociación de comisiones (legales y de las otras), etc. Un proceso largo que fácilmente puede retrasar el gasto en años. Y puede que entonces sea demasiado tarde... a no ser que el gobierno lleve a cabo precisamente ese plan anticrisis porque piensa que la recesión en España durará... pues eso, ¡años!

Algo parecido pasa con la reducción del IRPF: cuando los ciudadanos se den cuenta de que el gobierno les va a quitar menos dinero (y probablemente eso no pase hasta junio, cuando hagan la declaración), la crisis ya puede haber terminado.

En cambio, una reducción del IVA no tiene el mismo problema: si mañana a las diez de la mañana se eliminara el IVA, a las diez y un minuto la gente vería que lo que antes le costaba 100 ahora le cuesta 90, por lo que los 10 restantes podrían ser utilizados para comprar otras cosas. Del mismo modo, las empresas que tienen que guardar dinero para pagar el IVA, de repente tendrían recursos para gastar. Una eliminación del IVA, pues, sería una transfusión directa e instantánea de dinero a las venas de la economía. La pregunta es: ¿cómo sabemos que los ciudadanos gastarían los euros resultantes de la rebaja impositiva en lugar de ahorrarlos? Pues la verdad es que no lo sabemos. Por esto mi propuesta de política fiscal sería la eliminación del IVA, pero no la eliminación permanente, sino temporal. Es decir, se debería anunciar la desaparición del IVA durante el año 2009 (o hasta que se acabe la crisis) y su reaparición en el futuro. De ese modo, los precios serán más bajos si y sólo si se gasta en los próximos meses. Eso induciría a los ciudadanos a gastar ahora, que es cuando se necesita. Resumiendo, tanto el argumento de la eficiencia como el de la inmediatez sugieren que la mejor política fiscal para luchar contra la crisis es la reducción o eliminación temporal del IVA.

El problema práctico que comporta eso es que la Unión Europea obliga a sus miembros a mantener un IVA mínimo del 15%, por lo que la decisión se tiene que tomar en Bruselas. Pero bueno, quizá ha llegado el momento de que todos los mandarines europeos demuestren que no sólo son chupópteros del dinero ajeno que viven en el cementerio de elefantes políticos y tomen, por fin, una decisión útil y valiente que puede contribuir a amortiguar la crisis: eliminar temporalmente el IVA.

*La Vanguardia*, 17 de diciembre de 2008

# Crisis (6):
# España

Por mucho que el gobierno dé las culpas a la situación financiera internacional, la crisis española es *made in Spain*. Cuando España era un país pobre, basó su crecimiento en productos baratos porque los salarios y, por tanto, los costes de producción eran bajos. A medida que crecía, los salarios subían y la competitividad desaparecía. Al no poder competir vendiendo productos más baratos que los demás, España tenía que innovar. Pero nunca lo hizo. En lugar de ello, intentó perpetuar la situación contratando a inmigrantes pobres, cosa que no hacía más que retardar las reformas: gracias a que los inmigrantes aceptaban salarios miserables, las empresas no tenían incentivos para invertir en tecnología o transformarse hacia actividades de mayor valor añadido.

La burbuja inmobiliaria también contribuyó a que no se hicieran reformas. Por alguna razón se generalizó la idea de que la vivienda era una inversión segura («el ladrillo nunca baja», decían, ¿lo recuerdan?) y todo el país se dedicó a comprar casas. Eso hacía subir el precio, lo cual, además de «confirmar» aquello de que el ladrillo nunca baja, incentivaba a constructores a edificar como locos. Entre un 15% y un 19% del crecimiento español llegó a depender de la construcción (el 4% en Estados Unidos). El problema es que ese crecimiento sólo se podía mantener si los precios seguían subiendo, y la histeria colectiva que los hacía subir tenía que llegar algún día a su fin. Y al final, eso fue lo que pasó, el ladrillo dejó de ser una buena inversión, la gente dejó de comprar, las constructoras e inmobiliarias dejaron de contratar y, ahora, una parte importante del PIB va a desaparecer.

¿Qué tiene que ver eso con la falta de innovación? ¡La complacencia! Mientras las cosas iban bien, nadie veía la necesidad de llevar a cabo las dolorosas reformas que habrían fomentado la innovación. Pero ahora que ha acabado el boom de la construcción, ¿exactamente qué producirá España? Silencio sepulcral.

La monumental borrachera de la construcción ha dejado dos resacas importantes. Por un lado, una deuda inmobiliaria que ronda los 300.000 millones de euros (¡el 27% del PIB!). Eso es un problema serio, porque los ingresos de ese sector en la actualidad son casi nulos. En consecuencia, la banca (¡sí!, esa banca tan segura gracias al gran sistema regulador español) se va a tener que quedar con viviendas, solares, edificios a medio construir y ciudades fantasma en la Costa del Sol. Una parte será revendida... pero a precios de saldo. Si, siendo optimistas, recupera el 66% en términos reales, el agujero final será de unos 100.000 millones de euros. Casi el 10% del PIB.

Por otro lado, ha quedado un déficit exterior que también ronda el 10% del PIB. Simplificando, el déficit es la diferencia entre la demanda y la oferta agregadas: si la gente quiere comprar (demanda) más de lo que produce (ofrece), la diferencia debe ser comprada en el extranjero. Visto así, el déficit sólo se puede corregir de dos maneras: disminuyendo la demanda o aumentando la oferta. Así de simple. El problema es que reducir la demanda quiere decir que familias, empresas y gobierno gasten un 10% menos. Es decir, una recesión económica del 10% del PIB relativo al potencial. No sabemos si esa caída se producirá durante el año 2009 —como Indonesia en 1997 o Argentina en 2000— o si habrá una caída más lenta pero mucho más larga —como ocurrió en Japón entre 1990 y la actualidad—. Pero de un modo u otro la caída ocurrirá... a no ser que aumente la oferta. Es decir, que aumenten la productividad y competitividad empresarial.

Lo que nos lleva a las medidas de política económica. Si el gobierno quiere evitar una catástrofe, debe concentrarse en el fomento de la productividad. No hay alternativa. Para ello debe llevar a cabo tres tipos de acciones.

Primero, hay que liberalizar rápidamente la oferta: reducir costes burocráticos, eliminar regulaciones caprichosas o rebajar costes fiscales relacionados con la producción, contratación e inversión.

Segundo, si se quieren tomar medidas de «corte keynesiano» para luchar contra la crisis, seleccionar aquellas que tengan un mayor efecto sobre la productividad. Ejemplos: 1) una política fiscal expansiva a base de reducción de impuestos que hagan a las empresas más competitivas hoy es mejor que un aumento del gasto público que conlleve mayores cargas fiscales futuras; 2) cuando se escoja entre diferentes tipos de infraestructuras, que se elijan las que aporten mayor competitividad e innovación; 3) antes de rescatar o ayudar a un sector, que se pregunte si es un sector de futuro o de pasado o si se instaló en España porque buscaba salarios bajos; 4) en lugar de buscar gasto público adicional, que el gobierno considere pagar las deudas que tiene con miles de empresas que viven financieramente ahogadas por culpa de su perniciosa y pertinaz morosidad.

Tercero, deben empezar a introducirse aquellas reformas que no van a tener efectos a corto plazo pero que son fundamentales para la competitividad a 1a larga. Entre ellas, la transformación del sistema educativo para fomentar la creatividad y el espíritu emprendedor de los jóvenes, la transformación del sistema financiero para que sea capaz de financiar proyectos de innovación o la erradicación de los excesos intervencionistas en sectores clave.

La hecatombe económica puede y debe ser evitada. Sólo es cuestión de que el gobierno abandone el comportamiento errático demostrado en 2008 y haga las cosas bien. La hora de la verdad ha llegado a España.

*La Vanguardia*, 17 de enero de 2009

# Crisis (7):
# gasto inútil

Si gastáramos un millón de dólares por cada día transcurrido desde que nació Jesucristo hasta hoy, no dilapidaríamos tanto dinero como el presidente Obama gastará con su reciente plan de estímulo económico. Y es que una especie de virus neokeynesiano que lleva a los dirigentes a la locura del dispendio ilimitado parece haber invadido el planeta Tierra. Es como si el único libro de economía jamás escrito fuera la *Teoría general* de Keynes, de 1936, que propone el aumento del gasto público para salir de la crisis.

Decía Keynes que «en el largo plazo, todos estamos muertos»... Y tenía razón: ¡Keynes está muerto! El problema para sus discípulos es que antes de morir (pero después de publicar la *Teoría general*) también escribió otras cosas como: «El aumento de la obra pública puede ser la medicina correcta cuando hay una deficiencia crónica en la demanda, pero no se puede organizar de manera suficientemente rápida como para ser el instrumento más útil para evitar los ciclos económicos» (Keynes, *Collective Writings*, vol. XXVII, p. 122, 1942). Es decir, después de pensarlo, ni el propio Keynes creía en la utilidad del gasto público para sacar a la economía de una recesión. La razón es la que apuntábamos en el artículo «Crisis (5): eliminar el IVA» para ser útil, el gasto público debe ser sometido a complicados procesos de decisión y adjudicación que requieren tiempo. Eso significa que, si se quiere que sea útil, no va a llegar a tiempo. Y si se quiere que saque a la economía de la crisis, va a ser inútil. (Nota: la cosa es todavía más grotesca en el caso español, dado que el gobierno tiene la manía de no pagar sus deudas hasta ¡18 meses después de ejecutada la obra!).

«¡Pues que sea inútil!», dirían los keynesianos, «al fin y al cabo ¡eso es lo que sacó al mundo de la Gran Depresión de los años treinta!». Bien... la salida de la Gran Depresión está sujeta a un debate que no vamos a solucionar aquí. Pero hay otros episodios históricos que pondrían en duda la eficacia del gasto público. Uno de ellos es una crisis enormemente parecida a la actual: Japón 1990. Tras una gigantesca burbuja inmobiliaria, el sistema bancario japonés se colapsó, el préstamo desapareció y el país entró en una profunda crisis económica. ¿Cómo reaccionó el gobierno japonés? Respuesta: se endeudó hasta el cuello y gastó lo que no estaba escrito: se hicieron obras públicas por valor de 4,7 billones de euros (la economía japonesa entonces era de unos 4 billones de euros anuales) y la deuda pública subió hasta 7 billones (un 180% del PIB). Se pavimentó el país entero unas cuantas veces, se construyeron puentes, museos, zoos, palacios de deportes e incluso pirámides de cristal.

¿Contribuyó todo este derroche a que Japón saliera del agujero? No lo sé. Lo que sí sé es que han pasado 18 años... y la economía japonesa todavía no ha salido del agujero. Algunos economistas dicen que sin el gasto público, la crisis japonesa hubiera sido mucho más profunda. Quizá sí... aunque otros dicen que fue el aumento desmesurado del gasto el que hizo que cundiera el pánico entre los ciudadanos, cosa que los llevó a reducir el consumo y a agravar la situación. ¿Quién tiene razón? Seguramente nadie: yo más bien me inclino a pensar que todo ese dispendio no fue ni bueno ni malo, sino más bien... inútil.

Y es que hay un teorema que dice que un problema económico no se soluciona creando otro «que compense», sino arreglando la raíz del problema. Si fuéramos médicos y viéramos que el corazón (raíz del problema) del paciente no tiene suficiente fuerza para bombear sangre por todo el cuerpo, no cortaríamos las piernas para que no necesitara tanto riego sanguíneo (creación de problema que compensa), sino que intentaríamos reparar el corazón. Lo mismo pasa en economía. El problema actual es que el sistema financiero ha generado deudas gigantescas para crear instrumentos financieros que ahora tienen un valor dudoso y eso impide que la economía real tenga acceso a crédito para invertir y comprar. Eso no se soluciona dejando que el gobierno genere todavía más deuda y gaste el dinero haciendo ferrocarriles, museos o parques. Se arregla yendo al corazón del sistema financiero, extirpando lo que está podrido y haciendo que la banca recupere la confianza en las empresas y viceversa.

Con esto no quiero decir que no se necesiten ferrocarriles, museos o parques. Lo que digo es que contratar a los parados de la banca para que construyan ferrocarriles no va a arreglar el problema de fondo que es la falta global de crédito.

La pregunta clave es: ¿por qué se aprueban, pues, planes de aumento extravagante del gasto en casi todos los países del mundo? Mi respuesta es bien sencilla: la clase política ha aprovechado el miedo que la crisis ha metido en el cuerpo del contribuyente para hacer su particular carta a los Reyes. Fíjense en que Obama ha querido que su plan fuera aprobado deprisa y corriendo: «Si no se aprueba esta semana —dijo—, va a haber una catástrofe económica». No hay programa en el mundo que no pueda esperar una semana, por más que el nuevo mesías, Barack Obama, diga lo contrario. Eso sí, las prisas han conseguido que se aprobaran cientos de programas sin el necesario escrutinio público y han convertido la crisis en el paraíso de los chupópteros del dinero ajeno. En estos momentos de pánico en los que ha cuajado la idea de que cualquier tipo de gasto inútil sirve para salir de la recesión, los políticos aprovechan y hacen lo que toda la vida han querido hacer: gasto inútil.

*La Vanguardia*, 11 de febrero de 2009

# Crisis (8):
## minar la confianza

Es curioso: los medios y los expertos están haciendo cuajar la idea de que la actual recesión ha sido causada por los excesos del sector privado y olvidan completamente los excesos del sector público. Está claro que el origen del problema es la burbuja inmobiliaria. Pero ¿qué causó esa burbuja? Respuesta: el mantenimiento de tipos de interés artificialmente bajos por parte de las autoridades monetarias... públicas. Es decir, los tipos bajos llevan a demasiada gente a pedir hipotecas, cosa que provoca aumentos exorbitantes de los precios de los inmuebles.

El sector financiero, se nos dice, construyó activos basados en hipotecas errando clamorosamente en la apreciación de lo que sería la tasa de morosidad. Pero ¿por qué cometió ese error? Por muchas razones. Una de ellas es que, cuando los precios suben la proporción de morosos se reduce (porque las familias tienen más incentivos a no perder una casa que se aprecia). Eso lleva a las entidades financieras y empresas de rating a creer erróneamente que la probabilidad de morosidad estructural se ha reducido. Es decir, si la burbuja inmobiliaria (creada, insisto, por las autoridades públicas) no hubiera existido, la alegría con la que se compraron los activos basados en hipotecas no se habría producido.

Se dice que demasiados bancos privados prestaron demasiado dinero a demasiadas familias con pocos recursos (familias *subprime*). ¿Por qué lo hicieron? Respuesta: entre otras cosas, porque dos instituciones semipúblicas (Freddie Mac y Fannie Mae) garantizaban esas hipotecas. ¿Por qué? Porque el gobierno las obligó a ello con el objetivo de que esas familias también formaran parte del sueño americano de tener una vivienda de propiedad.

Se explica que el sector financiero se dedicó a crear activos complicados que no entendía y a pedir prestado para invertir (apalancarse). ¿Por qué? Pues en parte, por culpa de la política de tipos artificialmente bajos que indujo a todo el mundo (¡incluso los bancos!) a pedir prestado para invertir.

Los errores de política pública contribuyeron, pues, de manera significativa a originar la crisis actual. Pero la cosa no acaba aquí: también están contribuyendo a agravarla y a convertir lo que habría sido una pequeña recesión en un episodio potencialmente catastrófico. Durante los primeros meses de crisis en Estados Unidos (entre diciembre de 2007 y septiembre de 2008), el consumo, la inversión inmobiliaria y las exportaciones netas se mantuvieron. Lo único que cayó en picado era la construcción. Concretamente, hasta septiembre de 2008, la reducción del PIB había sido de unos 313.000 millones de dólares, un poco menos que la caída de la construcción. Es decir, lo único que demostraba estar realmente en crisis era ese sector.

Las cosas cambiaron radicalmente en septiembre de 2008. Después de salvar a Bear Sterns, Freddie Mac, Fannie Mae y Goldman Sachs, el fin de semana del 13-14 de septiembre, el gobierno decidió no ayudar a Lehman Brothers y, después, se salvó a AIG. Nadie entendió por qué se salvaba a unos bancos y no a otros, pero esa política errática dejaba claro que el gobierno no tenía claro cómo afrontar la situación. La confianza cayó y las bolsas de todo el mundo se hundieron. El gobierno reaccionó aprobando, a toda prisa, un programa de 0,7 billones para comprar los activos tóxicos de los bancos: la semana que siguió a la aprobación del llamado TARP (Troubled Assets Relief Program), la bolsa sufrió la peor caída semanal de la historia. Ante el asombro de todos, la reacción del gobierno fue la de decir: «Como a la bolsa no le ha gustado el TARP, no compraremos activos tóxicos, sino que recapitalizaremos directamente a los bancos». Y claro, al constatar que el gobierno utilizaba a la bolsa para ver si sus propias acciones tenían sentido, todo el mundo se dio cuenta de que andaba bastante perdido. Eso acabó de demostrar que estábamos en manos de una pandilla de incompetentes, justo en el momento que cuajaba la idea de que el ángel salvador único era... ¡el gobierno!

Es importante que si los estados deciden erigirse en salvavidas de la economía, nos convenzan primero de que están capacitados para ello. Porque, en economía, cuando el líder no inspira confianza, las familias dejan de consumir, las empresas dejan de invertir y las crisis se agravan.

Lo peor de todo es que, la confianza ciega que muchos tenían en Barack Obama se está disipando rápidamente: después de aprobar un plan de gastos plagado de esotéricos programas inútiles, Obama ha dedicado otro billón de dólares a una nueva versión de TARP, a pesar del ostentoso fracaso de la primera versión del plan. Es más, el día que su secretario del Tesoro, Tim Geithner, lo anunció, no explicó ni quién comprará esos activos, ni cómo se decidirá su precio, ni qué bancos serán ayudados, ni qué pasará con los activos comprados... Es decir: no explicó nada de nada. Su inseguridad y su miedo no contribuyeron a establecer la necesaria confianza en que el nuevo liderazgo sabe cómo reconducir la situación.

¡Ah! ¡Casi me olvidaba!: mientras tanto, el sector privado —¡ese maldito sector privado que tanto daño hace a la sociedad!— ha seguido haciendo sus deberes: según un estudio del profesor Casey Mulligan, la productividad del sector no financiero norteamericano sigue subiendo (a diferencia de lo que pasó durante la Gran Depresión). Es decir: gracias al sector privado, la economía norteamericana saldrá disparada de la crisis el día que la incompetencia del gobierno deje de minar nuestra confianza.

*La Vanguardia*, 17 de febrero de 2009

# Crisis (9):
## el pánico seguirá

Cuando se discutía el plan de estímulo económico de Estados Unidos, la presidenta del congreso, Nancy Pelosi (demócrata), publicó un escalofriante gráfico que mostraba una caída del empleo muy superior a la de las dos últimas recesiones (1990 y 2001). Gráfico en mano, la señora auguró una nueva Gran Depresión si no se votaba su plan de estímulo. Y el plan se aprobó.

Realmente el gráfico de Pelosi era alarmante. Pero no porque demostraba que estamos ante una crisis sin precedentes, sino por ser un ejemplo de manipulación política sin escrúpulos (comparable a aquellos gráficos que enseñaba Zapatero en sus debates con Rajoy que «demostraban» que, en febrero de 2008, ¡en España no había crisis!). La manipulación de Pelosi consistía en ignorar y esconder el hecho de que durante el siglo XX ha habido otras recesiones peores que las relativamente benignas de 1990 y 2001. Si se hace la comparación con todas ellas, se ve que la pérdida de empleo actual es grande, pero no exagerada: similar a la de 1981, un poco mejor que la de 1974 y, de momento, no tiene nada que ver con la Gran Depresión de los años treinta.

¡Sí! Estados Unidos ha perdido casi cuatro millones de puestos de trabajo en los últimos meses. La cosa no va nada bien. Pero no hay que olvidar que estamos hablando de un país que tiene unos 133 millones de trabajadores (hemos pasado de 137 cuando empezó la crisis, a 133 millones en febrero de 2009). Para que la actual crisis fuera comparable con la Gran Depresión, se deberían perder no cuatro sino treinta y cinco millones de empleos. De momento, eso queda muy lejos.

¿Quiere decir que es imposible que llegue una depresión? De ninguna manera. El profesor Robert Barro, de la Universidad de Harvard, acaba de publicar un estudio que compara episodios de crisis a lo largo de la historia y de la geografía mundial y demuestra que, cuando las crisis económicas van acompañadas de colapsos de la bolsa, la probabilidad de que haya una depresión aumenta. Barro estima que la probabilidad de que la actual crisis se convierta en gran depresión es del 20%.

En el artículo «Crisis (2): 1929», decía yo que la crisis de 2008 tenía algunos aspectos similares a la de los años treinta (el más similar era, precisamente, la caída de la bolsa), pero también muchas diferencias. El problema es que algunas de éstas están empezando a desaparecer, por lo que la posibilidad de depresión está aumentando. Por ejemplo, desde entonces una preocupante ola proteccionista, similar a la que causó la gran crisis de 1929, está invadiendo el planeta.

Otra diferencia entre 1929 y 2009 es que han pasado ochenta años y hemos acumulado experiencias y conocimientos económicos. Lamentablemente, nuestros líderes parecen estar haciendo caso omiso de todo lo aprendido. Por ejemplo, a lo largo de las últimas décadas, los economistas han demostrado que era bueno que las políticas económicas siguieran «reglas» y no fueran dejadas a la «discreción» de políticos en estado de pánico. Claramente, este principio se ha abandonado.

Segundo ejemplo, si los instrumentos de política económica utilizados son «inestables», se crea todavía más inestabilidad. Es decir, es bueno que los tipos de interés bajen cuando hay crisis. Pero si bajan demasiado, se crean burbujas financieras que dan lugar a crisis todavía mayores (en parte, la crisis actual es consecuencia de la política de intereses bajos llevada a cabo por Greenspan para salir de la recesión de 2001). Es bueno que el gasto público y el déficit fiscal suban cuando hay crisis, pero si se disparan hasta límites insostenibles, acaban desestabilizando la economía. Principio también abandonado.

Tercer ejemplo, las políticas económicas deben ser «sostenibles». El déficit fiscal de Obama es mayor que la suma de todos los déficits de todos los presidentes de la historia, desde George Washington hasta George W. Bush. Eso está creando tal incertidumbre que los mercados de seguros financieros *(credit default swaps)* ya empiezan a señalar que la probabilidad de que el gobierno norteamericano no pueda hacer frente al pago de intereses en los próximos cinco años ha pasado del 0% histórico a más del 6% en la actualidad. ¿Se imaginan la catástrofe económica global que significaría que el gobierno estadounidense —en la actualidad, la única entidad en la que los inversores de todo el mundo confían a la hora de invertir— se comportara como una república bananera y no pudiera pagar sus deudas?

Finalmente, hemos aprendido que la confianza es importante. En la actualidad hay dos razones que llevan a la gente a no gastar. La primera, la falta de crédito derivada del colapso del sistema financiero. La segunda, y quizá más importante, la falta de confianza en el futuro: las familias no consumen porque tienen miedo a perder el empleo y las empresas no invierten porque tienen miedo a no vender. Y aquí es donde los líderes políticos, como Nancy Pelosi, tienen un papel importante: su burdo intento de infundir miedo entre los electores para conseguir su mezquino objetivo político es extraordinariamente irresponsable, porque hace cundir el pánico y eso agrava la situación. Claro que, si bien no es bueno que los políticos se pasen por exceso, tampoco lo es que se pasen por defecto. Solbes y Zapatero también perjudican la economía con su falso optimismo de predicciones sistemáticamente fallidas y diagnósticos flagrantemente equivocados.

Los líderes deben liderar de manera creíble, equilibrada y responsable. Mientras no lo consigan, el pánico seguirá.

*La Vanguardia*, 12 de marzo de 2009

# Crisis (10):
# menos libertad

La reunión del G-20 del 3 de abril ha sido presentada como un éxito de la clase política mundial por el hecho de conseguir consensuar un documento final. En éste hay tres mensajes concretos: 1) aumento de la dotación económica del Fondo Monetario Internacional y una mayor participación de los países emergentes en sus órganos de dirección (éxito de los países emergentes); 2) políticas monetarias y fiscales expansivas para salir de la crisis, incluyendo masivas ayudas a la banca (éxito de Estados Unidos), y 3) una mayor regulación del sector financiero, con la creación de un nuevo órgano supervisor, con su correspondiente burocracia, llamado Financial Stability Board (éxito de Francia y Alemania).

La impresión que yo me llevo al leer el documento final, sin embargo, es de decepción y miedo. Desde estas páginas he explicado repetidamente que las malas políticas económicas basadas en diagnósticos erróneos podrían acabar perjudicando la economía en el medio y el largo plazo. Y este documento está repleto de principios peligrosos basados en diagnósticos desafortunados. Una simple clave para entender el problema se encuentra en el párrafo tres del documento final de la reunión del 3 de abril:

«Partimos de la convicción de que la prosperidad es indivisible; de que el crecimiento, para ser sostenido, debe ser compartido; y de que nuestro plan global para la recuperación debe tener en su corazón las necesidades y el empleo de las familias que trabajan duro, no sólo en los países desarrollados, sino también en los mercados emergentes y en los países más pobres del mundo; y el crecimiento debe reflejar los intereses, no sólo de la actual población, sino también de las generaciones futuras. Creemos que el único fundamento seguro para la globalización sostenible y el aumento de la prosperidad para todos es una economía mundial abierta, basada en los principios del mercado, en una regulación eficaz y en instituciones globales fuertes».

En principio, este párrafo parece inofensivo: aboga por el crecimiento económico, la globalización, la prosperidad mundial, los principios de mercado y la regulación eficaz. El problema aparece cuando se compara con el párrafo equivalente, el doce, del documento publicado después de la reunión del 15 de noviembre de 2008:

«Reconocemos que estas reformas sólo tendrán éxito si se basan en un compromiso con los principios del libre mercado, incluido el Estado de derecho, el respeto de la propiedad privada, el libre comercio y la inversión, la competitividad de los mercados, y sistemas financieros regulados de manera efectiva y eficiente. Estos principios son esenciales para el crecimiento económico y la prosperidad y han permitido que millones de ciudadanos salieran de la pobreza, y han aumentado de manera importante el nivel de vida mundial. Reconociendo la necesidad de mejorar la reglamentación del sector financiero, hay que evitar el exceso de regulación que impide el crecimiento económico y acentúa la contracción de los flujos de capital, incluyendo los que van a los países en desarrollo».

La comparación de los dos textos arroja las siguientes conclusiones: 1) En 2008 se hablaba de «libre mercado»; en 2009 se dice «economía basada en los principios de mercado». Las palabras «libre» y «libertad» no aparecen en todo el documento ni una sola vez. Una lamentable pérdida que nos dice que nuestros líderes anteponen su intervencionismo a nuestra libertad. 2) En 2008 había desconfianza en la «regulación excesiva que impide el crecimiento económico». Esa desconfianza ha desaparecido en 2009. Es más, en el texto de 2008 se hablaba de «regulación eficiente». La palabra «eficiente» no aparece ni una sola vez en todo el documento de 2009. 3) El texto de 2009 introduce conceptos de sostenibilidad medioambiental que tienen menos que ver con la crisis que con el programa electoral de Barack Obama. 4) En 2008 se mencionaba el libre comercio como motor del crecimiento económico. Hoy sabemos que esa frase era retórica e hipócrita, porque 18 de los 21 países del G-20 han practicado políticas proteccionistas desde noviembre de 2008. En cualquier caso, la frase ha sido sustituida por el concepto vago de «globalización sostenible». 5) En 2008 los líderes políticos creían que «el Estado de derecho» era necesario para garantizar el crecimiento económico. Esa expresión no aparece en el documento de 2009 ni una sola vez. 6) En 2008 se dice que para que la economía crezca es necesario «el respeto a la propiedad privada». En el texto de 2009 no se mencionan ni «propiedad privada» ni «respeto». Y 7) La expresión «competitividad de los mercados» que aparecía en 2008 ha desaparecido en 2009. Eso es un gran problema sobre todo para países como España, que tienen una alarmante falta de competitividad.

Resumiendo: el documento final del G-20 del 3 de abril apunta hacia un preocupante intento de los más importantes líderes políticos del mundo de abandonar el sistema de libre mercado que tan bien ha funcionado en las últimas décadas (un sistema que ha permitido que el ritmo de innovación fuera el más rápido de la historia de nuestro planeta, que ha hecho que miles de millones de ciudadanos dejen de ser pobres en los cinco continentes, que ha reducido las diferencias de renta entre las personas del mundo) y sustituirlo por otro menos eficiente, menos competitivo, más intervenido, más regulado, con menos derechos y en el que, eso sí, ellos tendrán más poder y nosotros, menos libertad.

*La Vanguardia*, 8 de abril de 2009

# Crisis (11):
# peligroso regalo

La crisis económica mundial no llegará a su fin hasta que se solucione el problema de fondo: los activos tóxicos basados en hipotecas morosas que están en manos de bancos norteamericanos impiden a éstos operar como entidades financieras normales, y eso evita que el crédito fluya hacia el resto de la economía y frena la recuperación. El problema es que los bancos adquirieron grandes cantidades de esos productos financieros a un precio elevado, pero dada la anormalmente alta tasa de morosidad, se han devaluado y nadie los quiere comprar si no es a precio de saldo. La solución pasa por que esos activos tóxicos desaparezcan de los balances de los bancos, pero los bancos se han negado a vender a precio de saldo por dos razones. Primera, porque pensaban que si vendían, incurrirían en unas pérdidas tan grandes que representarían su quiebra. Segunda, porque los banqueros, que son gente muy lista, tenían la esperanza de que el gobierno acabaría comprándolos a un precio cercano al original. Y, visto el nuevo plan de Obama, mucho me temo que los banqueros tenían razón.

¿Cómo? ¡Pero si el gobierno de Barack Obama ha jurado y perjurado que no utilizará impuestos para subsidiar a esos banqueros egoístas cuya codicia ha causado, según el propio presidente, la actual situación de crisis financiera mundial! Pues bien, mis queridos lectores: el plan de Obama es una estratagema camuflada que utiliza dinero público para que los bancos recuperen casi todo el dinero de los activos tóxicos. Me explico.

De manera muy resumida, el plan de rescate funciona así: se crea una sociedad público-privada (SPP) en la que inversores privados aportan 30.000 millones y el gobierno otros 150.000 millones. Con esos 180.000 millones como garantía, la SPP pide un préstamo al FDIC (Federal Deposit Insurance Corporation, la institución pública que garantiza los depósitos de los bancos) de 820.000 millones, por lo que la SPP dispone de 1 billón de dólares para invertir. Es importante señalar que el crédito de 820.000 es «sin recurso», es decir, que si la inversión de la SPP pierde dinero, el crédito no se devuelve y los inversores privados solamente pierden los 30.000 millones de su bolsillo. Pues bien, con ese billón de dólares, la SPP comprará los activos tóxicos de los bancos a un precio determinado mediante subasta. La idea es que el gobierno se aproveche de la «sabiduría» de los mercados privados a través de la subasta para que el contribuyente no pague un precio excesivo por unos activos tóxicos.

Sobre el papel, y tal como dice Obama, este plan no representa ningún subsidio público a los bancos. ¿Correcto? Pues no. Incorrecto. El plan no sólo es un enorme subsidio, sino que permite que los bancos recuperen todo el dinero malgastado en activos tóxicos con cargo al contribuyente. Para entender por qué, imaginemos que Citigroup tiene activos tóxicos que compró por valor de 1 millón de dólares. Imaginemos, para simplificar, que la probabilidad de que esos activos acaben pagando dividendos es el 2%. Esos activos, pues, tienen un valor de mercado de 20.000. Si yo fuera directivo de Citigroup, sin embargo, crearía una sociedad paralela para participar en la SPP (he leído el plan de Obama de arriba abajo y... ¡no hay nada que prohíba a Citigroup hacerlo!). Una vez en el centro del meollo, la sociedad de nueva creación entra en la subasta y puja hasta que el precio sea de 1 millón de dólares. Los inversores externos saben que esos activos sólo valen 20.000, por lo que no pujarán. La compra es adjudicada, pues, a la subsidiaria de Citigroup por 1 millón. ¿Quién paga? Pues, según el plan, 30.000 los pone la empresa subsidiaria (es decir, el propio Citigroup), 150.000 los pondrá el gobierno (es decir, el contribuyente) y el resto lo pondrá el crédito del FDIC. Ahora bien, como, pasados unos años, la nueva sociedad verá que esos activos por los que han pagado 1 millón sólo valen 20.000 dólares, incurrirá en pérdidas y no podrá devolver el crédito al FDIC. Pero como el crédito era sin recurso, resulta que la nueva sociedad no lo tiene que devolver, por lo que el dinero aportado por el FDIC (es decir, por el contribuyente) acabará financiando el resto de la operación. Resumiendo: Citigroup recupera el millón de dólares que había pagado originalmente y, de ese millón, 30.000 lo paga el propio Citigroup y los restantes 970.000 euros los paga el contribuyente.

Es decir: diga lo que diga el flamante presidente de Estados Unidos, su «sofisticado» plan de rescate no es más que una burda compra de activos tóxicos a su precio original con cargo al contribuyente. Eso explica por qué las bolsas celebraron con espectaculares subidas la aprobación del plan y por qué los bancos no han querido vender sus activos tóxicos durante meses: de alguna manera previeron que papá Estado no los iba a dejar en la estacada y acabaría comprando el fruto de sus pecados al precio original. Naturalmente, salvar el trasero de banqueros irresponsables no sólo representa la utilización inmoral de recursos públicos, sino que supondrá una salida en falso de la crisis: las entidades financieras, ya sin su mochila tóxica, tendrán incentivos para volver a comportarse irresponsablemente a sabiendas de que, cuando las cosas vayan bien ellos se quedarán los beneficios y, cuando vayan mal, volverá a pagar el contribuyente. En este sentido, Obama acaba de plantar las semillas de la próxima catástrofe financiera con un plan que, para los bancos, no es más que un peligroso regalo.

*La Vanguardia*, 17 de abril de 2009

# Crisis (12):
## no tiene solución

La publicación de los datos más recientes confirma que la economía española se enfrenta a una de las peores crisis de su historia: el hundimiento de la construcción y la promoción inmobiliaria ha conllevado una caída catastrófica del producto interior bruto y del empleo. Además ha producido un agujero gigante en el sector financiero: la banca había financiado la mayor parte de operaciones inmobiliarias con apalancamiento, es decir, pidiendo prestado para luego prestar a las inmobiliarias, y ahora ella se ve obligada a devolver el dinero aunque las promotoras no les devuelvan lo que deben. El agujero en el sector financiero ha paralizado el crédito, y eso afecta al resto de la economía. El miedo y la desconfianza han hecho el resto.

Los problemas fundamentales de España son que 1) el sector inmobiliario representaba una parte demasiado grande de la economía (entre el 15 y el 19%, en comparación con el 4% de otros países como Estados Unidos). La construcción en España debe reducir su tamaño hasta niveles más razonables. 2) El crecimiento inmobiliario hizo que los salarios aumentaran porque se necesitaba gente para trabajar en la construcción. El problema es que esos aumentos de salarios se contagiaban al resto de los sectores ya que la construcción contrataba a tanta gente que hacía escasear la mano de obra. 3) Mientras las cosas «iban bien», nadie se preocupaba por hacer que la economía fuera más productiva y la productividad no aumentaba. La suma de 2) y 3) hizo que los salarios aumentaran por encima de la productividad. En el momento en que estalló la crisis, los empresarios vieron que los sueldos eran demasiado altos con relación a la productividad y empezaron a despedir trabajadores por millones. La única manera de salir del agujero es, pues, fomentar la productividad. Es decir, llevar a cabo políticas de oferta que consigan que los mismos trabajadores generen una producción superior.

Pues bien, en medio de todo este tinglado, llega el debate sobre el estado de la nación y el presidente Rodríguez Zapatero anuncia a bombo y platillo una serie de medidas para solucionar la crisis. Pequeño problema: son medidas populistas que no van a funcionar.

Un grupo de medidas no va a funcionar porque son inútiles. Por ejemplo, la reducción del impuesto de sociedades es una gran medida en principio ya que, si las empresas tienen que entregar una fracción menor de sus beneficios al gobierno, tendrán más incentivos para aumentar su actividad económica. El problema es que el impuesto de sociedades grava los beneficios y, en épocas de recesión, las empresas no tienen beneficios y por lo tanto no lo pagan. Eliminar un impuesto que no se paga en época de crisis queda muy bien y cuesta pocos euros al erario público, pero... ¡no puede ayudar a salir de la crisis!

Otro conjunto de medidas no va a funcionar porque va en la dirección equivocada. Entre ellas, las ayudas a la adquisición de automóviles: el presidente Zapatero promete que su gobierno dará 500 euros por la adquisición de un coche nuevo y regala 1.500 euros adicionales de dinero ajeno (entre ustedes y yo: ¡qué fácil es regalar el dinero ajeno!); las comunidades añadirán 500 euros, aunque algunas comunidades ya se han negado, y las empresas van a añadir otros 1.000 euros. Yo me pregunto, si las empresas estaban dispuestas a reducir el precio de sus coches en 1.000 euros, ¿por qué no lo hacían voluntariamente? ¿Y por qué tuvo que ser el gobierno, y no sus directores generales, quien anunciara esa medida? El programa de ayudas a la adquisición de automóviles fomenta la demanda de coches. Es decir, va en la dirección contraria a la necesaria porque el problema de la economía española no es de demanda sino de oferta. Por cierto: ¿por qué el sector del automóvil recibe tantas ayudas públicas? ¿No es injusto que el resto de los ciudadanos que también sufren la crisis —desde taxistas hasta pescadores, pasando por transportistas, masajistas, hoteleros, restauradores, peluqueros, hombres de la limpieza, autónomos...— tengan que seguir pagando impuestos para subsidiar al sector del automóvil? ¿Qué tipo de lobby y de influencia sobre Zapatero tiene la automoción que no tengan ellos?

Finalmente, un tercer grupo de medidas pueden parecer buenas en principio, pero pueden tener consecuencias nefastas. Aquí entra la eliminación de las deducciones fiscales por la compra de viviendas. La burbuja inmobiliaria fue causada en parte por el Estado: al favorecer la compra de residencias en perjuicio del alquiler o de la adquisición de otro tipo de activos de inversión, el Estado fomentó la demanda de viviendas, cosa que contribuyó a que subiera su precio. Por lo tanto, la eliminación de esas deducciones distorsionadoras puede parecer una buena idea. El problema es que no las elimina inmediatamente sino que anuncia ahora que las eliminará en 2011. Con ello, se pretende inducir a que las familias compren viviendas entre hoy y 2011... «ahora que aún tienen descuentos fiscales». Eso va en dirección contraria a la deseable, ya que el tamaño del sector de la construcción en la economía debe pasar del 15-19% al 4% del PIB. Es decir, algunas de las empresas del sector deberán cerrar o reducir sustancialmente su tamaño, e inducir fiscalmente a que las familias compren viviendas es un intento suicida de evitar lo inevitable... y deseable.

Resumiendo: el estado de la nación no es bueno. Y no es bueno por la crisis... y porque, una vez más, el gobierno del Estado de la nación demuestra que no tiene solución.

*La Vanguardia*, 17 de mayo de 2009

# Crisis (14):
## lo que no se ve

Bayona, 1839. Un gamberro lanza una piedra contra una panadería y rompe una ventana. El panadero sale enfurecido y se echa a llorar porque va a tener que pagar un nuevo cristal. Los viandantes se reúnen a su alrededor y, al principio, se solidarizan con su desgracia. De repente, uno de ellos explica que el infortunio no es tal ya que el dinero que el panadero va a gastar representará un ingreso para los cristaleros (quienes, al fin y al cabo, viven de los cristales rotos). Éstos van a gastar ese dinero en la carnicería en beneficio de los carniceros, que a su vez van a gastarlo en el teatro en beneficio de los actores, y así sucesivamente hasta suponer un enorme efecto positivo sobre la economía agregada, a través de lo que los economistas keynesianos llaman el efecto multiplicador. Tras concluir que la gamberrada era buena para la sociedad, los viandantes abandonaron al panadero a su suerte.

Esta historia, conocida como la paradoja de los cristales rotos, fue contada por primera vez por el economista francés Frédéric Bastiat en 1839 en un fantástico libro llamado *Ce qu'on voit et ce qu'on ne voit pos* (Lo que se ve y lo que no se ve). La tesis principal del libro es que muchos analistas cometen errores garrafales porque se fijan sólo en «lo que se ve» e ignoran «lo que no se ve». En el ejemplo del cristal roto, «lo que se ve» es que el panadero va a tener que gastar dinero para reparar la ventana y eso va a afectar positivamente a quien recibe el pago, el cristalero. «Lo que no se ve» es que el dinero que el panadero gastará en cristales iba a ser destinado a comprar otras cosas, como, por ejemplo, un traje. Al no poder comprarlo, el sastre no ingresa nada, el carnicero del sastre tampoco y los teatros a los que iba a acudir el carnicero del sastre tampoco. Es decir, que el efecto multiplicador resultante de reparar el cristal solamente sustituye a un efecto idéntico que hubiera generado el gasto en cosas alternativas. Al no haber efectos netos positivos, lo único que queda es un cristal roto. Y eso es malo.

Les explico todo esto porque los gobiernos del mundo entero intentan reactivar la economía a través de programas *Renove* que subsidian la compra de coches nuevos a cambio de la destrucción de coches viejos. Según esos planes, el gobierno se constituye en un gran gamberro (lo digo por analogía con el chaval que lanzó la piedra contra la panadería) y destruye toda una flota de coches que todavía funcionan con el argumento de que, al tener que repararlos, se va a fomentar la actividad económica: como en la paradoja de los cristales rotos, los fabricantes y distribuidores de automóviles tendrán ingresos adicionales, los gastarán y eso tendrá efectos positivos sobre la sociedad. También saldrán beneficiados los propietarios de coches viejos que reciban un subsidio superior al valor que su cacharro tenía en el mercado. Todo eso es «lo que se ve». Ahora bien, «lo que no se ve» (y no se contabiliza) son las pérdidas de mecánicos y reparadores de coches, las de los vendedores de segunda mano a los que el Estado ha robado el negocio y las de los contribuyentes.

Además, está el malgasto en burócratas administradores del programa y, sobre todo, lo que no se ve es el dinero que no ingresan las industrias que no van a recibir el subsidio y las que no van a obtener el dinero que los consumidores habrían gastado si no hubieran tenido que pagar tantos impuestos. Es decir, si el Estado realmente cree que destruir automóviles viejos para fabricar los nuevos es bueno para la economía, ¿no debería también destruir neveras, televisores de plasma y videojuegos? ¿Y por qué parar ahí? ¿Por qué no derribar edificios, carreteras y puentes? ¿Por qué no demoler ciudades enteras por el bien de la sociedad? ¿Verdad que no tendría sentido? Pues tampoco lo tienen los planes Renove. Porque destruir maquinaria y dedicar dinero a reemplazarla no genera suficientes beneficios para compensar la destrucción. La pregunta es: ¿por qué el Estado tiene tanto interés en ayudar a la industria del automóvil con cargo a los trabajadores-contribuyentes de todos los otros sectores?

La respuesta que se nos da últimamente es (¿cómo no?): ¡hay que combatir el cambio climático! De hecho, el nuevo plan se llama ¡VIVE! de Vehículo Innovador, Vehículo Ecológico. A pesar de que el cambio climático se ha convertido en el comodín justificador de las políticas más ridículas e injustificables del planeta, citarlo no es suficiente: esas políticas también deben ser sometidas a la lógica económica. Nos dicen que los coches nuevos van a contaminar menos que los antiguos porque tienen una tecnología mucho más verde y sostenible. Eso es «lo que se ve». Ahora bien, «lo que no se ve» (y lo que los ecologistas no contabilizan) es que para construir cada coche nuevo se necesita contaminar. ¿O no se emite $CO_2$ y no se contamina cuando se produce el acero de la carrocería y el motor, la goma de los neumáticos, los plásticos de los interiores o la pintura exterior? La pregunta es: ¿la reducción de emisiones que van a tener los nuevos y eficientes coches será superior al incremento de polución que supondrá su fabricación? Según un artículo publicado en *The New York Times* por Michael Gerrard, director del Centro para el Cambio Climático de la Columbia University, la respuesta es no. También en la sostenibilidad, pues, las autoridades parecen ignorar la paradoja de los cristales rotos, esa vieja lección que ya se explicaba en 1839 sobre lo que se ve y lo que no se ve.

*La Vanguardia*, 17 de agosto de 2009

# Crisis (15):
## los nuevos desequilibrios

La buena noticia: Ben Bernanke dijo el otro día que «es muy probable que, técnicamente, Estados Unidos ya haya salido de la recesión». La mala noticia: acto seguido, dijo «pero dará la sensación de que la economía es débil durante bastante tiempo». Mi interpretación: el crecimiento económico será diminuto, hay riesgo de recaída y, de momento, no se creará empleo.

¿Por qué es Bernanke tan poco optimista? Pues porque sabe que los gobiernos de todo el mundo no se enfrentaron a los grandes desequilibrios financieros y económicos que causaron la presente recesión corrigiéndolos, sino creando la antesala de una nueva crisis: más desequilibrios.

Desde mi punto de vista, hoy tenemos siete peligrosos problemas. Primero, el monetario. Nada más empezar la crisis financiera, los bancos centrales imprimieron trillones de dólares. En situaciones normales eso hubiera causado una hiperinflación. Ésta no se dio porque la velocidad de circulación del dinero cayó en picado. El problema es que, cuando la economía se recupere, el dinero volverá a correr y, si no se elimina todo lo impreso durante la crisis, subirá la inflación. Habrá, pues, que quitar liquidez de una manera quirúrgica porque el dinero es como la pasta de dientes: es muy fácil sacarla del tubo pero es muy difícil volverla a meter porque, para conseguirlo, se deben subir los tipos de interés y eso puede causar nuevas recesiones.

El segundo desequilibrio es el fiscal. Al ver la gravedad de la situación, todos los gobiernos del mundo se lanzaron a gastar cantidades ingentes de recursos. Resultado: déficits extravagantes que superan el 13% del PIB en Estados Unidos, el 10,5% en España y el 6,5% en la zona euro. La OCDE estima que la deuda alcanzará el 115% del PIB. Lógicamente, esa insostenible voracidad fiscal tiene que acabar (sobre todo teniendo en cuenta que los *baby boomers* se están empezando a jubilar). El problema es que eso sólo se puede hacer subiendo impuestos o bajando gasto y ambas estrategias conducen hacia una nueva recesión. Habrá que ser creativo y tocar los impuestos que menos distorsionen (y no subirlos alocadamente como se ha hecho en España) y eliminar los gastos menos productivos.

El tercer gran desequilibrio es el internacional. Los déficits exteriores de algunos países (destacan Estados Unidos y España) son compensados por superávits gigantes de algunos países asiáticos (sobre todo China). La corrección va a tener dos componentes. El primero, una caída del dólar que puede ser paulatina o puede ser catastrófica. Depende del banco central chino. El segundo, la tentación proteccionista. La semana pasada el presidente Obama ya impuso aranceles a los neumáticos chinos, y China respondió con aranceles equivalentes a los pollos norteamericanos. De momento, la guerra comercial es poca cosa y esperemos que no escale y que todo el mundo recuerde que lo que transformó la crisis de 1929 en la Gran Depresión de los años treinta fue el proteccionismo.

Cuarto, el desequilibrio financiero. El pánico de finales de 2008 hizo que todo el mundo desinvirtiera en los mercados financieros y pasara a comprar lo único que parecía seguro, unos bonos del Tesoro norteamericano que llegaron a absorber el 80% del ahorro mundial: trillones de dólares que no financiaban inversión productiva. Eso ya se está empezando a corregir y el dinero ya está volviendo a la bolsa. El problema es que si el retorno no se hace de manera ordenada, puede dar lugar a nuevas burbujas que, al explotar, causen nuevas crisis económicas. De hecho, el boom inmobiliario de 2008 se gestó cuando el dinero salió despavorido de la bolsa al reventar la burbuja «puntocom» en 2001. Que no nos vuelva a pasar lo mismo.

El quinto desequilibrio es el regulatorio. Los primeros diagnósticos de la crisis apuntaron (en mi opinión, equivocadamente) en una dirección: la falta de regulación del sistema financiero. El resultado fue la aparición de los don quijotes del intervencionismo que quisieron regular no sólo el sector financiero sino, ya puestos, el resto de la economía. ¡Algunos incluso querían «refundar el capitalismo»! Ahora bien, ¡que el sector financiero norteamericano estuviera infrarregulado no quiere decir que el sector de la automoción en España también lo esté! La cordura debe volver pronto a los legisladores. Si no, corremos el riesgo de que el Estado acabe asfixiando la recuperación.

El sexto desequilibrio es sectorial. Países como España dependían excesivamente de unos pocos sectores (construcción, promoción inmobiliaria) que se han hundido sin esperanza de recuperación. Para reequilibrar, no hay que caer en la tentación de que el Estado subsidie unos sectores escogidos a dedo por el funcionariado. Al contrario, el Estado debe poner las bases para que los innovadores decidan, con su creatividad e iniciativa, qué sectores van a tomar las riendas de la economía.

Y el último desequilibrio es, lógicamente, el laboral. Los países con un rígido mercado de trabajo corren el riesgo de convertir el paro temporal causado por una recesión pasajera en una situación permanente para millones de ciudadanos. Si el mercado laboral no se flexibiliza, el ejército de parados de largo plazo puede acabar causando una inestabilidad social insostenible. Nuestros intentos de salir de la crisis han originado siete grandes vulnerabilidades que amenazan el futuro de nuestras economías. Bernanke piensa que lo peor ya ha pasado. Quizá sí. Pero si queremos evitar la recaída, es imperativo que se corrijan... los nuevos desequilibrios.

*La Vanguardia*, 5 de octubre de 2009

# 2

Freakonomics

## Monopolios aquí y allí

¡Vaya semana para las relaciones entre grandes empresas y gobierno! En Estados Unidos, un tribunal de apelaciones dice que Microsoft es culpable de abuso de monopolio... pero anula el castigo que le había impuesto el juez Thomas Jackson. En Europa, el comisario de la Competencia, Mario Monti, impide la fusión de los gigantes Honeywell y General Electric... antes de que se convierta en un monopolio industrial. Es decir: en Estados Unidos se anula el castigo a alguien declarado culpable, mientras que en Europa se castiga a alguien que todavía no ha cometido ningún delito. ¿Qué está pasando?

Hay quien dice que esta aparente confusión demuestra lo fraudulentas que son nuestras autoridades: los antiamericanos argumentan que George Bush, que es «amigo del gran capital», está devolviendo los favores que Bill Gates le hizo durante la campaña electoral, y lo hace impidiendo que se divida su empresa. Los antieuropeos, por su parte, dicen que la Comisión Europea prohíbe la fusión de los dos gigantes norteamericanos (fusión que, por cierto, había sido autorizada en mayo por el Departamento de Justicia de Estados Unidos) con el único objetivo de proteger la industria aeronáutica europea.

No voy a ser yo quien niegue que, a veces, nuestros líderes toman decisiones turbias que ignoran los intereses de la mayoría. Pero para ser justos, antes de lanzar acusaciones de corrupción es necesario intentar justificar racionalmente las decisiones de jueces y políticos.

Lo primero que hay que tener en cuenta es que las legislaciones a favor de la competencia de Estados Unidos y Europa son distintas. Y no sólo las legislaciones, sino que también lo es la filosofía económica. Los norteamericanos no creen que se deba penalizar a una empresa por el simple hecho de ser un monopolio o por tener una gran cuota de mercado. Solamente se la puede castigar si se demuestra que ha utilizado su situación privilegiada para abusar de los consumidores o para ampliar su poder económico. Por ejemplo, Microsoft tiene el 95% del mercado de sistemas operativos informáticos. Este hecho, de por sí, no constituye delito en Estados Unidos. Ahora bien, si Bill Gates se aprovechara de esa situación poniendo precios desorbitados u obligando a los productores de ordenadores a instalar otros programas de Microsoft, cometería un delito de abuso de poder. Y es por ello que cuando Bill Gates los amenazó con no concederles licencias de Windows si no quitaban el buscador de internet de Netscape y, en su lugar, instalaban la versión de Microsoft llamada Explorer, el Departamento de Justicia y los fiscales de veinte estados le llevaron a los tribunales. El juez Jackson les dio la razón en abril del año 2000.

Como castigo, el juez obligó a dividir Microsoft en dos: una empresa de sistemas operativos Windows y otra de aplicaciones, con el Internet Explorer como una de ellas. Pues bien, el pasado 28 de junio el tribunal de apelaciones del distrito de Columbia dio parte de razón al juez Jackson al confirmar que Microsoft había abusado de su situación de monopolio, pero también le dio parte de razón a Bill Gates al decir que la decisión de dividir Microsoft en dos empresas no solucionaba el problema. Y no lo solucionaba porque, tal como se planteaba, la división no hacía más que crear dos monopolios complementarios sin ningún incentivo para competir entre ellos (una explicación más extensa de por qué este castigo no soluciona el problema se puede encontrar en mi reciente libro *Economia liberal per a no economistes i no liberals*, y perdonen la autocita).

Al otro lado del Atlántico, las autoridades europeas prefieren evitar las tentaciones de que se abuse del poder de monopolio antes de que éste ocurra. Podríamos decir que, mientras que en Estados Unidos dicen que «todo el mundo es inocente hasta que se demuestre lo contrario», en Europa creen que «más vale prevenir que curar». Esa diferencia filosófica se puede explicar por el hecho de que la Comisión Europea tiene muy poco poder para castigar o controlar las acciones de las empresas una vez éstas ya han sido fusionadas. También contribuye el hecho de que las indemnizaciones en Europa son pequeñas, cosa que no incentiva a los consumidores a denunciar las conductas monopolistas. Por eso se prefiere prevenir las uniones que, como la de Honeywell y General Electric, dejan a una empresa con una cuota de mercado demasiado grande en lugar de esperar a ver si abusan de su situación de monopolio.

Otra diferencia importante es que los juicios antimonopolio en Estados Unidos son públicos, con montañas de expertos desinteresados testificando para cada una de las partes y cuyos testimonios se pueden encontrar en internet. Esto contrasta con el secretismo con que se toman las decisiones sobre fusiones empresariales en Europa. Esa falta de transparencia no es buena, porque aviva las sospechas de favoritismos y da argumentos a quienes dicen que los intereses oscuros privan sobre el interés general.

Lo fascinante será ver qué hace ahora la Comisión con el caso Microsoft, que, recordémoslo, aún está vivo en Europa. De momento, Mario Monti ya ha puesto un ejército de abogados a investigar las actividades del gigante informático en nuestro continente. Por lo que pueda pasar, Microsoft ya ha anunciado que, a partir de octubre, dará la opción de poner el navegador de internet que desee el cliente.

Y es que Bill Gates sabe que a los monopolios se los trata de manera distinta aquí y allí.

*La Vanguardia*, 17 de julio de 2001

# Los augures de César

Cayo Julio César, al que algunos consideran el mejor estratega militar de todos los tiempos, tenía un arma secreta. Utilizaba un equipo de augures y magos con presunta capacidad para adivinar el porvenir. Cuando éstos pronosticaban derrota, él evitaba la batalla, entre otras cosas porque sus centuriones se negaban a luchar. Cuando presagiaban victoria, las legiones combatían con redoblada confianza y el triunfo raramente se escapaba. A base de entrar en combate solamente cuando los auspicios eran buenos, Julio César conquistó más de 800 ciudades, sometió a unas 300 naciones y derrotó a más de tres millones de enemigos. ¡Y todo eso con sólo 50.000 legionarios y en sólo doce años! Esa proeza sólo se podía conseguir con magia.

¿Magia? Bueno, no. En realidad, el secreto no consistía en usar magos premonitores. Eso lo hacía todo el mundo. El secreto consistía en haberse percatado de que éstos no tenían la más mínima capacidad de predicción y en utilizar esa información en beneficio propio: dado que era muy difícil convencer a los centuriones de la impericia de los augures, ¡el César prefería sobornar a éstos para que profetizaran aplastantes victorias! Así de simple.

El secreto de César es relevante en el año 2001 (d.C.) porque los periódicos, los políticos y la gente normal son como los antiguos legionarios romanos y creen en la existencia de personajes capaces de adivinar el porvenir económico. No se trata de augures que interpretan los designios de los dioses a base de dibujar «ternpli» en el cielo con sus bastones encorvados ni de arúspices que examinan las entrañas de los pollos sagrados. Se trata de individuos de apariencia normal (la mayoría vestidos con traje oscuro y corbata de rayas) que se hacen llamar «economistas». Y es esa confianza en su capacidad de predecir el rumbo de la economía la que explica que, cuando se publican los informes del FMI, de la OCDE o de la Unión Europea previendo una recesión corta, los periódicos se apresuren a sacar la noticia en primera página como si ya fuera verdad.

El problema es que los economistas somos tan incapaces de adivinar el futuro como lo eran los augures de la Antigüedad. Es cierto que utilizamos sofisticados modelos estadísticos en lugar de bastones encorvados o entrañas de animales, y eso parece darnos un poco más de credibilidad a la hora de visualizar el futuro. Pero, seamos realistas, nuestros instrumentos no son mágicos. De hecho, se asemejan al señor que conduce un coche con el parabrisas pintado de negro y que intenta predecir el trazado de la carretera que tiene delante a base de mirar por el retrovisor: mientras la carretera es recta todo va bien, pero a la primera curva el coche se va directo a la cuneta. Exactamente lo mismo pasa con las predicciones económicas: cuando hay cambios drásticos en el entorno, sirven de muy poco.

Y mucho me temo que, después de los atentados del 11 de septiembre, la economía mundial ha sufrido un cambio drástico y ha entrado en una pronunciada curva hacia no se sabe dónde. Me explico. Un ingrediente importante para que la recesión sea corta es que los consumidores y los empresarios recobren la «confianza» y vuelvan a comprar e invertir como antes. La evolución de esa «confianza» va a depender de si la guerra contra el terrorismo se expande a Irak o Siria, de si el precio del petróleo baja a diez o sube a cuarenta dólares por barril, de si la bolsa sigue hundiéndose un año más, de si los bancos —con montañas de deuda impagable fruto de sus malas inversiones en el sector «puntocom»— se recuperan y vuelven a prestar a las pequeñas empresas, de si hay un nuevo ataque terrorista con armas nucleares, de si el dólar se debilita o de si se consigue la paz en Oriente

Medio. Y como no hay nadie que pueda vaticinar ninguno de estos importantes factores, no hay nadie en el mundo que sea capaz de hacer pronósticos sensatos sobre el futuro de la economía.

La pregunta es: y si son tan inútiles, ¿por qué se siguen utilizando modelos econométricos para hacer predicciones? Yo creo que hay dos explicaciones. La primera es que las instituciones internacionales saben que sus predicciones pueden afectar el comportamiento de la economía. Es decir, saben que si anuncian una recesión corta, es posible que consumidores y empresarios se animen, vuelvan a comprar e invertir y acaben haciendo que, en efecto, la crisis sea efímera. ¿Solución?: persuadir a unos cuantos economistas para que vaticinen una recesión breve. Así de simple. De hecho, ¡tan simple como el secreto de César!

La segunda explicación es que muchas decisiones deben ser tomadas en base a algún tipo de predicción sobre el porvenir de la economía. Por ejemplo, los presupuestos que el gobierno aprueba este año requieren una previsión de ingresos y gastos para el año próximo y éstos dependen de la situación económica futura. Y como, de momento, nadie ha inventado una mejor manera de hacer predicciones económicas que los modelos estadísticos de los económetras, es lógico que éstos sean los más utilizados, entre otras razones porque ¡a veces incluso aciertan!

Por cierto, los adivinos de la Antigüedad también acertaban ocasionalmente. Sin ir más lejos, Julio César murió asesinado el día 15 de marzo del año 44 (a.C.), cuando decidió acudir al senado sin su escolta, desoyendo así el consejo de los magos que ese día habían tenido una fatal premonición. A pesar de conocer su limitada capacidad de vaticinio, quizá César debería haber escuchado a sus propios augures.

*La Vanguardia*, 6 de diciembre de 2001

## La privatización del gobierno

¿A quién votarían ustedes si los únicos candidatos presidenciales fueran Francisco Franco Bahamonde y Miguel Primo de Rivera? Difícil, ¿no? Pues un dilema parecido es el que tiene el pueblo nigeriano en las elecciones que pasado mañana enfrentan a dos ex dictadores militares: Olusegun Obasanjo y Mohamed Buhari.

El camino para llegar a este punto ha sido tortuoso. Durante la época colonial, los británicos hicieron de este país africano un rico exportador de aceite de palmera. Poco antes de la independencia, la Shell descubrió petróleo en el delta del Níger. La nueva riqueza prometía tiempos felices... promesas que nunca se hicieron realidad: el país es más pobre hoy que cuando nació, el 1 de octubre de 1960.

Cuando todavía no había cumplido diez años, Nigeria sitió militarmente a la región separatista de Biafra y no dejó entrar alimentos durante meses. Dos millones de ciudadanos murieron en la que fue una de las peores hambrunas que jamás ha visto el hombre. El general que dirigió esa cruel campaña militar no fue otro que el hoy candidato Olusegun Obasanjo. El mismo Obasanjo que heredó el gobierno a finales de los setenta tras el asesinato del presidente general Murtala Mohamed. A favor de Obasanjo hay que decir que, en 1979, devolvió el gobierno a los civiles tras unas elecciones que ganó Shehu Shagari. Y fue precisamente ese gobierno democrático el que fue derrocado en 1983 por un sanguinario general llamado (¿sorpresa?) Mohamed Buhari:

¡el otro candidato a las elecciones del domingo! Así está el patio, señores. Pero la cosa no acaba aquí: Buhari fue depuesto por Ibrahim Babangida y éste por Sani Abacha, un general tan famoso por su crueldad como por su insaciable apetito sexual. Abacha murió de placer (literalmente) en medio de una orgía con mujeres indias tras una sobredosis de viagra. Aunque dicen los nigerianos —grandes admiradores de Maradona— que la muerte del dictador sí fue obra de «la mano de Dios», la intervención divina nunca quedó plenamente demostrada. Sea como fuere, la fatal erección permitió la celebración de elecciones. Erecciones que dan paso a elecciones... ¡Esto es Nigeria! El caso es que un Obasanjo disfrazado de civil y recién salido de la cárcel volvió al poder, esta vez democráticamente, en 1999. Y el domingo se presenta a la reelección.

La de Nigeria es una historia de corrupción causada por el petróleo. Es la misma historia que ha impedido que Congo, Sierra Leona, Venezuela y tantos otros países ricos en recursos naturales no hayan encontrado el camino del desarrollo. La lucha por el control de la riqueza natural siempre acaba gangrenando la economía con el cáncer de la corrupción. Las monumentales montañas de dinero extraídas del subsuelo nunca llegan a los ciudadanos. El crimen y los sobornos no sólo hacen que desaparezca la riqueza petrolífera, sino que acaban ahogando a los sectores económicos, como el del aceite de palmera, que funcionaban antes de que llegara el maleficio del oro negro.

En Nigeria, la manera más fácil de hacerse rico es la política. Las personas con más talento del país no se dedican a producir bienes sino a extraer rentas por medio del sector público. Como ejemplo, diré que el gobierno nigeriano ha gastado más de 10.000 millones de dólares desde 1979 en construir un complejo acerero en Ajaokuta. Muchos se han enriquecido con las comisiones, pero la fábrica nunca ha producido una sola barra de acero. Mientras tanto, escuelas, hospitales y demás servicios se deterioran sin que los políticos hagan nada.

¿Cómo se arregla todo este caos? No es fácil. Pero en un reciente estudio, el doctor Arvind Subramanian y yo, tras constatar que el principal problema es la corrupción del sector público causada por la lluvia de dinero fácil que proviene de la venta de crudo, proponemos una solución: que el dinero del petróleo vaya directamente a los ciudadanos sin pasar por el Estado. Para ello, sugerimos la creación de un fondo que ingrese todo el dinero de la venta de petróleo y cuyo propietario sea el pueblo nigeriano. A principios de año, cada ciudadano recibirá un cheque en concepto de dividendos. Según nuestra propuesta, el gobierno se quedará sin ingresos petrolíferos. A cambio, no se hará responsable de los servicios públicos —cosa que, entre ustedes y yo, hace años que sucede— a no ser que lo quiera la gente. Al igual que pasa con los estados que no tienen recursos naturales, si el gobierno quiere gastar dinero, deberá poner impuestos a los individuos. Y todos sabemos que es muy difícil robar a las familias una vez que el dinero está en su poder, si, a cambio, el gobierno no proporciona servicios satisfactorios. En este sentido, la democracia que actualmente existe en Nigeria representa una oportunidad para que la ciudadanía decida con sus votos cómo gastar sus nairas: quizá decida pagar impuestos para el gobierno central, quizá opte por dar el dinero a entes locales, que son más fáciles de controlar directamente por la sociedad civil, o quizá prefiera quedarse el dinero y pagar escuelas y hospitales privados. Sea cual sea su decisión, lo importante es que el dinero será suyo y no de los políticos.

Los intelectuales de la socialdemocracia se pasan el día intentando encontrar fracasos del mercado y de la iniciativa privada para justificar la intervención del Estado. El caso de Nigeria demuestra que, demasiado a menudo, el que fracasa es el sector público. Y claro, la misma lógica indica que la solución en estos casos es la privatización del gobierno.

*La Vanguardia*, 17 de abril de 2003

## Lo repugnante tiene su atractivo

Siempre he creído que Francia, Rusia y Alemania eran países sin intereses económicos y que se oponían a la guerra de Irak por el bien de la humanidad. Su exquisita bondad contrasta con la malicia de los americanos, esos incultos y calculadores asesinos que sólo quieren controlar el petróleo, destruir estatuas milenarias e infligir sufrimiento a la población civil iraquí.

Sí, ya sé que se está descubriendo que los gobiernos de París y Moscú estuvieron vendiendo armamento e inteligencia a Irak hasta poco antes de que estallara el conflicto, contraviniendo las sanciones impuestas por la ONU. También sé que los gobiernos de Francia y Rusia tenían contratos multimillonarios con Bagdad para que sus multinacionales explotaran unos nuevos pozos petrolíferos descubiertos en la zona de Basora y que, junto con Egipto, eran los países que más se beneficiaban (con ventas de 3.100 y 4.300 millones de dólares respectivamente) de ese programa petróleo-por-alimentos que querían perpetuar. Y sí, también sé que Alemania, Francia y Rusia son los principales acreedores del gobierno de Sadam, cuya deuda externa parece ascender a más de 120.000 millones de dólares (eso excluye las reparaciones que adeuda a Kuwait desde la primera guerra del Golfo).

A pesar de toda esta evidencia, sigo creyendo en la benevolencia de estas tres potencias europeas. Al fin y al cabo, Chirac, Schröder y Putin se han felicitado jubilosos por la eliminación del tirano y han aprovechado para ofrecer, con todo el desinterés que los caracteriza, su participación en la reconstrucción del país. A George W. Bush parece no gustarle la idea. Pero antes de que se niegue a aceptar tan generosa oferta de colaboración, yo le explicaría al presidente norteamericano la interesante doctrina de la «deuda repugnante».

Todo empezó en 1898, después de la guerra de Cuba, cuando los isleños exigieron que las deudas del gobierno colonial español no fueran pagadas porque eran «repugnantes» al haber sido contraídas sin el consentimiento de la ciudadanía. La doctrina de la «deuda repugnante» ha ido evolucionando a lo largo del siglo XX. En la actualidad, se dice que una deuda es «repugnante» si se contrae sin satisfacer dos criterios: el consentimiento de la ciudadanía y el propósito de ayudar al pueblo. Por ejemplo, si un régimen democrático malgasta el dinero, la deuda no es «repugnante» porque no satisface el primer criterio. Tampoco si una dictadura pide dinero para hacer hospitales, porque no satisface el segundo.

La doctrina consiste en que, una vez el país ha sido liberado de la dictadura, las deudas «repugnantes» no se deberían pagar. En este sentido, los 12.000 millones de dólares que Mobuto Sese Seko debía en nombre de Zaire, los 28.000 millones que Marcos cargó a Filipinas o los 500 millones que Somoza endosó a Nicaragua no se tenían que devolver.

Actualmente no existe legislación firme sobre la «deuda repugnante» por dos razones. Primero, porque no hay quien tenga la capacidad de decidir objetivamente si una deuda lo es o no. Y segundo, porque si los países que deben dinero no pagan sus deudas, por más ilegítimas que éstas sean, se ven castigados por los mercados financieros con la imposibilidad de pedir nuevos préstamos. Para solucionar estos problemas, el profesor Michael Kremer, de la Universidad de Harvard, ha propuesto la creación de una institución independiente que haga una lista de países «repugnantes». Es decir, de países no democráticos que no utilizan los recursos financieros en beneficio de la población. Bajo la propuesta de Kremer, la deuda contraída después de que el país ha sido catalogado de «repugnante» se cancelará automáticamente una vez el régimen dictatorial desaparezca. De esta manera, el gobierno que sucede al dictador no perderá reputación internacional y seguirá teniendo acceso a los mercados financieros. Si los bancos privados o los países soberanos quieren dejar dinero a las dictaduras «repugnantes», allá ellos. Pero que sepan que, una vez liberado el país, no van a cobrar ni un dólar.

La creación de este mecanismo llegaría demasiado tarde para el caso de la actual deuda de Irak. Pero no importa, porque los líderes políticos de los tres principales acreedores, Alemania, Francia y Rusia, han repetido una y otra vez que su oposición a la guerra no tenía nada que ver con los beneficios económicos que obtenían de Sadam, sino que su preocupación real era el bienestar del pueblo iraquí. Ha llegado la hora de demostrar que siempre han dicho la verdad. Y la mejor manera de hacerlo es que declaren voluntariamente que sus deudas con el régimen dictatorial son «repugnantes» y que, acto seguido, anuncien su inmediata condonación incondicional. No una condonación «a cambio de mantener los contratos para la explotación de petróleo», como sugirieron cómicamente tras su reunión en San Petersburgo. Me refiero a una condonación sin contrapartidas. Eso aliviaría a los ciudadanos inocentes iraquíes de los que tanto dicen preocuparse de la carga financiera que representa una deuda tan masiva y, a la vez, demostraría claramente que no engañaban a la comunidad internacional cuando se disfrazaron de pacifistas.

Hay quien piensa que el comportamiento cínico e hipócrita de quienes dicen querer la paz cuando están defendiendo oscuros intereses económicos es repugnante. Pero ahora los cínicos tienen la oportunidad de enseñarnos que lo único repugnante de su conducta es la deuda de Irak. Si lo hacen, demostrarán que, a veces, lo repugnante tiene su atractivo.

*La Vanguardia*, 26 de abril de 2003

## Una idea disparatada

«Todo problema difícil y complejo tiene una respuesta simple, fácil... y equivocada.» Me acordé de esta frase de Henry L. Mencken el otro día cuando oí al secretario de Mobilitat de la Generalitat de Cataluña, Manel Nadal, pedir a las concesionarias que «levanten las barreras cuando las autopistas se encuentran saturadas por el exceso de tráfico pues la pérdida de calidad del servicio hace injustificable el peaje». La OCUC (Organització de Consumidors i Usuaris de Catalunya), el RACC y algunos partidos de izquierda han hecho propuestas en la misma dirección.

El control del tráfico en autopistas y carreteras es un problema difícil y complejo. Reducir los peajes de las autopistas cuando hay congestión es una respuesta simple, fácil... y equivocada.

Vayamos por partes. Primero, una de las leyes menos discutibles de la economía es la ley de la demanda que dice que la cantidad de un bien demandada por los clientes se reduce cuando aumenta su precio. Eso es cierto para todos los productos, ya sean galletas, vino, chorizos... o autopistas. En este sentido, la lógica económica nos dice que si se lleva a cabo la propuesta de Nadal de eliminar los peajes cuando hay congestión, la cantidad de ciudadanos que querrán utilizar la autopista subirá, ¡precisamente cuando se necesita que menos personas estén circulando! Es decir, la propuesta del Govern tenderá a empeorar la situación. De hecho, si la Generalitat quiere reducir la circulación en horas punta, la solución no es reducir sino aumentar los peajes, para inducir a que los ciudadanos con una menor preferencia por viajar a esas horas viajen en otro momento más barato.

Segundo, a diferencia de lo que algunos parecen creer, las autopistas gratis no existen: existen las que se pagan con peajes y las que se financian a través de los impuestos. La pregunta es: ¿cómo deberían financiarse? La teoría de la hacienda pública explica que los bienes públicos que tienden a congestionarse —como es el caso de las carreteras— deberían costearse con tasas de usuario y no a través de los impuestos. La razón es bien simple: al circular por la carretera, uno ocupa un espacio que los otros usuarios no pueden utilizar, es decir, uno tiende a provocar un efecto negativo o externalidad (y perdonen la jerga) sobre los demás. Como en el caso de la polución, la manera de corregir esa externalidad es la imposición de una tasa de utilización (es decir, la introducción de un peaje) porque ésta aumenta el coste directo de circular, cosa que lleva a los usuarios a usar menos el coche.

Ya sé que algunos dirán aquello de que los peajes son injustos porque, en proporción a la renta, los pobres pagan más que los ricos. El problema de esta tan repetida y popular cantinela es que el objetivo del Estado no debe ser exclusivamente la redistribución de la riqueza. El Estado también debe garantizar el buen y eficiente funcionamiento de las cosas. Si se quiere redistribuir la renta, que se haga a través de unos impuestos sobre la renta progresivos, es decir, a través de que los ricos paguen un IRPF más alto que los pobres. Ahora bien, una vez hecha la redistribución deseada, las decisiones de política económica deben buscar la eficiencia. En particular, la Generalitat no debería utilizar los peajes para redistribuir la renta una vez más sino para eliminar los colapsos circulatorios. Y para ello, lo que hay que hacer no es bajar sino subir los peajes en horas punta.

Tercero, y esto es lo más divertido: la justificación utilizada por el secretario Nadal cuando dice que si la concesionaria no proporciona el servicio en condiciones, no tiene sentido que nos cobre (argumento que, insisto, es compartido por una serie de partidos de izquierda) es una auténtica joya de la lógica económica. El lector habrá notado que el fenómeno de la congestión no se limita a las autopistas de peaje. Yo vivo en Cabrera de Mar y pago el peaje del Maresme para ir a trabajar a Barcelona. Antes de llegar a la Universitat Pompeu Fabra, debo salir de la autopista y circular por la ronda litoral durante unos cuantos kilómetros. No hace falta decir que a veces encuentro largas colas en la autopista... y a veces las encuentro en la ronda.

Digo que el argumento de Manel Nadal es una joya porque, tomado al pie de la letra, implica que si se debe eliminar el cobro cuando la autopista de peaje se colapsa, entonces cada vez que hay congestión en la ronda o en cualquier otra carretera financiada por los contribuyentes, su propietario (es decir el gobierno de España; el de Cataluña o el municipal) debería reducir los impuestos porque la «pérdida en la calidad del servicio hace injustificable su cobro».

De hecho, se podría ir más allá y extender el argumento a otros sectores: se deberían reducir los impuestos cada vez que hay colas en el servicio de urgencias, cuando las cárceles están sobrepobladas, cuando hay listas de espera en hospitales o escuelas públicas, cuando hay colas en cualquier oficina de la Administración o cuando se tardan años en juzgar delitos porque el sistema judicial está congestionado.

¡Sí! Estoy de acuerdo con ustedes en que todas estas propuestas serían ridículas, entre otras cosas porque acabaríamos no pagando ningún impuesto dada la mala calidad de los servicios públicos que recibimos. Pero estarán ustedes de acuerdo conmigo en que esa ridiculez no hace más que demostrar que la reducción de los peajes cuando las autopistas se congestionan es una idea atractiva desde el punto de vista del populismo político... Pero una idea económicamente disparatada.

*La Vanguardia*, 17 de julio de 2004

## Su caballo de Troya

Una de las más fascinantes historias de todos los tiempos es la mitológica guerra de Troya relatada en la *Ilíada*. Todo comenzó cuando Paris raptó a Helena, esposa del rey de Esparta. Bajo las órdenes de Agamenón y después de sitiar la ciudad de Troya durante nueve años, los griegos construyeron un gigantesco caballo de madera, presentándolo a los troyanos como regalo mientras simulaban su retirada. Pese a las advertencias de la profetisa Casandra, los troyanos aceptaron el obsequio. Una vez dentro, salieron de su interior los soldados griegos, que lograron abrir los portones y, con todas sus fuerzas reunidas, destruir y saquear la ciudad.

La magistral obra de Homero está de actualidad. Y no lo digo por la película de Brad Pitt. Lo digo porque puede ser una premonición sobre el futuro de nuestro Estado de bienestar. Me explico. Muchos son los que alaban la llegada masiva de inmigrantes, por muchas razones: por «solidaridad», por «multiculturalidad», porque «ellos hacen las tareas que nosotros no queremos hacer» o porque «con sus contribuciones van a pagar las pensiones de nuestros abuelos», es decir, «porque los necesitamos para salvar nuestro Estado de bienestar».

La cuestión de la inmigración requiere un debate mucho más profundo del que ofrece la corrección política superficial o la solidaridad mal entendida. Los inmigrantes no son banderas que nuestros intelectuales puedan ondear en aras de la multiculturalidad, ni números fiscales para que nuestros ministros cuadren las cuentas de la Seguridad Social. Son personas. Personas que vienen a nuestro país a sobrevivir y que van a relacionarse con otras personas que, tras pagar impuestos durante décadas, tienen unos derechos adquiridos que no pueden ser arrebatados por irresponsables políticos disfrazados de solidarios del dinero ajeno. Y un debate serio requiere el análisis de cómo todas esas personas van a interaccionar dentro de nuestras fronteras.

Entre las muchas, muchísimas, consecuencias de la inmigración, hoy comentaré dos. Primera, por más que nos repitan la cantinela fiscal, la entrada masiva de ciudadanos pobres no va a solucionar el presupuesto de la Seguridad Social. Al contrario. Dado que el Estado de bienestar debe redistribuir (es decir, debe dar más a los ciudadanos pobres de lo que éstos aportan), la llegada de trabajadores de rentas bajas no hará más que empeorar la situación. Es cierto que ahora que son jóvenes tributan positivamente. Pero también lo es que, a la larga, van a acabar sacando del sistema mucho más de lo que aportan (... a no ser que, el día que se retiren, no reconozcamos su derecho a cobrar la jubilación, cosa que sería vergonzosa e inmoral). La inmigración, pues, no sólo no va a salvar el sistema de pensiones, sino que sólo va a posponer su quiebra... como si fuera un gran crédito bancario intergeneracional.

Segunda, el nacimiento del Estado de bienestar se sustentó sobre las bases del «sentido de pertenencia a una comunidad», de las «obligaciones mutuas entre ciudadanos» y de las «responsabilidades colectivas». Esos sentimientos de colectividad tienden a debilitarse cuando la población se diversifica étnica, religiosa y culturalmente. En un interesante artículo llamado «¿Por qué Estados Unidos no tiene un Estado de bienestar europeo?», los profesores de Harvard Alberto Alesina, Ed Glaeser y Bruce Sacerdote, demuestran empíricamente que los países más heterogéneos religiosa, cultural y étnicamente tienen estados de bienestar menos generosos. La razón es que la gente se identifica menos con ciudadanos distintos y, a la hora de votar, prefieren sistemas que no sean tan generosos con grupos que les son extraños. Noten ustedes que los estados de bienestar europeos se formaron cuando la población era muy homogénea. Pero esa homogeneidad se está perdiendo con la inmigración y, con ella, se diluye uno de los pilares sobre los que se construyó el sistema.

Un ejemplo: las minorías (digamos, los musulmanes en Europa) pueden pensar que los grupos dominantes no garantizan sus derechos y prefieran tener escuelas privadas que no impongan la laicidad o el cristianismo mayoritarios. Si es así, acabarán votando a favor de menos escuelas públicas. Otro ejemplo: las mayorías con cuyos impuestos se ha financiado el sistema recelan de los nuevos ciudadanos que, sin haber tributado, empiezan a disfrutar de los servicios públicos, a menudo congestionándolos. La consecuencia puede ser que acaben votando a favor de que «cada uno se pague lo suyo». La diversidad que conlleva la inmigración, pues, acaba rompiendo los lazos de identidad común que sustentan el Estado de bienestar. Y eso no son elucubraciones descabelladas. Ustedes mismos pueden escuchar con creciente y preocupante frecuencia frases xenófobas pronunciadas por conciudadanos nuestros sobre «esa gente que va al hospital sin haber contribuido nunca y que pone a nuestros familiares, que sí han pagado toda la vida, en listas de espera» o «esos inmigrantes que quitan a nuestros hijos los puestos en las escuelas concertadas». ¡Cuidado que por ahí empieza la fractura social! ¡No! No digo que la inmigración sea perjudicial, ni valoro la forma de expresar nuestra solidaridad con los más desfavorecidos, ni siquiera opino sobre si el Estado de bienestar es deseable. Lo que digo es que los que proponen la inmigración como la salvación del Estado de bienestar parecen no darse cuenta de que ésta puede ser... su caballo de Troya.

*La Vanguardia*, 11 de agosto de 2004

## El show será transparente

Año 48 antes de Cristo. Están los galos celebrando anticipadamente su victoria cuando el magistrado griego les anuncia que la utilización de pociones mágicas para competir en los juegos olímpicos está prohibida. Obélix, que cayó en la marmita de pequeño, no puede participar. Astérix, por su parte, tiene que entrenarse a fondo pero acaba perdiendo ante la disciplina de los espartanos. En la final de consolación, el galo también queda el último. Pero el druida Panorámix ha puesto un colorante azul en la poción mágica que los romanos han robado... y utilizado. Los tramposos son descalificados y Astérix gana el laurel dorado.

Curiosamente, Goscinny y Uderzo no ponen el énfasis de su historieta olímpica en el deporte sino en el dopaje. La reciente polémica de los griegos Kenteris y Thanou y las airadas reacciones de responsables, periodistas y líderes de opinión demuestran que el problema del dopaje sigue hoy, año 2004 (después de Cristo), estando de moda.

El Comité Olímpico Internacional intenta vender los juegos bajo el disfraz romántico del espíritu olímpico en que lo importante es participar. Toda una farsa tras la que se esconden unas ansias enfermizas de ganar fama y fortuna mediante las medallas. Ese afán irresistible lleva a algunos a utilizar sustancias químicas prohibidas que mejoran el rendimiento. No hay ni que decir que si el uso de esos productos es ilegal, las autoridades deben perseguirlo. La pregunta, sin embargo, es: ¿por qué están prohibidas?

En su página web, el COI basa su decisión en tres principios. El primero es que el dopaje va contra la «ética del deporte». Aunque no lo especifica, supongo que la ética consiste en no hacer trampas. El problema es que este argumento es circular: si el dopaje no fuera ilegal, los atletas que lo usan no harían trampas. Igual que si entrenarse fuera ilegal, los atletas que se entrenan serían poco éticos. Obviamente, éste no sería un buen argumento a favor de prohibir los entrenamientos. Tampoco lo es, pues, a favor de prohibir el dopaje.

El segundo principio del COI es que «el dopaje es perjudicial para la salud de los atletas». Aunque éste es el mejor argumento a favor de la prohibición, tampoco sirve, porque los deportistas (como todas las personas) deberían tener la libertad de meter en su cuerpo lo que más les guste. Es más, el COI no prohíbe otras cosas que son tanto o más perjudiciales para la salud, como el exceso de entrenamiento. Todos conocemos atletas de élite que, después de castigar sus cuerpos durante años, sufren taras irremediables (también conocemos ex atletas incapaces de trabajar porque en su día abandonaron los estudios). Recuerdo a esos amigos que, de pequeñitos, se pasaban el día entrenándose en tenis, esquí o fútbol, y que acabaron con ligamentos, articulaciones, musculaturas o incluso psicologías totalmente lesionadas. Los amigos que se quedaban en el bar bebiendo cerveza son, veinte años más tarde, ¡los que gozan de mejor salud! Si el objetivo es velar por la salud de los deportistas, ¿por qué prohibe el COI el uso de sustancias dopantes y no todos esos excesos igualmente dañinos?

El tercer principio es que se debe «mantener la igualdad de oportunidades para todos los atletas». Es decir, los atletas que se dopan tienen ventaja sobre los que no lo hacen y, como eso no está bien, el COI lo ilegaliza. El problema es que la prohibición del dopaje y la incapacidad de controlarlo no sólo no soluciona el problema, sino que lo agrava: los países que pueden investigar y descubrir drogas indetectables para los actuales métodos del COI lo hacen. Empieza así una carrera, la carrera tecnológica entre gatos (jueces) y ratones (atletas tramposos), en la que los deportistas de países pobres tienen todas las de perder. La prohibición, pues, agudiza la desigualdad (no la igualdad) de oportunidades. Es más, si bien es cierto que los que usan drogas juegan con ventaja, también juegan con ventaja los que utilizan las últimas tecnologías informáticas para evaluar el rendimiento, los que usan mejores zapatillas, raquetas o bicicletas, o los que entrenan en modernas instalaciones deportivas. Si lo que realmente busca el COI es la igualdad de oportunidades, lo que debería hacer es prohibir también esas otras diferencias tecnológicas relacionadas con la renta de los países de origen de los atletas. De hecho, para organizar unos juegos justos de verdad, el COI tendría que prohibir que los atletas se entrenaran más de dos horas al día y debería obligar a que todos usaran la misma ropa y material, y utilizaran idénticos métodos de preparación. Esas olimpiadas justas podrían ir más allá e incorporar baloncesto para gente de menos de metro setenta (no es cuestión que nos discriminen a los bajitos), carreras para gordos (para dar igualdad de oportunidad a los que tenemos tendencia a comer) y concursos de gimnasia en la que no se permitan ejercicios más complicados que la vertical puente (para que los que carecemos de flexibilidad también tengamos nuestra oportunidad de conquistar la gloria olímpica).

Eso... o aceptar que la simple prohibición del dopaje no protege a quien no quiere ser protegido y no garantiza la igualdad de oportunidades y autorizar el uso de todos los productos que mejoran el rendimiento deportivo, ya sean productos químicos, físicos, electrónicos, informáticos o del tipo que sea. Seguramente acabarán ganando los mismos, pero los récords serán mejores... y en lugar de una hipócrita sensación de castidad olímpica, el show será transparente.

*La Vanguardia*, 17 de agosto de 2004

# Cómo encontrar la flauta mágica

«Al oír la melodía que emanaba del instrumento mágico, todas las ratas de la ciudad siguieron frenéticamente al músico. Éste las guió con pericia en dirección a un río que acabó arrastrándolas hacia la muerte. Cumplida su misión, el flautista regresó a Hamelín para cobrar los mil florines que el alcalde había prometido. Para su sorpresa, éste se negó a pagar.»

¿«Para su sorpresa»? ¿De veras creyó que el alcalde le pagaría? ¿En qué planeta vivía ese flautista?

¡No! ¡No me entiendan mal! No lo pregunto porque los políticos tengan esa pronunciada tendencia a incumplir sistemática, patológica e impunemente sus promesas. Lo digo porque, desde el punto de vista de la sociedad de Hamelín, lo mejor que podía pasar una vez eliminadas las ratas era que el dinero público no se usara para pagar al flautista, sino para construir escuelas y hospitales. ¡Y él lo tenía que haber imaginado! Fíjense ustedes en el fenómeno: antes de que desaparezcan las ratas, lo óptimo es que el alcalde prometa el oro y el moro a quien las extermine. Después de que desaparezcan, sin embargo, lo mejor para todos es que no pague. Lo que es bueno antes de que se produzca el hecho deja de ser bueno después. Éste es un fenómeno tan común en nuestro mundo que los economistas le han dado nombre propio: inconsistencia temporal. De hecho, es tan importante que dos de los primeros economistas que lo analizaron, Finn Kydland y Ed Prescott, acaban de ganar el premio Nobel del año 2004. Lo interesante es que la conclusión a la que llegan es, digamos... deprimente: cuando la gente inteligente entiende el problema de la inconsistencia temporal, ¡la sociedad acaba en una situación trágica!

Me explico con un ejemplo de siniestra actualidad: los secuestros. Antes de que se produzcan, lo mejor que puede hacer el gobierno es jurar y perjurar que nunca negociará con secuestradores porque si éstos saben que no sacarán nada, no se molestarán en chantajear y se acabará la extorsión. El problema es que, una vez se ha producido el secuestro, lo mejor es negociar. Al fin y al cabo, ¡una vida vale mucho más que unos miles de euros! Si los secuestradores pensaran que la política de *no negociar* es creíble, no habría secuestros. Pero como son inteligentes, entienden que eventualmente el gobierno va a cambiar de opinión. ¿El resultado trágico?: el mundo está lleno de secuestradores... y encima les pagamos dinero.

Otro ejemplo de dramáticas consecuencias: el sida. Antes de que se descubra una vacuna, hay que inducir a las farmacéuticas a invertir en I+D. Para ello, lo mejor es prometer que se respetarán sus derechos y se les permitirá cobrar royalties y ganar así mucho dinero. Una vez inventada la vacuna, sin embargo, lo óptimo es obligarlas a regalarla. Al fin y al cabo, ¿cómo vamos a impedir que se salven los ciudadanos que no pueden pagar si existe una salvación? De nuevo, el problema es que las farmacéuticas saben que, por más que se les prometa ahora, una vez obtengan una vacuna, la sociedad va a presionar para que se reparta gratis y ellas tendrán pérdidas monumentales. ¿El resultado trágico?: los recursos dedicados a investigar el sida desaparecen, la vacuna nunca se inventa y doscientos millones de africanos mueren.

Tercer ejemplo: la inflación. Antes de que empresarios y trabajadores acuerden precios y salarios, lo mejor que puede hacer el gobierno es prometer que no va a imprimir dinero para que todos piensen que no habrá inflación. Una vez han firmado sus contratos, sin embargo, lo óptimo es imprimir para reducir la tasa de paro. El problema es que empresarios y trabajadores entienden que el gobierno los va a traicionar y firman contratos anticipando aumentos sustanciales de precios. ¿El resultado trágico?: inflación generalizada.

La inconsistencia temporal está por todas partes. La pregunta es: ¿cómo se soluciona? Pues la verdad es que es muy difícil. Los hermanos Grimm pudieron inventarse el final de su cuento y simplemente dotaron al flautista de Hamelín de la capacidad de atraer a los niños con su música y, gracias a ello, acabó cobrando. En la vida real, sin embargo, las flautas mágicas no existen y hay que buscar alternativas. La mejor es «atar las manos del gobierno» intentando impedirle de manera creíble que cambie de opinión... por más beneficioso que sea ese cambio. En el caso de los secuestros no parece que haya una manera creíble de comprometerse a no cambiar la decisión. En el ejemplo del sida, una solución es la creación de un fondo que solamente —la palabra «solamente» es importante— se pueda utilizar para comprar vacunas a precio de mercado (eso incentiva a las empresas a investigar porque el fondo *garantiza* que van a cobrar) y, una vez compradas, se regalan a los ciudadanos de África. De hecho, en 2002 se creó el Fondo Global de la ONU para el sida exactamente con este objetivo. Y en el caso de la inflación, una solución es separar creíblemente la autoridad monetaria de lo que es el gobierno central. En los años noventa, muchos países aprobaron leyes que independizaban legalmente a sus bancos centrales (la ley de Autonomía del Banco de España se aprobó en 1994). La consecuencia fue la reducción drástica de las tasas de inflación en todo el mundo.

El Nobel de este año galardona merecidamente a dos líderes de la escuela de Minnesota (la escuela clásica o antikeynesiana de los años setenta) pero, sobre todo, premia unas ideas relevantes dentro y fuera de la economía, ideas importantes que nos ayudan a pensar en cómo encontrar la flauta mágica.

*La Vanguardia*, 17 de octubre de 2004

## Legalizando la prostitución

Empecemos el año 2005 con alegría: hablemos de sexo. Visualicen los cuerpos desnudos de un hombre y una mujer moviéndose al unísono y disfrutándose mutuamente. De repente él, acercándose a la cima del placer supremo, pone cara de japonés y chilla hasta la extenuación. Hasta aquí, todo normal. Nada condenable. Él se levanta, se viste y, antes de despedirse, coge la cartera y paga con euros el precio que habían acordado antes de entrar en la habitación.

Ahora sí: una gran parte de nuestra sociedad encuentra el acto reprobable. El sexo, por más exuberante que sea, no es condenable si es consentido. Lo censurable es que haya... ¡intercambio de dinero!

La derecha puritana desaprueba la prostitución por ser moralmente intolerable (lo que sí es tolerable, curiosamente, es que una mujer se case por dinero: eso indica que a la derecha le molestan los mercados spot y no la compraventa de sexo con contratos a largo plazo: un fenómeno digno de estudio desde el punto de vista moral). La izquierda populista, por su lado, defiende la libertad de la mujer a decidir sobre su propio cuerpo cuando se trata del derecho a abortar. En una curiosa demostración de esquizofrenia intelectual, sin embargo, la misma izquierda condena la libertad de la mujer a decidir sobre su cuerpo a la hora de prostituirse porque, argumentan, las prostitutas son mujeres explotadas y engañadas por mafias que las obligan a vender su cuerpo en contra de su voluntad.

El fenómeno de la prostitución está en el centro del debate de la inmigración debido a la reciente ola de chicas extranjeras —sobre todo provenientes de la Europa del Este y de América Latina— que ha llenado los prostíbulos de la Unión Europea.Y es que para ganar dinero en el mundo del sexo, no sólo no hace falta hablar muy bien el lenguaje local, sino que, además, el exotismo que conlleva el ser de otro país puede tener un atractivo adicional. La facilidad de emigrar, pues, permite que miles de muchachas que cobrarían miserias en las fábricas de sus países de origen acaben prostituyéndose en el extranjero.

En el centro del debate está la pregunta: ¿debería ser ilegal la prostitución? Los argumentos seudomorales de la derecha religiosa son tan inaceptables a la hora de regular conductas sexuales como lo son para regular cualquier otra actividad humana. Por lo que se refiere a los argumentos de la izquierda, es cierto que si esas chicas fueran ricas no se dedicarían a la prostitución en un país foráneo. Pero eso no quiere decir que se vean obligadas a prostituirse. O, al menos, se ven tan obligadas como las emigrantes que trabajan de mujeres de la limpieza que también preferirían ser ricas para no tener que lavar calzoncillos ajenos en un país extranjero. Y no veo que nadie quiera ilegalizar a las trabajadoras del hogar simplemente porque las mujeres que se ven obligadas a realizar esas tareas desearían no tener que hacerlas.

Dicho eso, es cierto que algunas chicas han venido engañadas por bandas de mafiosos que las obligan a prostituirse durante un tiempo antes de volver a su país. Éste, sin embargo, no es un buen argumento para ilegalizar el comercio del sexo. Primero, porque las mujeres esclavizadas son una minoría: la mayor parte de ellas viene a los países ricos sabiendo exactamente lo que va a hacer y entendiendo que la cantidad de dinero que va a ganar alquilando su sexo es muy superior a la que ganaría alquilando cualquier otra parte de su cuerpo. Segundo, porque el problema del tráfico de personas no se soluciona ilegalizando la prostitución, sino persiguiendo a los abusadores. Y es que mafias que intentan esclavizar a ciudadanos extranjeros hay en todos los sectores. Por ejemplo, se han descubierto bandas que trafican con ciudadanos chinos que son obligados a trabajar en condiciones de semiesclavitud en restaurantes de Barcelona. La solución a ese problema no es, lógicamente, la ilegalización de los restaurantes chinos.

Existen dos poderosas razones adicionales para legalizar la prostitución. La primera es que se trata de una actividad que extiende enfermedades de transmisión sexual. Del mismo modo que el Estado crea instituciones de control sanitario en hospitales o restaurantes, el gobierno debería garantizar la sanidad en los mercados del sexo. Para ello, hay que obligar a las trabajadoras a pasar controles sanitarios de manera regular. Note el lector que no se puede obligar a ninguna trabajadora a pasar ningún control si antes no se la reconoce legalmente.

La segunda razón es que la prostitución mueve ingentes cantidades de dinero. Dado que las actividades ilegales no pagan impuestos, el negocio del sexo no cotizará a Hacienda mientras viva en las tinieblas de la ilegalidad. No tiene sentido (es más: es injusto) que el señor que gasta 100 euros en una comida pague el 16% de IVA y el que se los gasta en señoras de alterne no contribuya ni un céntimo. No tiene sentido que el propietario de un colmado legal cotice una parte de lo que gana mientras el chulo no paga nada. No tiene sentido que a la taquillera del cine le retengan una parte de su salario y que las prostitutas que ganan diez veces más (y que utilizan el sistema sanitario con mucha mayor frecuencia) no coticen nada.

Las sociedades modernas no deben, no pueden, sucumbir ni ante la moralina de las derechas ni ante la esquizofrenia de las izquierdas. Deben solucionar los problemas asociados al mercado del sexo de la manera inteligente, de la manera liberal: legalizando la prostitución.

*La Vanguardia*, 13 de enero de 2005

## Limitar nuestra libertad

Hoy empezaré con tres confesiones: no fumo, me molesta que se fume a mi alrededor y me encanta vivir en una ciudad, Nueva York, en la que puedo salir de noche y volver a mi casa sin que mi ropa apeste a humo. Dicho eso, pienso que la ley Antitabaco recientemente aprobada por el Congreso de los Diputados representa una peligrosa limitación de nuestra libertad.

Un argumento utilizado a favor de la prohibición es que el tabaco mata a millones de ciudadanos. Eso es cierto, pero también lo es que millones mueren anualmente conduciendo, esquiando o nadando. A algunos incluso los fulmina un rayo mientras pasean por el campo. Todos ellos saben que el riesgo existe y, sin embargo, deciden voluntariamente seguir practicando esas actividades... y a nadie se le ocurre pedir al Congreso de los Diputados que prohíba o limite el uso del automóvil, el esquí, la natación o los paseos por el campo.

Se nos señala también que los costes hospitalarios de los fumadores suponen una carga financiera para los demás. Este argumento carece de lógica económica porque si los consumidores de tabaco no fumaran, ¡también se morirían! Y yo me pregunto: ¿acaso no costaría dinero esa muerte? La pregunta es si los costes de tratar a los fumadores son mayores que los costes de *morirse por otras causas*. Sobre este tema hay diversos estudios (Manning en Estados Unidos, Raynauld y Vidal en Canadá, Rosa en Francia, entre otros) con resultados sorprendentes: perder la vida por culpa del humo tiende a ser más *barato* que morirse, más adelante, por otras razones. De hecho, una de las enfermedades más caras de tratar es el Alzheimer, que en general no aqueja a los fumadores compulsivos porque, a la edad en que éste tiende a aparecer, la mayoría ya ha fallecido.

Si a eso le añadimos que los fumadores tienen una esperanza de vida de unos 65 años (la edad de jubilación) y que, por lo tanto, acaban cobrando pocas pensiones a pesar de cotizar toda la vida, llegamos a la conclusión de que los fumadores no sólo no son un coste financiero neto, sino que son una ganga para los no fumadores. La absurda ironía es que, si los activistas aplicaran correctamente la lógica económica, no sólo no deberían pedir la prohibición del tabaco, sino que ¡deberían incentivar su consumo!

El argumento más persuasivo a favor de la limitación es el del fumador pasivo: uno debería ser libre de perjudicar su propia salud... pero no la de los demás. La pregunta es si es cierto que la salud del fumador ambiental está amenazada. No hace falta decir que demostrarlo es complicado, pero hay estudios sobre el tema. El más utilizado por los promotores de la censura es el de la Environmental Protection Agency (EPA) de Estados Unidos: un metaestudio que analiza treinta publicaciones previas. La EPA concluye que veinticuatro no encuentran una relación entre ser fumador pasivo y tener cáncer de pulmón, pero las otras seis sí. El problema para los prohibicionistas es que el riesgo estimado por éstas es tan pequeño que cualquier estudio epidemiológico imparcial diría que es producto de la omisión de otros factores o del azar.

En otro estudio, la Organización Mundial de la Salud (OMS) escogió a 650 pacientes con cáncer de pulmón y 1.542 individuos sanos y se miró cuántos de ellos habían vivido en ambiente fumador. Para su sorpresa, la probabilidad de ser fumadores pasivos era la misma para los dos grupos. La OMS intentó patéticamente esconder los resultados, pero éstos acabaron viendo la luz.

Uno de los pilares sobre los que se fundamenta la toxicología es que *la dosis hace el veneno*: incluso la leche puede ser tóxica si se toma en dosis exageradas. En este sentido, un estudio del doctor Keith Phillips, de los Laboratorios Covance de Estados Unidos, colocó monitores en empleados de centros donde se fumaba abundantemente. La cantidad de humo recogida en un año por esos monitores fue tan pequeña que equivalía a fumarse seis cigarrillos por año. Para entendernos: para que esa dosis pudiera acabar produciendo cáncer en un fumador pasivo se necesitaría que éste se encerrara en una habitación de diez metros cuadrados sin ventilación... ¡rodeado de 300 señores que fumaran 62 paquetes (repito, paquetes) por hora (insisto, por hora) durante cuarenta años!

Resumiendo, ni parece que los fumadores comporten costes sanitarios excesivos (más bien al contrario), ni la evidencia presentada sobre la salud del fumador pasivo es convincente. El problema para los censores de humo es que, si los argumentos relacionados con los costes económicos o de salud de terceras personas desaparecen, sólo quedan argumentos del tipo: queremos limitar el tabaco porque el humo nos *molesta*.

Digo que eso es un problema porque la frontera entre lo que *molesta* y lo que no es peligrosamente arbitraria. Por ejemplo: ¿prohibiremos los perfumes si se pone de moda decir que nos *molestan*? ¿O pondremos en la cárcel a la gente que no se ducha si nos *molesta* el sudor? ¿Y si nos *molestan* los feos? ¿O los extranjeros? ¿O los judíos? ¿Dónde está la frontera de lo que es aceptable como *molestia*?

Yo, la verdad, no me fío de la capacidad de los políticos de poder demarcar racionalmente esa frontera, por más democráticamente que éstos hayan sido elegidos (recuerden que fue un gobierno elegido el que exterminó a seis millones de judíos, simplemente porque les molestaban en su afán de conseguir la pureza racial). Y como no me fío, cuando veo que los políticos tienen esa insaciable voracidad limitadora, pienso que deberían empezar por limitar... su propia capacidad de limitar nuestra libertad.

*La Vanguardia*, 17 de octubre de 2005

## Creadores de «infodemias»

Ávila, 18 de diciembre de 2005. Una mujer de 45 años aparece muerta en la cama de su casa. En el telediario del día aparecen unas imágenes de la habitación donde se ve una cacatúa en una jaula. El presentador insinúa que el animal provenía de Tailandia y que éste podría ser el primer caso de gripe aviar en España. El Ministerio de Sanidad pone el pueblo en cuarentena y ordena el sacrificio de millones de pollos. Las grandes empresas agroalimentarias españolas presentan suspensión de pagos. Las medidas tomadas no consiguen evitar que la noticia corra como la pólvora por todo el mundo. Los turistas europeos suspenden su viaje de Fin de Año a España y los norteamericanos, más prudentes, cancelan sus vacaciones veraniegas en Europa. Docenas de operadores turísticos y tres compañías aéreas tienen que cerrar las puertas. El pánico se apodera de los inversores y las bolsas sufren un crac parecido al de 1929. Europa y Estados Unidos entran en una profunda recesión. El gobierno chino, que ha estado invirtiendo todos sus superávits en América, pierde miles de millones y dejan de comprar dólares, lo que provoca la subida del yuan y la caída en picado de las exportaciones. Para evitar la fuga de capitales, el gobierno chino impone un corralito financiero que contagia la crisis económica a toda Asia. Las empresas asiáticas, sin recursos, dejan de invertir en África y ésta vuelve a tener crecimiento negativo. Reaparece la hambruna y mueren millones de personas.

Ávila, 18 de diciembre de 2006. Ha pasado un año. Los análisis definitivos demuestran que la señora murió de sobredosis de cocaína. ¡Ah! y alguien se da cuenta de que... ¡las cacatúas no vienen de Tailandia! El presentador del telediario no va a la cárcel por haberse inventado el cuento de la gripe aviar y haber provocado la ruina y la muerte a millones de ciudadanos. ¡Sí! Ha habido una epidemia. Pero no ha sido causada por el pollo, sino por la falsa información. Ha habido lo que podríamos llamar una *infodemia*.

Lógicamente, ésta es una historia inventada. Pero es una historia que podría pasar, porque vivimos en un mundo en que la prensa, con su necesidad de publicar desastres telegénicos (y sólo desastres telegénicos), decide qué es una catástrofe y qué no. A veces, incluso se inventa calamidades que acaban teniendo consecuencias catastróficas. Y todo eso lo hace con total impunidad. Veamos algunos ejemplos:

Durante 1999 nos avasallaron con aquello del Y2K, un desastre informático que tenía que destruir todos los ordenadores al entrar el nuevo milenio. Se sepultaron miles de millones de euros en protección y, al final, ni un solo ordenador en todo el planeta resultó tener problemas (ni siquiera los que, como el mío, nunca fueron inmunizados, por lo que no vale la excusa de que no hubo problemas gracias a las medidas adoptadas). Nadie asumió responsabilidades por la gigantesca intoxicación informativa.

En el año 2001 se detectó cáncer en cuatro niños de un colegio de Valladolid. Algún iluminado vio que allí cerca había una antena de telefonía móvil y propagó la noticia. El pánico se apoderó de los ciudadanos hasta el punto de que, todavía hoy, los alcaldes de todo el Estado ponen pegas cada vez que se quiere colocar una antena, cosa que causa un gran perjuicio a la competitividad de todo el país. Desde entonces, numerosos estudios demuestran que es menos peligroso vivir cerca de una antena que exponerse a los rayos del sol durante unos minutos al día. Pero eso ya no sale en los periódicos...

El 20 de marzo de 2003 empezó la guerra de Irak. Desde entonces, los periódicos de todo el mundo publican una o dos páginas diarias informando de todas y cada una de las muertes de ese conflicto. Mientras tanto, se están librando otras docenas de guerras por todo el globo —algunas muchísimo más sanguinarias que la de Irak—, aunque la prensa occidental no lo publica. Eso permite a dictadores salvajes exterminar a centenares de miles de ciudadanos con toda impunidad. Pero los responsables del sesgo informativo no se inmutan.

El 26 de diciembre de 2004 un tsunami arrasa las costas de Asia provocando unos 200.000 muertos. No hay duda de que se trató de un grandísimo desastre natural y los medios de comunicación publicaron la noticia durante semanas. El problema es que ayer, sólo ayer, 20.000 niños murieron en África por causas relacionadas con la pobreza extrema. Ustedes están leyendo el periódico: repásenlo de arriba abajo y verán que los 20.000 muertos no aparecen por ninguna parte. Es como si en África hubiera un tsunami cada diez días en medio de la indiferencia mediática. El problema es que las montañas de euros que los medios consiguieron movilizar para las víctimas del tsunami... fue dinero que los donantes dejaron de mandar a África. Eso agravó la situación de millones de ciudadanos al sur del Sahara sin que nadie se sienta responsable.

Y finalmente, la madre de todas las catástrofes: cada vez que hace mucho frío, o mucho calor, o mucha lluvia, o poca lluvia, o mucho viento, o nada de viento, los presentadores del telenoticias nos anuncian que estamos ante una nueva demostración de que el cambio climático causado por la acción humana ya ha empezado. Claro que, a su lado, el meteorólogo de la casa, con aquella mirada perpleja que ponen las vacas cuando miran a los trenes, intenta explicar que una tormenta no es demostración de nada y que la verdad es mucho más compleja. Es decir, el experto habla con la incertidumbre propia de los científicos y no con la seguridad de los creadores de *infodemias*.

*La Vanguardia*, 17 de diciembre de 2005

# El oráculo de Delfos

Zeus soltó dos águilas desde los dos extremos de la Tierra y éstas, volando a la misma velocidad, se cruzaron en Delfos, señalando así el centro de la Tierra. Allí situó una piedra llamada *onfalos* (ombligo) y consagró un templo en honor a su esposa Gea. Su hijo Apolo luchó en aquel lugar contra una monstruosa serpiente pitón. Tras derrotarla, construyó allí su oráculo. Peregrinos de toda Europa acudían al oráculo de Delfos para que se les leyera el futuro.

Apolo les hablaba a través de una vidente llamada Pitonisa (en honor a la derrotada serpiente pitón).

Tras recoger las preguntas de los visitantes, Pitonisa se inclinaba sobre una grieta de la que emanaba agua sagrada y, tras inhalar los vapores divinos, entraba en una especie de trance y emitía sonidos incoherentes que los sacerdotes del lugar interpretaban para el cliente. Éste, tras pagar la tarifa pertinente, recibía la respuesta en forma de verso.

El éxito del oráculo de Delfos se debía en gran medida al hecho de que normalmente las predicciones eran tan suficientemente vagas que raramente se incumplían. La incapacidad de hacer predicciones serias, sin embargo, quedó demostrada cuando el templo fue destruido por un maremoto que los sacerdotes no pudieron prever.

Explico todo esto porque durante los primeros días de cada año recibo docenas de invitaciones (televisiones, radios, periódicos, almuerzos empresariales, revistas y e-mails de algunos de ustedes) instándome a hacer pronósticos sobre la bolsa, la inflación, los tipos de interés, la burbuja inmobiliaria, el dólar o la tasa de crecimiento de la economía mundial durante el año que empieza. Y es que todavía son muchos los que creen que los economistas somos profetas. Nada más lejos de la realidad.

Es cierto que para tomar algunas decisiones —por ejemplo, para hacer un presupuesto— se tienen que hacer previsiones de ingresos y de gastos futuros y que esas previsiones van a depender de las circunstancias económicas que rodean a la empresa, el gobierno o la familia que está haciendo el presupuesto. Y sí, también es cierto que los expertos se han inventado diferentes métodos estadísticos (ellos los llaman *econométricos*) para hacer predicciones económicas. El problema es que sólo funcionan cuando las cosas no cambian demasiado. La razón es que todos los modelos econométricos de previsión utilizan los datos del pasado para vaticinar el futuro. Y, como ya he indicado en alguna otra ocasión, eso es como conducir un coche mirando por el retrovisor: si la carretera es recta y no giras el volante, no pasa nada y todo el mundo piensa que sabes lo que haces. Ahora bien, si giras cuando no hay curva o tiras recto cuando la hay, te vas directo a la cuneta y la gente se ríe de tu incompetencia. Eso es exactamente lo que pasa con los modelos econométricos de predicción, por más sofisticados que sean.

Miren, si no, lo que predijo la prestigiosa revista británica *The Economist* en su famoso anuario de principios de 2005: los grandes desequilibrios comerciales y financieros de Estados Unidos harán que, al acabar 2005, el precio del dólar sea significativamente más bajo que al principio del año. En 2005 habrá una ralentización sustancial de la actividad económica. No habrá un gran colapso a no ser que haya un shock realmente pernicioso como que el precio del petróleo subiera hasta los 70 dólares el barril. Todo un fantástico racimo de elucubraciones hechas con toda la seriedad del mundo. Problema: durante 2005 el dólar no bajó sino que subió más de un 15% y la economía mundial no mostró señales de ralentización sino que creció a un 4,7% y no sufrió el anunciado colapso a pesar de que el barril de petróleo alcanzó los 70 dólares en agosto.

El ridículo de 2005 no ha impedido que la misma revista publique el anuario de 2006, donde, curiosamente, se vuelven a mencionar los desequilibrios norteamericanos y el elevado precio del petróleo como probables causantes de la desaceleración económica que vamos a sufrir durante el año que ahora comienza. Además de esos dos factores de riesgo, se comenta que China puede dejar de comprar deuda norteamericana y pasar a comprar bienes por todo el mundo (como ya hicieron los japoneses en los ochenta). Si lo hacen, el gobierno de Estados Unidos pasaría a competir con las familias norteamericanas a la hora de pedir créditos, cosa que haría subir aún más los tipos de interés mundiales. Eso repercutiría negativamente en millones de hogares de todo el planeta que están endeudados hasta las orejas con créditos hipotecarios a tipo de interés variable. Al no poder pagar las hipotecas, los bancos y las cajas se quedarían montañas de casas que luego malvenderían; el precio de la vivienda caería en picado y explotaría la burbuja financiera que, siempre según *The Economist*, existe en Estados Unidos y muchos países de Europa... entre los que destaca España.

¿Acabará sucediendo todo esto? Pues no tengo la más mínima idea. Mi trabajo como economista no es el de adivinar el futuro, sino el de diagnosticar problemas económicos y encontrar e implementar soluciones. Lo que sí sé seguro es que las predicciones que los medios de todo el mundo están haciendo estos primeros días del año o bien son de una vaguedad que las hace inútiles, o bien deben ser tomadas con extrema precaución. La misma precaución que tendríamos si, en lugar de venir de complicados modelos econométricos, provinieran de una bola de cristal, del *ternplum* mágico de un druida celta o de los vapores sagrados del oráculo de Delfos.

*La Vanguardia*, 7 de enero de 2006

## Varios fundamentalismos

«Entonces dijo Dios: "Hagamos al hombre a nuestra imagen, conforme a nuestra semejanza, y tenga dominio sobre los peces del mar, las aves del cielo, el ganado, y en toda la Tierra, y sobre todo animal que se desplaza sobre ella". Creó, pues, Dios al hombre a su imagen; a imagen de Dios lo creó; hombre y mujer los creó. Los bendijo y les dijo: "Sed fecundos y multiplicaos. Llenad la Tierra y dominadla"... Y vio Dios que cuanto había hecho era bueno. Atardeció y amaneció el sexto día» (Génesis, 1).

La creación del hombre es motivo de controversia en Estados Unidos, donde la extrema derecha religiosa está intentando que la *teoría* del diseño inteligente sea enseñada en las clases de ciencias naturales. El diseño inteligente es la última versión del creacionismo judeocristiano según el cual el hombre no es el resultado de un complejo proceso de evolución darwiniana sino el fruto directo de la creación divina. La *teoría* acepta que la selección natural explica fenómenos como que las bacterias acaben desarrollando resistencia a los fármacos pero niega que ésta explique la creación del hombre. De hecho, los defensores del diseño inteligente aprovechan las lagunas en nuestro conocimiento científico para argumentar que lo *inexplicable* tiene que ser fruto de la acción de Dios. Éste no es un fenómeno nuevo. Desde siempre el hombre ha asociado lo desconocido con las deidades. En sociedades más primitivas, todos los fenómenos naturales inexplicados (el rayo, el trueno, los volcanes, los planetas o los terremotos) eran resultado de alguna manifestación divina.

Todo esto sería muy interesante si se explicara en las clases de teología o de historia de la religión. El problema es que los fundamentalistas cristianos intentan colarla en las clases de ciencias naturales. Y, como ciencia natural, el diseño inteligente es un fraude que viola los principios básicos de cualquier teoría científica. Entre ellos, el que dice que toda teoría tiene que ser empíricamente rechazable. Decir que un determinado fenómeno es fruto de la intervención divina es una cuestión que nunca puede ser refutada empíricamente, por lo que el diseño inteligente no es una teoría científica.

Lo que no quiere decir que ciencia y religión deban estar enfrentadas. De hecho, los científicos más grandes de la historia eran hombres de fe: Albert Einstein, por ejemplo, era un judío que decía que él intentaba entender las leyes del universo para comprender el pensamiento de Dios a través de sus teorías. Sir Isaac Newton era un devoto anglicano que pensaba que las leyes de la física eran tan elegantes y tan simples que sólo podían haber sido diseñadas por Dios. Se puede, pues, ser un buen científico y, a la vez, ser profundamente religioso. Y es que como mecanismo para explicar lo inexplicable, el avance de la ciencia implica necesariamente un retroceso de la religión. Pero la religión es más que una explicación del universo, es también un sistema de valores éticos y morales que modelan el comportamiento individual y ayudan a organizar una sociedad (el concepto de que *robar no está bien* no tiene ninguna base científica, pero es útil como norma de comportamiento).

El problema es que, como sistema de organización, nuestra sociedad moderna sufre el azote de otra forma de religión fundamentalista: el secularismo recalcitrante. Aclamando el principio liberal de separación entre Iglesia y Estado, los sacerdotes del laicismo acaban persiguiendo todo lo que tiene connotaciones religiosas: condenan los pesebres en las plazas públicas, prohíben que las chicas lleven velo en el colegio, vetan las clases de religión en escuelas públicas, quieren eliminar la palabra Dios del dólar o impiden que políticos cristianos practicantes como

Rocco Buttiglione obtengan puestos importantes en la Unión Europea.

Y si Einstein y Newton fueron ejemplos de científicos con creencias religiosas, algunos de los padres de la democracia liberal también eran hombres de marcada devoción. En la Declaración de Independencia de Estados Unidos, por ejemplo, Thomas Jefferson escribió que el Creador ha dotado a todos los seres humanos de ciertos derechos inalienables como la vida, la libertad y la consecución de la felicidad. Jefferson luchó contra la discriminación religiosa ya que, decía, la libertad de fe es el más inalienable de todos los derechos humanos. Porque una cosa es no querer que se imponga la religión en las escuelas públicas y otra impedir que los niños (o sus padres) puedan decidir si estudian religión en esas mismas escuelas, por más públicas que sean. Una cosa es no permitir que la Iglesia imponga sus leyes a través del Estado y otra discriminar sistemáticamente contra ciudadanos por sus creencias. Una cosa es proteger a los ciudadanos de los históricos abusos que algunos estados hicieron en nombre de la Iglesia, y otra practicar un anticlericalismo intransigente, excluyente y sembrador de odio.

El pasado 24 de diciembre, el juez del Tribunal Federal de Pensilvania John E. Jones —cristiano practicante, dicho sea de paso— decidió que enseñar diseño inteligente en las clases de ciencias era inconstitucional. Lamentablemente, esto no va a hacer desaparecer a los que quieren imponer su visión creacionista en las escuelas, como tampoco van a desaparecer los ultrasecularistas intolerantes y fanáticos. Y es que los dos grupos utilizan el extremismo del otro para justificar su propia existencia. Son dos polos opuestos que se necesitan, dos fundamentalismos que se retroalimentan.

*La Vanguardia*, 17 de enero de 2006

## Introducir discriminación

Imagínense que a un empresario egoísta que sólo busca beneficios se le aparecen unas trabajadoras ofreciendo la misma productividad que los empleados masculinos cobrando, eso sí, un 40% menos. Tentadora ganga, ¿no creen? De hecho, tan tentadora que, si fuera cierto, otros empresarios competirían para contratarlas (cosa que, de paso, haría subir los salarios femeninos al alza hasta eliminar la diferencia del 40%.)

Según datos de la OCDE, la retribución media anual femenina de los países desarrollados es entre un 20% y un 50% inferior a la masculina. Algunos creen que esto demuestra la existencia de discriminación y algunos gobiernos incluso intentan corregir la situación obligando a las empresas a tener una cuota mínima de mujeres en los puestos de mayor responsabilidad y remuneración. El problema de identificar diferencias salariales medias (repito, medias) con discriminación es que éstas existen desde hace décadas, y si la productividad de la mujer es idéntica a la del hombre y su salario un 40% inferior, ¿por qué los empresarios no se han peleado por contratar trabajadoras? Una posible explicación es que los empresarios odian tanto a las mujeres que están dispuestos a perder dinero con el fin de no contratarlas si no es a un salario inferior. Puede ser. Pero otra explicación es que no es cierto que la productividad media masculina y femenina sean idénticas desde el punto de vista empresarial.

Numerosos estudios han intentado explicar por qué las mujeres tienden a cobrar menos en casi todos los países del mundo. Uno de los más recientes es el de O'Neill y O'Neill (del National Bureau of Economic Research). El estudio constata que en Estados Unidos no sólo el salario por hora femenino es un 23,5% inferior al masculino, sino que el salario medio de los blancos es un 33,9% superior al de los negros. Los O'Neill demuestran que los afroamericanos cobran menos porque tienen mayor propensión a vivir en zonas rurales donde los salarios son más bajos (eso explica un 6,2% de la diferencia de 33,9%), tienen niveles de educación inferiores (lo explica otro 9,1%), obtienen notas inferiores en la escuela (un 12,4%) y tienen menos experiencia, ya que se pasan más tiempo fuera del mercado laboral (lo que explica otro 5,3%). Tras tener en cuenta todos esos factores, resulta que blancos y negros cobran lo mismo.

A pesar de ser interesantes, estos factores no explican por qué los salarios medios femeninos son inferiores, ya que las mujeres no tienen una mayor propensión a vivir en zonas rurales, ni tienen menos educación ni sacan peores notas.

Los O'Neill demuestran que uno de los elementos explicativos es que la mujer tiende a abandonar el mercado laboral temporalmente para tener y criar a sus hijos, y eso reduce su experiencia. Si se tiene en cuenta esto, el diferencial baja de 23,5% a 12,1%. Otro factor es que las mujeres tienden a querer trabajos con más flexibilidad y con menos estrés (como trabajos a tiempo parcial o en ONG) y eso reduce el diferencial hasta el 7,9%. El resto se podría atribuir a la discriminación... aunque también pueden existir elementos de difícil medición como la inferior *dedicación,* entendiendo por ello el no querer quedarse en la empresa hasta altas horas de la madrugada porque hay que cuidar a los niños, la menor disponibilidad a la hora de viajar, etc.

El estudio de los O'Neill apunta a que la verdadera diferencia entre hombres y mujeres proviene del distinto papel que desempeñan dentro de la familia: por alguna razón, son muchas más las familias que deciden que será la mujer la que irá a buscar a los niños al colegio (y, por tanto, la que tendrá menos flexibilidad en su trabajo), la que renunciará a empleos que conlleven viajes o largas horas, o la que abandonará el mercado laboral durante meses cuando se tienen hijos. Y como la dedicación y la flexibilidad son características que se valoran económicamente, quien las acepta (y en este caso tiende a ser el hombre) acaba cobrando más. Para corroborar la hipótesis del papel familiar está el hecho de que mujeres solteras y sin hijos cobran lo mismo (de hecho, un poco más) que los hombres solteros y sin hijos.

La pregunta es si las cuotas que el gobierno intenta imponer a las empresas corrigen el supuesto problema. Y aquí pienso en mi sector: la universidad. Imagino a un profesor joven que ha trabajado día y noche durante años para publicar en las mejores revistas del mundo y, a la hora de decidir su promoción, se le niega la oportunidad y se escoge a una mujer que tiene menos publicaciones... pero que sirve para cubrir la *cuota* de catedráticas femeninas. Si esto pasara, sería una enorme injusticia, ya que la beneficiada no obtendría la plaza por sus calificaciones, sino por su sexo. Y eso sí que sería pura discriminación.

Si el problema es que el gobierno piensa que, cuando las familias actúan en libertad, tienden a tomar decisiones equivocadas (o *poco modernas*), entonces lo que hay que hacer es intentar convencer a los ciudadanos de las bondades de la alternativa. Eso sí, después de asegurarse de que todos tienen acceso a una buena educación que garantice la igualdad de oportunidades (cosa que, hoy en día, me parece que en España está más o menos conseguido) y de que, una vez garantizada, los mejores puestos van a las personas que más se los merecen, sean hombres o mujeres.

Lo que no parece apropiado es que cuando a los ministros no les gusten las decisiones que libremente toman las familias, intenten corregirlas a base de... introducir discriminación.

*La Vanguardia*, 17 de marzo de 2006

# La maldición de los recursos naturales

«A partir de este momento quedan nacionalizados todos los hidrocarburos. Se acabó el saqueo de los recursos naturales por parte de las empresas internacionales. El petróleo y el gas natural pasa a ser propiedad de los bolivianos», Evo Morales Ayma, presidente de Bolivia, 1 de mayo de 2006.

Con estas tajantes palabras, el líder del Movimiento al Socialismo presentó el decreto supremo 28.701 de nacionalización, al tiempo que ordenaba a las fuerzas armadas que «tomaran» las multinacionales. Quizá pueda sorprender el odio a lo extranjero que destilan las palabras y las acciones de Morales, pero no hay que olvidar que los indígenas de Bolivia han sido explotados y discriminados sistemáticamente desde que los invasores españoles llegaron a América hace cinco siglos. No en vano Evo Morales es el primer presidente indígena de la historia de Bolivia.

Ahora bien, que las mayorías indígenas hayan sido explotadas por las minorías españolas no implica que la expropiación de empresas sea deseable. No porque me importe el dinero de las multinacionales, sino porque no conseguirá mejorar la situación económica de los ciudadanos.

Tiene razón Morales cuando afirma que los recursos naturales son de los bolivianos. De eso no debe haber (y me parece no hay) ninguna duda. Pero eso no quiere decir que las empresas que los han estado extrayendo estén saqueando el país. Que se sepa, las empresas como Repsol están comprando (repito, comprando) el derecho de explotación y lo están haciendo a un precio que acordaron con el gobierno de Bolivia. No era el gobierno de Morales, pero era un gobierno tan democrático y tan legítimo como el suyo. Es posible que el precio no sea el que el actual presidente cree que es justo. Si es así, lo que debería hacer no es expropiar, sino renegociar los contratos de acuerdo con la legislación internacional.

Que los recursos sean de los bolivianos tampoco quiere decir que deban ser extraídos por empresas públicas. Digan lo que digan los demagogos europeos (como el intelectualoide francés Ignacio Ramonet) que tanta influencia tienen en América Latina, las empresas públicas no funcionan ni en Europa ni en Latinoamérica. De hecho, sabemos que no funcionan en Bolivia porque Bolivia ya nacionalizó el petróleo en 1937 expropiando a Standard Oil y, cuando vio que el sector público no conseguía producir nada, tuvo que privatizar. Y volvió a nacionalizar en 1969 (esta vez fue la Gulf Oil) y el correspondiente fracaso llevó a la privatización de 1996. Y se dirá lo que se quiera sobre las privatizaciones de los noventa, pero lo cierto es que no sólo aumentaron la productividad, sino que fueron esas empresas las que descubrieron las reservas de gas natural que ahora se quieren expropiar.

Bolivia necesita tecnología extranjera. Sin ella, no sólo no podrá extraer el gas de su subsuelo sino que no podrá desarrollar su economía. Cierto: el gobierno debe asegurarse que las empresas cumplen la ley. Pero si éstas la cumplen, expropiarlas ahuyentará la inversión exterior y los más perjudicados no serán los accionistas de España, sino los consumidores bolivianos, que se pueden quedar sin teléfonos, sin ordenadores, sin maquinaria industrial y sin posibilidad de progresar.

Finalmente, que los bolivianos sean los propietarios de los hidrocarburos no quiere decir que el gobierno deba ser el destinatario de los ingresos que éstos generan. Es sabido que los recursos naturales tienden a arruinar a los países que los tienen, ya que, al ser fáciles de robar, generan peleas y corrupción entre los políticos que intentan apropiarse de ellos. Bolivia todavía está a tiempo de evitar esta maldición de recursos naturales que afecta a tantos países pobres. Para ello, el gobierno de Evo Morales podría tomarse en serio su propio discurso y dar a los bolivianos lo que es de los bolivianos. Es decir, en lugar de quedarse él (y sus ministros) con el dinero de la venta y explotación de los recursos, que lo reparta entre la ciudadanía: que cada año todos los bolivianos reciban en una cuenta corriente la parte que le corresponda del dinero generado por la venta de gas. Esta propuesta no es una locura: actualmente el gobierno ya regala unos 250 dólares anuales provenientes de los hidrocarburos a cada jubilado a través del programa Bonos Solidarios Bonosol. El Estado debería generalizar este sistema a toda la riqueza del gas y a toda la población. Además de permitir que las madres escolaricen a sus hijos, inviertan en sus negocios o gasten el dinero libremente, eso evitaría que una parte importante de la riqueza acabara en Suiza. Si, una vez distribuido, el gobierno quiere recursos para financiar obras públicas, que ponga impuestos como todo el mundo. Al menos de esta manera los ciudadanos sabrán lo que se saca de los hidrocarburos... y lo que malgastan sus dirigentes.

Resumiendo: hacerse el machote y expropiar a las transnacionales puede dar muchos votos en la Latinoamérica populista de principios del siglo XXI, pero es una estrategia que no va a traer nada bueno. Bolivia debe buscar un equilibrio entre la justicia (es decir, unos ingresos razonables por la venta de hidrocarburos) y la eficiencia (que las condiciones impuestas no ahuyenten a unas empresas con las que el Estado boliviano debe colaborar). Una vez encontrado el equilibrio, que el presidente Morales demuestre que realmente defiende a los bolivianos: renuncie a los ingresos derivados y reparta el dinero entre los ciudadanos. Eso contribuirá a evitar... la maldición de recursos naturales.

*La Vanguardia*, 17 de mayo de 2006

## La ley de la oferta y la demanda

Uno de los principios más importantes de la economía es el de la ley de la oferta y la demanda: cuando el precio de un producto sube, las empresas aumentan su producción (porque un precio superior hace provechosos procesos que de otra manera no son rentables) y los consumidores reducen las compras (porque pasan a comprar sustitutos más baratos). En una economía de mercado como la nuestra, el equilibrio entre la oferta y la demanda determina el precio final: el precio sube cuando aumenta la demanda o cuando cae la oferta. Así de simple.

A pesar de que todo eso se enseña durante la primera semana en cualquier facultad de economía moderna, la reciente escalada del petróleo ha puesto de manifiesto que son muchos los políticos y analistas económicos que siguen sin entender las leyes fundamentales de la economía. Veamos tres ejemplos reveladores. Primero: cada día está más extendida la idea de que el petróleo está subiendo por culpa de unos supuestos especuladores malignos, especuladores que, dicho sea de paso, han sustituido a los empresarios capitalistas en el papel de causantes de todos los males de la humanidad en el ideario de socialistas, medioambientalistas y demás descendientes intelectuales del marxismo.

Normalmente, los especuladores ganan dinero a base de comprar un producto barato, guardarlo durante un tiempo mientras esperan (especulan) que su precio suba y, cuando lo hace, venderlo y quedarse con la diferencia. Cuando muchos especuladores compran al mismo tiempo, ellos mismos crean una demanda que hace subir los precios. Es por eso que se los acusa de encarecer el petróleo. El problema es que los presuntos especuladores del petróleo no compran barriles de crudo, no los guardan en sus casas y no los vuelven a vender al cabo de unos meses. Para hacer eso necesitarían tener unas casas muy grandes y pagar unos costes de almacenamiento descomunales. Lo que hacen en realidad es comprar contratos de «futuros». Es decir, adquieren unos papelitos que les da derecho a comprar barriles de petróleo dentro de seis meses a un precio determinado. Si dentro de seis meses el precio de mercado es superior al determinado, comprarán los barriles al precio determinado y los venderán inmediatamente después al precio de mercado apropiándose de la diferencia. De alguna manera, es como si los especuladores «apostaran» a que el precio del petróleo subirá sin tocar nunca ni un solo barril de crudo. Y del mismo modo que los que apuestan a las quinielas de fútbol no tienen ningún impacto sobre el resultado de los partidos, la gente que compra «futuros» de petróleo sin comprar barriles no afecta ni la oferta ni la demanda de crudo y, por lo tanto, no afecta a su precio. ¿Por qué sube, pues, el petróleo? Pues por varias razones, la principal de las cuales es el enorme aumento de demanda que proviene de los grandes países en vías de desarrollo como China e India, cuyos ciudadanos cada vez más ricos han decidido ir en coche, utilizar la calefacción y el aire acondicionado. Es la ley de la oferta y la demanda.

Segundo ejemplo: una amplia gama de políticos y huelguistas españoles, europeos y americanos proponen eliminar temporalmente los impuestos sobre carburantes con el objetivo de reducir su precio. Eso es un craso error. Imaginemos que la oferta y la demanda dictan un precio de la gasolina de 100 y que el gobierno pone un impuesto de 30: los consumidores pagan 100, los productores de gasolina cobran 70 y el gobierno recauda 30. Hasta aquí todo normal. Pensemos qué pasará si el gobierno elimina el impuesto de 30. Si la oferta de gasolina es más o menos constante a corto plazo (y lo es, dado que cambiar la producción de crudo es extraordinariamente costoso), la oferta y la demanda seguirán siendo las mismas, por lo que el precio que deberá pagar el consumidor seguirá siendo 100. Pero el gobierno ya no cobrará los 30. Pero si el consumidor sigue pagando 100, ¿adónde van a parar los 30 que hasta ahora recaudaba el gobierno? Pues directamente al bolsillo de los productores. Es decir, la eliminación del impuesto sobre la gasolina no sólo no contribuirá a reducir precios, sino que representará un enorme regalo fiscal a los ya millonarios regentes de Arabia Saudí o Venezuela.

Tercer ejemplo: muchos gobiernos progresistas, después de darnos la lección diaria sobre el cambio climático, van y firman todos los tratados internacionales habidos y por haber, buscan reducir emisiones a través de la coerción estatal y dedican millones de euros a «campañas de concienciación» o a promover las tendenciosas y deliberadamente histéricas películas de Al Gore. A la hora de la verdad, sin embargo, esos gobiernos fracasan e incumplen sistemáticamente los objetivos a los que se han comprometido. Pues bien, esos mismos gobiernos se quejan de la subida de los precios del crudo e intentan tomar medidas para paliar los efectos sobre los ciudadanos, sin darse cuenta de que es esa misma subida de precios la que va a lograr lo que ellos no han conseguido hasta ahora: reducir las emisiones de $CO_2$. Porque lo que realmente va a afectar el comportamiento de la gente no son las campañas institucionales a favor de una «nueva cultura de la energía» o las películas pornoclimáticas, sino el bolsillo: los consumidores ahorrarán de verdad cuando les sea demasiado costoso no hacerlo y las empresas ofrecerán alternativas cuando eso les reporte beneficios. Así de simple. Es la lección más antigua de la economía. Es la de la ley de la oferta y la demanda.

*La Vanguardia*, 17 de junio de 2006

## Después de la Navidad

Bueeeno. Ya se han acabado las fiestas y ha llegado la hora de... ¡devolver los regalos recibidos! Al fin y al cabo, todos hemos pasado por esas situaciones embarazosas en que algún ser querido —o no tan querido— nos ha regalado algo que nos produce indiferencia o incluso rechazo. Después de sonreír falsamente e intentar convencer a nuestro obsequiante de que el regalo es realmente de nuestro agrado, pensamos que hubiera sido mucho mejor que nos regalaran dinero en efectivo.

El negocio de los regalos navideños es realmente descomunal: representa el 25% de las ventas anuales y en Estados Unidos mueve más dinero que el tabaco, el alcohol y la lotería juntos. Todo esto, a pesar de que está demostrado que la mayor parte de los regalos recibidos no son del agrado de uno. De hecho, los estudios empíricos sobre el tema empezaron en 1993, cuando el profesor Joel Waldfogel de la Universidad de Yale pidió a sus estudiantes que estimaran el precio de mercado de los regalos recibidos durante las Navidades... y después les preguntó el precio máximo que habrían pagado ellos por los mismos regalos.

En economía decimos que el precio máximo que uno está dispuesto a pagar voluntariamente por un bien refleja la valoración subjetiva que uno hace de éste. Y la diferencia entre el coste del regalo y la valoración que hace el obsequiado es una medida de la ineficiencia del regalo, ya que indica lo que el obsequiante se hubiera podido ahorrar si, en lugar de comprar el regalo, hubiera dado dinero en efectivo. Es decir, cuando la tía abuela regala un bolso horrible de 50 euros que la sobrina nieta valora en sólo 10, la tía abuela se hubiera podido ahorrar 40, ya que si le hubiera dado directamente 10 euros en efectivo, la hubiera hecho igual de feliz. El gasto de esos 40 euros adicionales no ha conseguido hacer que la sobrina nieta esté más contenta y, por lo tanto, es un desperdicio y una ineficiencia.

Pues bien, estimando la diferencia entre los precios pagados y las valoraciones que los obsequiados hacen de los regalos, Waldfogel calculó que la ineficiencia de los regalos de Navidad era del 10% del gasto. Dado que en Estados Unidos se compran regalos por valor de 1.000 dólares por persona, la ineficiencia es de unos 30.000 millones de dólares (¡unas veinte veces el presupuesto de la NASA!). Si el porcentaje en España también fuera del 10%, la ineficiencia de los regalos navideños en España sería de 466 millones de euros anuales.

La pregunta es: si resulta tan ineficiente regalar productos en comparación con regalar dinero en efectivo, ¿por qué la gente sigue comprando regalos por Navidad?

Existen diferentes teorías económicas al respecto (como las relacionadas con el *placer de regalar*), pero quizá la más interesante es la asociada a Michael Spence, premio Nobel de Economía de 2001 por su contribución al análisis de economía de la información. Argumenta Spence que las actuaciones de las personas proporcionan información sobre sus características. Spence constató que algunas carreras universitarias no proporcionan los conocimientos necesarios para entrar eficientemente en el mercado laboral, pero en cambio son carreras útiles porque dan información a los potenciales contratantes sobre la capacidad de los estudiantes. Por ejemplo, es obvio que alguien que ha acabado una carrera difícil —como puede ser la de matemáticas— es una persona inteligente y trabajadora y algunas empresas la van a contratar no porque los matemáticos les sean útiles, sino porque el hecho de haber acabado una carrera tan complicada señala que se trata de una persona trabajadora e inteligente.

Los regalos también proporcionan señales, en este caso sobre el interés que el obsequiador tiene por el obsequiado: cuando una chica recibe un regalo de su novio, no sólo evalúa el dinero que se ha gastado él sino también si se ha preocupado de averiguar sus gustos, sus necesidades o sus preocupaciones. Desde este punto de vista, el receptor utiliza el regalo para elucidar los sentimientos y el interés genuino del donante. Esto explica, por ejemplo, que no nos importe recibir dinero de los padres (porque su amor está fuera de toda duda) o de los tíos abuelos (porque no nos importa demasiado si su aprecio es verdadero o no) pero que nos moleste mucho recibir un regalo en forma de dinero en efectivo de nuestras parejas. De hecho, cualquier chica se sentiría insultada si su novio le regalara dinero porque un regalo tan poco trabajado demostraría una enorme falta de pasión. No he visto estudios fiables al respecto, pero estoy seguro de que los parientes no inmediatos (tíos, abuelos o tíos abuelos) tienden a regalar dinero con mayor frecuencia que las parejas o incluso los padres. Y el hecho de que los padres no regalen dinero a sus hijos (a pesar de que a ellos no les importaría) es porque al conocerlos perfectamente se equivocan menos; por lo que la ineficiencia de sus regalos es menor.

Lo más interesante del tema es que los mercados, con toda su sabiduría, entienden el problema de la ineficiencia y han lanzado tres productos que arreglan parcialmente el problema. El primero son las listas de regalos (aunque éstas son utilizadas principalmente en bodas, donde la relación entre obsequiante y obsequiador es tan vaga que la ineficiencia se haría insufrible). El segundo son los cheques regalo, que están a medio camino entre el regalo y el dinero en efectivo. El tercero, y más importante, es la posibilidad de devolver el regalo a cambio de dinero... después de la Navidad.

*La Vanguardia*, 7 de enero de 2007

## Pospongan el sexo hasta abril

Hace un par de semanas fui a la página web de la UEFA para votar a los jugadores del equipo del año 2006 —les confieso que sin ninguna intención de ser imparcial, no nos engañemos, ya que quería votar a los candidatos del Barça—. Al leer las pequeñas biografías, me percaté de que tres de nuestros diez nominados (Gio, Márquez y Zambrotta) habían nacido en febrero. Curiosa coincidencia, pensé. Eso me llevó a fijarme en la fecha de nacimiento de los demás candidatos barcelonistas y constaté que 9 de los 10 habían nacido en la primera mitad del año —la excepción era Deco, nacido en septiembre—. Seguí mirando y vi que el 60% de los nominados de los otros equipos también había nacido entre enero y junio. Sorprendido, fui a la web del Barça y descubrí que el 70% de los jugadores del primer equipo son de la primera mitad del año. Es más, el 43% ha nacido en el primer trimestre y sólo dos jugadores —Saviola y Ezquerro— han nacido en el último; ambos son de diciembre.

Pensé que había desenterrado algo interesante pero un rápido *googleo* demostró que el fenómeno ya estaba descubierto y que numerosos estudios, incluyendo uno de los *freakonomistas* Levitt y Dubner, constatan que la mayor parte de los atletas de élite han nacido en el primer semestre del año: el 55% de los jugadores de fútbol de la Primera División española, el 59% de los de las ligas profesionales del Reino Unido, Brasil, Francia, Holanda, Bélgica o Japón, el 59% de los jugadores de la ACB (por cierto, uno de los estudiosos del tema en el baloncesto es el doctor Franchek Drobnic del FC Barcelona) y el 58% de los tenistas profesionales han nacido entre enero y junio.

En las categorías infantiles las diferencias son todavía más abismales: el 83% de la selección española sub-17, el 91% de los de la selección sub-19, el 80% de las categorías inferiores de baloncesto del Barça y el 84% de los del Real Madrid son de la primera mitad del año.

¿Cómo se explica todo esto? El psicólogo francés Michel Guaquelin argumentó que los primeros meses del año están bajo la influencia zodiacal de Marte, dios de la guerra... pero la solución astrológica basada en el horóscopo es poco convincente. En realidad, la explicación del fenómeno entre los jóvenes es muy sencilla: al ser el 1 de enero la fecha de corte para determinar si un chaval juega en una categoría u otra, los chicos nacidos en enero juegan en los mismos equipos que los nacidos en diciembre del mismo año. A igual talento, los entrenadores que quieren ganar acaban confiando más en los que han nacido primero porque, a esa edad, son más rápidos y tienen un físico superior. Por lo tanto, es normal que haya más jugadores nacidos en el primer semestre en los equipos buenos de categorías inferiores.

La paradoja, sin embargo, es que el fenómeno continúa siendo cierto entre los profesionales adultos, una vez las diferencias físicas han desaparecido. ¿Cómo se explica eso?

Aquí es donde una curiosidad estadística del mundo del fútbol se transforma en un experimento social interesante. Si nos preguntásemos aquello de: para triunfar en la vida, ¿es más importante el talento o el aprendizaje? (es decir: ¿el triunfador nace o se hace?), ¿cómo lo investigaríamos? Una manera sería dividir aleatoriamente a los jóvenes en dos grupos: a uno se le permitiría estudiar, practicar o aprender y al otro no. Si a los 25 años la proporción de triunfadores es la misma en los dos grupos, concluiríamos que el aprendizaje ha servido de poco y el éxito viene determinado por el talento innato. Si, por el contrario, los que han podido estudiar y practicar llegan más lejos, concluiríamos que el triunfador se hace.

El problema es que los científicos sociales no podemos hacer este tipo de experimentos —eso sería jugar con la vida de las personas— y aquí es donde reaparece el deporte: al dividir a los chicos en grupos basándose en algo tan aleatorio como es la fecha de nacimiento, las autoridades deportivas han confeccionado un experimento social casi perfecto que soluciona la paradoja de por qué los atletas nacidos en el primer semestre dominan también a nivel profesional: al jugar más minutos cuando son pequeños, los nacidos a primeros de año adquieren más experiencia y aprenden más que los que no juegan tanto (por ejemplo, aprenden a no dejarse llevar por los nervios en momentos clave). A la edad de 25 años, las diferencias de físico desaparecen pero la experiencia permanece. Conclusión: la práctica y el aprendizaje desempeñan un papel muy importante a la hora de determinar el éxito.

Como evidencia adicional, déjenme decir que en la Bundesliga sólo el 38% de los jugadores ha nacido en los primeros seis meses del año. Obviamente, el horóscopo no puede explicar este fenómeno, pero nosotros sí: la fecha de corte en las ligas infantiles alemanas no es el 1 de enero sino el 1 de agosto, por lo que los que juegan y adquieren experiencia en Alemania no son los nacidos en la primera mitad del año sino en la segunda.

La constatación de que el éxito viene determinado en gran medida por el aprendizaje y no sólo por el talento innato comporta dos consejos prácticos: primero, si quieren que sus hijos triunfen en la vida, explíquenles que deben trabajar como locos. Es más, que no escojan la carrera que tiene más salida sino la que más les atraiga, ya que es imposible dedicar el tiempo necesario para sobresalir si uno no hace algo que le gusta. Y segundo, si ustedes quieren que sus hijos sean deportistas de élite... ya saben: pospongan el sexo hasta el mes de abril.

*La Vanguardia*, 17 de enero de 2007

# La suerte de los Rothschild

Confieso que lo que más me interesa del Salón del Automóvil son las espectaculares azafatas que posan delante de los coches. Y no lo digo por las piernas o los escotes, aunque reconozco que no me desagradan ni los unos ni los otros. Lo digo por las divertidas controversias que levantan. Una de ellas tuvo lugar en *Els matins* de TV3 cuando el experto en tráfico, Espartac Peran, dijo estar horrorizado por la presencia de esas «mujeres objeto» en el salón. Mónica López, la presentadora del tiempo, saltó irritada y espetó: «¡Si las azafatas fueran hombres no dirías eso! ¡Tu actitud es machista y estoy hasta las narices de que nos sobreprotejáis».

¡Bravo!, señorita López. Esto es lo más inteligente que se ha dicho en TV3 desde noviembre de 2003. El feminismo trasnochado beligerantemente antimasculino que condenaba cualquier signo de belleza y feminidad está pasado de moda. Las mujeres han evolucionado por más que los devotos de la corrección política sigan anclados en unos tópicos que las propias mujeres ven como machismo disfrazado.

Que mujeres u hombres intenten ser guapos y utilicen su belleza para abrirse camino es tan digno como que utilicen su inteligencia, talento o laboriosidad. Nunca he entendido por qué quien ha nacido con unas mayores ganas de trabajar o una mayor aptitud para estudiar es más respetable que quien ha nacido con más atractivo físico. Al fin y al cabo, todos son atributos asignados por Dios... suponiendo, eso sí, que sea Dios y no las leyes de Mendel el encargado de repartir características genéticas.

Otra cosa es que haya discriminación contra la gente menos atractiva. Eso sería inaceptable.... y la verdad es que numerosos estudios documentan que, a igualdad de educación, experiencia y edad, los feos tienden a cobrar salarios inferiores. Esa diferencia, conocida como la paradoja de la prima de belleza, ha sido interpretada por muchos como señal de discriminación.

Antes de acusar a los empresarios de discriminar, sin embargo, recordemos que el hecho de que los feos cobren menos no significa necesariamente que estén discriminados. En este sentido, los economistas Mark Mobius y Tanya Rosenblat, de Harvard, han realizado el siguiente experimento: se presenta un problema complicado a un gran número de individuos agraciados con diferentes grados de hermosura. Antes de resolver el problema, se pide a cada uno que prediga cuánto va a tardar en resolverlo. Un jurado evalúa el atractivo físico de cada uno de ellos y se comparan soluciones.

Resultado: feos y guapos solucionan el problema a la misma velocidad, pero antes de resolverlo los guapos aseguran que lo harán mucho más rápidamente. Es decir, los guapos son igual de listos, pero tienen mayor confianza en sí mismos. En la medida en que el mercado laboral valore la autoconfianza como un atributo deseable —y eso pasa en puestos de responsabilidad, gestión y liderazgo—, los feos tenderán a cobrar menos porque tienen menos autoconfianza.

Otro estudio de Pietro Cipriani y Angelo Zago, de la Universidad de Verona, llega a resultados distintos: tras comparar las notas obtenidas por centenares de jóvenes en exámenes escritos, resulta que los feos sacan peores notas. Si esto es así, la gente atractiva cobra más, no por discriminación (en un examen escrito el profesor no sabe la cara que tiene el estudiante) o porque tiene más confianza, sino simplemente porque es más lista y, por tanto, más productiva. Pero ¿cómo? ¿Los guapos son estadísticamente más listos? ¡Si siempre nos habían dicho que era al contrario! Una posible explicación la encontramos en el patriarca de la dinastía Rothschild, don Mayer Rothschild, quien a finales del siglo XVIII fue famoso por dos cosas. La primera, por el imperio financiero que lo hizo enormemente rico. La segunda, porque era espantosamente feo. ¡Oh! ¡Qué feo era el tío! Miren si era feo que para evitar que sus descendientes tuvieran su repugnante físico, utilizó su vasta riqueza para conseguir que sus cinco hijos se casaran con las mujeres más bellas de Viena. Su esperanza era que, al cruzar sus genes con los de la de gente guapa, sus nietos serían un poco menos desagradables a la vista. Parece que el hombre consiguió su objetivo, porque, pasados los siglos, los Rothschild siguen siendo ricos..., pero ya no son famosos por su peculiar monstruosidad.

El *efecto Rothschild* está muy generalizado: por todas partes hay mujeres guapas que se casan con hombres feos pero listos (o al menos, lo suficientemente listos como para acumular riqueza y poder, dos características muy valoradas en el mercado matrimonial). Si los hijos de estas parejas son listos como el padre y guapos como la madre, las estadísticas mostrarán que la gente guapa es más inteligente, cosa que explicaría la prima de belleza. El problema es que, para que esta teoría funcione se necesita que el hijo de un señor listo y una señora guapa salga con la inteligencia de él y la belleza de ella, pero las leyes de la genética no funcionan así. Cuando a Albert Einstein se le propuso tener un hijo con Marilyn Monroe para crear el *niño perfecto*, él exclamó: «¡Cómo será el pobre chaval si sale con su cerebro y mi cara!».

Pues eso. La clarividencia de Einstein hace que la paradoja de la prima de belleza siga sin estar resuelta, pero demuestra que don Mayer tuvo mucha suerte, porque sus herederos podrían haber salido tontos y feos.

Lo siento. Hoy no tengo conclusión. Bueno, quizá la lección es que, más que ser listo o guapo, lo importante es tener la suerte de los Rothschild.

*La Vanguardia*, 17 de junio de 2007

## Dinero y felicidad

Dice la leyenda popular que el dinero no compra la felicidad. Y son muchos los que creen que la leyenda está validada por la evidencia científica desde que, en 1974, Richard Easterlin estudió la relación para diferentes países y llegó a la conclusión de que, a partir de un cierto nivel de renta per cápita (unos 15.000 dólares anuales en valor de hoy), más dinero no aportaba más felicidad. Ese resultado se llamó la paradoja de Easterlin.

El descubrimiento de esa paradoja tuvo consecuencias importantes. Por ejemplo, hizo que los psicólogos desarrollaran teorías económicas que utilizaban el concepto de renta relativa: yo soy más feliz, no si mi renta sube en valor absoluto, sino si sube en relación con la de mis vecinos. Ya se sabe que el peor día en la vida de uno es aquel en que... ¡el vecino se compra un BMW!

La paradoja también hizo que la ONU creara el índice de desarrollo humano que incluye salud, mortalidad infantil o educación entre otras cosas para medir el progreso de las naciones, en sustitución del PIB o la renta per cápita que utilizan los economistas serios. Ese índice es peculiar porque es sabido que los países ricos tienen mejor salud, más educación y una mortalidad infantil menor, precisamente porque todo eso cuesta dinero. Otra consecuencia de la paradoja es que el movimiento ecologista pasó a no tener ningún rubor a la hora de proponer el cese del crecimiento económico para preservar, entre otras cosas cruciales, el caribú canadiense, el buitre leonado y la temperatura global del planeta.

En mi opinión, las conclusiones de Easterlin siempre fueron mal interpretadas. Porque una cosa es demostrar que una relación estadística no existe y otra muy distinta es no poder demostrar que existe. Y Easterlin no sólo no probó que no había relación entre renta y felicidad a partir de 15.000 dólares, sino que nunca pudo demostrar que existía. Entre otras cosas, el problema es que su estudio no incluía casi ningún país pobre.

Afortunadamente, Gallup acaba de llevar a cabo una macroencuesta en 130 países, incluidos muchos subdesarrollados, donde, además de instar a los entrevistados a evaluar su felicidad poniendo un número entre 1 y 10, se les pregunta sobre diferentes aspectos relacionados con su bienestar, como cuántas veces han reído, sonreído, se han sentido tristes o deprimidos durante las últimas 24 horas, o si se sienten libres, amados o respetados. Los nuevos datos han sido analizados por Justin Wolfers y Betsey Stevenson de la Universidad de Pensilvania y su estudio arroja resultados interesantes:

Primero, la gente de los países ricos dice ser más feliz que la de los países pobres. La correlación, de un 80%, es muy importante. Parece que la visión idílica de la pobreza que a veces hacemos desde nuestra prosperidad es un espejismo que los pobres no comparten.

Segundo, la relación entre felicidad y prosperidad no sólo no se detiene, sino que se acentúa a partir de los 15.000 dólares. Como cualquier mileurista español podría haberle explicado al profesor Easterlin, a las personas que cobran cerca de 10.000 euros anuales también (repito, también) les produce felicidad un aumento de salario.

Tercero, dentro de cada país, la gente rica es más feliz que la pobre.

Cuarto, la felicidad de casi todos los países aumenta con el paso del tiempo. Hay excepciones como Bélgica, cuya felicidad ha decrecido (eso de tener tanto gobierno europeo parece que no les sienta bien a los belgas) y Japón, donde la felicidad se estancó en 1990 a raíz de la profunda crisis económica que todavía no ha superado.

Quinto, en los países ricos hay más gente que dice haber reído o sonreído en las últimas 24 horas y hay menos gente que dice haber experimentado dolor, depresión, aburrimiento o enfado.

Conclusión: la paradoja de Easterlin no existe. Y eso no debería ser una sorpresa: cualquier analista razonable debería haber concluido que, cuando 6.000 millones de personas trabajan duramente para mejorar su situación económica y un sabio les dice que son todos tontos porque su esfuerzo no les va a reportar más felicidad, tarde o temprano se demuestra que los tontos no son los ciudadanos.

Dicho esto, el estudio resalta algunos aspectos curiosos. Por ejemplo, la felicidad de las mujeres ha decaído desde 1970. Parece que el importante progreso social de la mujer en ámbitos como la educación, el trabajo, el control de la reproducción o la creciente participación masculina en las tareas del hogar y la educación de los hijos, no se ha plasmado en una mayor felicidad femenina. Es más, la creciente insatisfacción se da tanto en trabajadoras como en amas de casa, tanto en casadas como en solteras y separadas, tanto en altos niveles de educación como en bajos y tanto en jóvenes como en mayores.

Otro resultado destacable es que la gente de izquierdas es más infeliz que la de derechas, aunque la explicación parece no tener nada que ver con la política: los de derechas son más religiosos y tienden a estar casados en mayor proporción y resulta que, a igualdad de ingresos, la gente religiosa y casada tiende a ser más feliz.

Y finalmente, la renta no está correlacionada con el amor. Parece que el dinero compra casi todo lo que genera felicidad, desde comida a educación pasando por salud, libertad, cultura, viajes, sexo o matrimonio, pero no puede comprar el amor. Vistos los resultados del estudio, sin embargo, el amor sólo debe representar una pequeña parte del bienestar. Si no, no existiría esa relación tan fuerte entre dinero y felicidad.

*La Vanguardia*, 17 de septiembre de 2008

## Mercados matrimoniales

¿Sabían que los hombres altos tienen más hijos que los bajos? Aunque a muchos de ustedes les sorprenda, algunos economistas intentamos explicar por qué. En 1973, el premio Nobel Gary Becker empezó a estudiar fenómenos sociológicos con las herramientas que los economistas utilizamos para analizar decisiones individuales. Entre las decisiones importantes que uno toma está la de con quién casarse y tener hijos. Según Becker, si todos tuviéramos la capacidad de decidir pareja, veríamos que los machos más atractivos se hacen con las hembras más atractivas (o al revés).

La pregunta clave, pues, es: ¿qué hace atractivos a hombres y mujeres? El cliché nos dice que los hombres valoran belleza y juventud y las mujeres valoran dinero y poder. También nos dice que la gente de una etnia y religión determinadas encuentra atractiva a la gente de la misma etnia y religión.

Algunos de estos clichés tienen fundamentos en la psicología evolutiva. Recuerden que a Darwin se le ocurrió una de las claves de su teoría de la evolución cuando se preguntó por qué el pavo real tenía esas plumas tan incómodas que le perjudicaban a la hora de buscar alimento o escapar de los depredadores. Su respuesta: la especie que sobrevive no es ni la que más come ni la que mejor se escapa, sino la que... ¡mejor se reproduce! *Et voilà*: las plumas del pavo tenían que resultar atractivas a las pavas (me refiero a las hembras del pavo). Es decir, a pesar de que perjudicaban a la hora de conseguir comida... permitían lograr pareja, y eso le daba ventaja en la competencia por la reproducción y la supervivencia de la especie.

Del mismo modo, nosotros somos los descendientes de los homínidos que resultaron más atractivos en la competencia por su reproducción. Los psicólogos evolutivos nos dicen que, seguramente, las madres que tuvieron éxito reproductivo son las que buscaron hombres poderosos y honestos (con recursos, capacidad y ganas de mantener a sus descendientes). Nuestros padres, por otro lado, debían buscar la belleza física, ya que, en psicología evolutiva, se asocia la belleza con la salud y la capacidad de tener hijos.

Y si los ancestros con ese tipo de gustos son los que se reprodujeron, nosotros deberíamos haber heredado esos gustos. La pregunta es: ¿es verdad? Para responder podríamos mirar con quién se casa cada uno. El problema es que las decisiones finales son el resultado tanto de las preferencias como de las oportunidades. Los negros tienen una mayor propensión a casarse con las negras por cuatro posibles razones: 1) porque ellas son racistas (con ello quiero decir que prefieren gente de su mismo color), 2) porque ellos son racistas, 3) porque ambos son racistas, y 4) porque nadie es racista, pero resulta que los negros raramente conocen a blancos, ya que viven en barrios separados.

Para separar lo que son las preferencias de las oportunidades, un equipo de la Universidad de Columbia (liderado por el profesor Ray Fisman) condujo un experimento en el que se ofrecía un «servicio de citas». Una vez a la semana se reunía a un grupo de personas en un bar de Nueva York. Se aparejaba a cada hombre con cada mujer durante unos minutos. Acabada la cita, cada uno de ellos evaluaba el atractivo físico, simpatía, ambición, inteligencia e intereses comunes de la otra persona y decía si querría volver a citarse con ella. Al final de la noche, cada chico había conocido a cada chica y los investigadores tenían una visión precisa de lo que habían escogido. Después de dos años de citas, Fisman y sus colegas publicaron un artículo con los siguientes resultados:

Primero, se confirma el cliché y la teoría evolutiva de que los hombres valoran principalmente el aspecto físico y la belleza de la mujer.

Segundo, también se confirma el tópico de que las mujeres valoran la inteligencia y la ambición del hombre.

Tercero, lo que no quiere decir que los hombres no valoren la inteligencia. ¡No! No nos gustan las chicas tontas... pero ¡nos dan miedo las demasiado listas! En el estudio, los varones rechazaron sistemáticamente a las mujeres que eran percibidas como más inteligentes o ambiciosas que ellos. Parece que los hombres somos seres de ego frágil y de fácil intimidación.

Cuarto, como predicen los psicólogos evolutivos, las mujeres valoran más la honestidad masculina que los hombres la femenina.

Quinto, las mujeres son mucho más racistas: mientras los hombres aceptaron repetir citas con mujeres de todas las etnias, las mujeres denotaron una preferencia muy fuerte por la suya propia. Una excepción: las chicas orientales aceptaron a asiáticos y a blancos (aunque no a negros o latinos). El tópico de que a los hombres blancos nos gustan las orientales se derrumba: es verdad que en Estados Unidos las parejas interraciales más comunes son de hombre blanco y chica asiática, pero eso no es porque a los blancos nos gusten las orientales especialmente (de hecho, nos gustan todas), sino que son las asiáticas las que prefieren a los blancos.

Y finalmente, la belleza masculina. ¡Sí! Los hombres las preferimos guapas. Pero antes de que nos acusen de frivolidad, hay que decir que el estudio demuestra que... ¡el físico masculino es valorado por las chicas en igual magnitud! Lo que nos devuelve a los hombres altos y corpulentos: las mujeres se sienten atraídas por esas características, y por eso tienen mayor éxito a la hora de casarse en segundas nupcias con chicas jóvenes en edad reproductiva. Eso les permite tener más hijos que los bajitos. Son las peculiaridades de los mercados matrimoniales.

*La Vanguardia*, 17 de marzo de 2009

## «Outsourcing» sexual

Dice la sabiduría popular que la prostitución es el oficio más antiguo del mundo. Aunque estrictamente hablando eso no puede ser verdad (en todo caso, el oficio más antiguo sería el del cliente que frecuentó a la primera prostituta, puesto que necesitaba haber trabajado en algún oficio para poder comprar sus servicios), lo que en realidad nos dice la frase es que la prostitución ha existido siempre y se ha dado en todas las civilizaciones. La universalidad del negocio del sexo indica que no se trata de un fenómeno cultural sino biológico.

Analicemos, pues, el proceso evolutivo: dado que los hombres pueden tener un hijo cada vez que copulan, nuestros padres ancestrales más lujuriosos tuvieron mayor descendencia que los que practicaron la castidad. En cambio, dado que una mujer sólo puede tener entre 12 y 15 hijos a lo largo de la vida, las hembras de conducta sexual ligera tuvieron tantos hijos —entre 12 y 15— como las que no fornicaban con tanta compulsión. La selección natural darwiniana sugiere, pues, que al ser nosotros descendientes de hombres extraordinariamente libidinosos (y con una preferencia por tener relaciones con muchas hembras) y de mujeres de vida más o menos ordenada, nuestro código genético actual dice: el hombre es más promiscuo que la mujer.

Pero la naturaleza del acto (hetero)sexual es tal que, cada vez que hay un hombre que hace el amor, también hay una mujer. ¿Cómo se compagina eso con el hecho de que el deseo carnal y la preferencia por la diversidad masculina sean mayores que las femeninas? Pues con unas pocas mujeres practicando el sexo con muchos hombres... a cambio de una compensación económica. Nace, pues, la prostitución.

Quizá fuera porque entendieron que las raíces del fenómeno eran biológicas y, por tanto, de difícil control, dos importantes teólogos cristianos como san Agustín o santo Tomás de Aquino llegaron a decir que la prostitución debía ser tolerada como «válvula de escape social». Ese mismo principio debería ser entendido por Jordi Hereu, el alcalde de Barcelona, que ha encendido el debate sobre la legalización de la prostitución.

En principio, en una democracia liberal el Estado no debería oponerse a que un hombre y una mujer intercambien servicios por dinero. Al fin y al cabo, si se permite que una mujer le haga un masaje a un hombre, le analice la vista, le defienda ante el juez o le haga una clase de yoga a cambio de dinero, ¿por qué va a prohibir que le haga una felación?

Una posible respuesta es que la felación no la hace por su propia voluntad sino por dinero. Esa respuesta es insatisfactoria, puesto que con ese razonamiento deberíamos prohibir casi todos los oficios del mundo. ¿O es que las mujeres de la limpieza lavan los urinarios por placer? ¿O es que los empleados de banca van a su puesto de trabajo cada lunes por amor al arte? ¡No! Lo hacen por dinero..., igual que las operarias del amor.

Otra respuesta común es que las prostitutas son objeto de tráfico de personas, obligadas y esclavizadas por los proxenetas. Eso tampoco es un buen argumento a favor de la prohibición. Es un argumento a favor de perseguir las mafias que trafican con personas, eso sí, pero del mismo modo que cuando se descubre a traficantes de orientales que trabajan esclavizados en establecimientos de Barcelona no prohibimos los restaurantes chinos, tampoco debemos hacer lo mismo con la prostitución. Es más, el hecho de que las trabajadoras del sexo se dediquen a una actividad ilegal dificulta su liberación, porque, si denuncian a sus explotadores, ellas pueden acabar en la cárcel, ya que también están fuera de la ley.

Algunos prohibicionistas dicen que vender sexo es «moralmente reprobable». Tampoco vale: si el legislador o el obispo pensaran que es moralmente reprobable que se corten los cabellos a cambio de dinero, ¿dejaríamos que el Estado aboliera las peluquerías? Respuesta: no. A diferencia del asesinato, el sexo no es obviamente perjudicial para las partes. Y fíjense en que nadie quiere obligar a vender sexo a la gente que lo encuentra inmoral. Pero hay que dejar libertad de elección a quien no comparta esa misma moralidad.

Existen dos argumentos poderosos a favor de la legalización. El primero ya ha sido esbozado: la mejor manera de combatir el tráfico de blancas es legalizar la prostitución para que cualquier explotación pueda ser denunciada sin miedo. Además, eso permitiría a las empresas del sector contratar a las trabajadoras en origen y a pagarles el viaje de ida y vuelta, eliminando así el negocio del traficante. El segundo es que, en el proceso de intercambio de sexo por dinero, hay una persona inocente (y engañada) cuya salud es puesta en peligro por la conducta temeraria del hombre: la esposa. El marido tiene derecho a arriesgar su propia salud, pero no la de su pareja (o la de los amantes de ésta, si los hay). Es decir, la amenaza a la salud de inocentes es una *externalidad* que necesita ser corregida. ¿Cómo? Los economistas han pensado dos maneras distintas... y ambas pasan por la legalización. La primera es la regulación: obligar a las trabajadoras del sexo a un control sanitario que garantice su salud y la de sus clientes. La segunda es la introducción de impuestos pigouvianos, parecidos a los que se usan para combatir la contaminación. Eso, además de equiparar la prostitución a todos los demás oficios que cotizan a Hacienda, encarecería la transacción, reduciría la demanda de servicios sexuales y disminuiría los incentivos económicos del hombre para practicar, voluntariamente, su *outsourcing* sexual.

*La Vanguardia*, 17 de septiembre de 2009

## La tragedia del bien comunal

¿Se han fijado en que cuando vamos al restaurante en grupo y dividimos la cuenta entre todos, la factura es mucho más alta que cuando cada uno paga lo suyo? Si pagamos individualmente, todos evaluamos el beneficio y el coste de pedir langosta. Si el coste es demasiado alto, nos inclinamos por el pollo, que es más barato. Por el contrario, si el coste de la langosta se divide entre quince, ya no sale tan cara, por lo que decidimos pedirla. El problema es que todos los comensales piensan lo mismo, por lo que todos acaban comprando langosta (y copas, y puros) y la factura común acaba siendo estratosférica.

Éste es un problema económico que se conoce como «la tragedia del bien comunal». Los bienes comunales son aquellos que mucha gente puede utilizar a la vez: un parque, el mar, el bosque y los aparcamientos en las calles de la ciudad. Todos ellos comparten un fenómeno curioso: el beneficio es para el usuario, pero los costes se comparten entre todos.

Por ejemplo, si las tierras de pasto son comunales (como lo eran en la Europa medieval y todavía lo son en algunas zonas rurales), la hierba que come mi vaca me beneficia a mí, su propietario, porque me da mejor leche o mejores terneras. La destrucción que ocasiona mi vaca cuando come, sin embargo, es compartida por todos los demás propietarios, ya que sus vacas tienen menos pasto para comer. La tragedia de este tipo de situaciones es que, al ser los beneficios individuales y los costes compartidos, los usuarios tienden a poner demasiadas vacas y a sobreexplotar los recursos. Al final el pasto desaparece. Del mismo modo, los pescadores tienden a sobrepescar hasta que el mar se queda sin bancos de pesca, los leñadores tienden a cortar demasiados árboles hasta que nos quedamos sin bosques y cuando la factura es comunal, todos pedimos langosta, y se convierte en descomunal (y perdonen el fácil juego de palabras).

Para evitar la tragedia, se han propuesto dos tipos de soluciones. La primera es la privatización. Si la tierra de todos se divide en parcelas y nuestras vacas sólo puede pastar en nuestra granja, cada uno de nosotros se encargará de mantener un número de vacas que permita un pasto sostenible porque si éste desaparece, desaparece el negocio. En el caso del restaurante, la solución es que cada uno pague lo suyo.

La privatización de los bienes comunales a veces es complicada por la naturaleza del bien en cuestión. Por ejemplo, es muy difícil dividir el mar en parcelas privadas. Para estos casos, las sociedades han encontrado otra solución: la intervención del Estado. El Estado se apropia del bien comunal (el mar), decide la cuota de pescado de cada uno y castiga con multas a los que se pasan. En el caso del restaurante, la solución consistiría en establecer una ley que prohibiera a los grupos de más de seis personas pedir langosta (una ley que seguro que le encantaría aprobar a la Generalitat actual, amante de regular y prohibir los comportamientos más recónditos del ser humano).

¿Por qué les explico todo esto? Pues porque el premio Nobel de Economía 2009 ha sido concedido a Elinor Ostrom, una politóloga que piensa en una tercera vía para evitar la tragedia del bien comunal: la cooperación. Si la gente que va a cenar en grupo lo hace repetidamente, son amigos y tienen sentido de la vergüenza, seguramente desarrollarán mecanismos para evitar que nadie se pase: el que pide langosta un día no es invitado el día siguiente, o se le recrimina en público o se habla entre todos para ponerse de acuerdo para que no pase.

Las investigaciones de Ostrom están entre la economía, la antropología y la ciencia política. Un ejemplo interesante ocurre con los pastos de los nómadas del centro de Asia. Los satélites detectaron hace años que el pasto en las zonas de Rusia y China estaba desapareciendo mientras que los de Mongolia no. Ostrom observó que en Rusia y China las tierras estaban colectivizadas mientras que las de Mongolia seguían siendo explotadas según las normas milenarias de las tribus de la zona (que compartían tierras y se respetaban entre ellas de tal modo que nadie se atrevía a perjudicar a las tribus vecinas). En 1980, China cambió de sistema y privatizó la explotación. Los satélites demostraron que los pastos no aumentaron. Con este ejemplo, Ostrom mostró que las soluciones encontradas por las tribus milenarias basadas en la cooperación y el respeto a veces son superiores a la privatización o a la intervención pública.

Ostrom no estaba entre los favoritos (lo escribo en masculino porque entre los favoritos no había ninguna mujer) a recibir el premio Nobel este año. Su contribución no es ni de las más citadas ni de las más conocidas del mundo. Yo, de hecho, confieso que no sabía quién era hasta el día que se le concedió el premio. Su metodología no es la más comúnmente aceptada por la profesión y sus conclusiones no parecen tan sólidas o bien probadas como las que la ortodoxia exige hoy en día. Pero, ya se sabe, a veces al Comité Nobel le gusta premiar las fronteras de la heterodoxia y eso, a la ortodoxia, no le gusta. Yo siempre he sido partidario de escuchar las ideas minoritarias, porque la ciencia no es democracia: en ciencia, que la mayoría piense una cosa no quiere decir que sea verdad. A veces, personas como Copérnico o Darwin están solos contra todos y... acaban teniendo razón. Bienvenido sea, pues, el premio Nobel a la señora Ostrom, no porque sea una mujer, sino porque nos enseña una nueva manera de enfocar la tragedia del bien comunal.

*La Vanguardia*, 17 de octubre de 2009

# 3
# África

# El Mussolini africano

«Tony Blair es un maricón en un gobierno de maricones de un país de maricones.» Así de fino es el señor que este fin de semana intentará robar unas nuevas elecciones en Zimbabue: Robert Mugabe.

La historia de Zimbabue es extremadamente triste. Cuando en 1980 consiguió la independencia y dejó de llamarse Rhodesia, era uno de los países más ricos de África. Los colonos que a finales del siglo XIX habían seguido al millonario Cecil Rhodes en busca de minas de oro formaron productivas granjas en una de las tierras más fértiles del continente. Durante años, Rhodesia exportó cantidades ingentes de caña de azúcar, maíz, algodón, tabaco y cacahuetes. En la actualidad, Zimbabue depende de las donaciones de alimentos de Sudáfrica y Libia para evitar que medio millón de personas mueran de hambre. El 60% de la población está en paro, la inflación llega al 100%, la inversión ha desaparecido, el déficit fiscal es insoportable, la renta per cápita ha caído a la mitad y un 30% de la población tiene sida (la tasa más alta del mundo).

¿Cómo es posible que uno de los países más ricos de África se haya convertido en uno de sus más sonados desastres en sólo dos decenios? Ya sé que los intelectualoides que critican a la «Europa del capital» nos dirán que se trata de otra víctima de la globalización capitalista neoliberal salvaje (no se olviden lo de «salvaje»). La verdad, sin embargo, es que Zimbabue ha sido víctima del socialismo que introdujo Mugabe de la mano de Corea del Norte.

Tras ganar las elecciones de 1980 —las únicas limpias que ha habido en el país desde la independencia—, el partido Zimbabwe African National Union (ZANU) de Robert Mugabe buscó «la victoria del socialismo sobre el capitalismo» mediante la creación de un «Estado marxista-leninista de partido único bajo el liderato del politburó del ZANU» y el «cierre del país a la explotación de las multinacionales» (¿les suena la retórica?). Para conseguirlo, se propuso una muy necesaria reforma agraria y se prometió trabajo para todos, salud pública y educación gratuita.

Las palabras eran muy bonitas pero, como ha pasado tan a menudo con el socialismo, las promesas nunca se hicieron realidad. En su lugar, llegaron los gulags, las persecuciones y las matanzas. Los asesinatos masivos de miles de ndebeles han sido particularmente sangrientos (los ndebeles son los descendientes de los guerreros zulús que fueron expulsados de Sudáfrica por el gran Shaka en 1830 y opositores de la etnia shona, a la que pertenece Robert Mugabe). Los amigos del dictador se enriquecieron mediante contratos públicos. Las ayudas y los créditos internacionales, tras ser robados por los miembros del partido, dejaron de llegar. Al no poder pagar a los milicianos que lo mantenían en el poder, el gobierno les permitió invadir y saquear las granjas de los blancos diciendo que ésa era la «reforma agraria». La consecuencia fue que las tierras no sirvieron como garantía de crédito para comprar fertilizantes, la producción de alimentos bajó y los precios se multiplicaron. Para «solucionarlo», el camarada Bob decretó un precio del pan muy por debajo de su coste. Naturalmente, se dejó de producir pan y llegaron las hambrunas. A pesar de la escasez generalizada, el gobierno tiene a más de 10.000 soldados en la guerra del Congo. Como pago, Robert Mugabe recibe diamantes.

Pese a todo, el tirano tiene todos los números para ganar las elecciones de los días 9 y 10 de marzo. ¿Por qué? Pues porque está metiendo en la cárcel a los miembros del partido de la oposición, el Movimiento para el Cambio Democrático (MDC) —hace dos semanas, su líder, Morgan Tsvangirai, fue encarcelado acusado de traición por decir que una derrota electoral «eliminaría» a Mugabe—, porque ha expulsado a los observadores extranjeros, porque ha impedido que la prensa libre hablara de las elecciones y porque sus seguidores tienen libertad para violentar a quien intente votar en su contra.

Shepherd Ngundu, un maestro, fue sorprendido delante de su casa por seguidores de Mugabe cuando estaba leyendo el periódico crítico *Daily News*. Le acusaron de dar apoyo a Tsvangirai. Entraron en su casa y la registraron esperando encontrar su carnet de afiliado o algún panfleto que lo ligara al MDC. Al no hallar nada, decidieron que la posesión del *Daily News* era prueba suficiente de traición. Le pegaron con barras de hierro y lo azotaron con cadenas hasta que lo mataron. Arrastraron su cuerpo por el pueblo para dar ejemplo e intimidar a los ciudadanos. Su mujer fue corriendo a denunciar los hechos. En la comisaría se encontró con que los asesinos de su marido eran los mismos policías.

A pesar de sus atrocidades, en marzo del año pasado Mugabe fue recibido con honores de Estado por el presidente de la República Francesa —ese país tan progresista y tan defensor de los intereses de los pobres—, por el primer ministro de Bélgica y por el comisario de la Unión Europea para la ayuda al desarrollo. Tony Blair le hizo un feo, y por eso el calificativo de «maricón». Lo cierto es que la pasividad actual de los líderes occidentales es realmente inquietante, y no sólo por los perjuicios que causa a su pueblo, sino porque la inestabilidad política de Zimbabue puede afectar a toda la zona sur del continente africano y especialmente a su motor, Sudáfrica. Esperemos que, a pesar de tener todas las cartas en contra, la oposición gane las elecciones de mañana. Si no, los países democráticos civilizados deberán empezar a pensar en cómo sacarse de encima a ese Mussolini africano.

*La Vanguardia*, 8 de marzo de 2002

## La esperanza de África

Después de asistir a docenas de reuniones, comidas y cenas en el marco del Foro Económico Mundial, me fui de Davos convencido de que el mundo está empezando a cambiar. Por primera vez en muchos años, me pareció ver luz al final del túnel del tercer mundo. El problema económico más importante al que se enfrenta la humanidad es la pobreza de África. Desde la independencia hasta finales de los ochenta, se afrontó el problema con donaciones y planificación central. La cosa fue un fracaso total. Durante los noventa, siguieron las limosnas y se introdujeron políticas parcialmente liberalizadoras impuestas desde el norte. Algunos países empezaron a progresar, pero no lo suficiente como para cantar victoria. Mientras tanto, los países ricos han seguido creciendo y ampliando diferencias.

Siempre he creído que el problema de África no se solucionaría hasta que los propios gobiernos pusieran su casa en orden. Y es ahí donde vi señales muy positivas en Davos. Durante una cena de líderes africanos (quienes, por cierto, tuvieron un alto grado de protagonismo en el foro este año), un dirigente de la ONG Oxfam le preguntó en voz baja al presidente de Senegal, Abdoulaye Wade, que cómo pensaba aliviar los males que la globalización estaba causando en su país. Su sorpresa fue mayúscula cuando Wade contestó: «¿Qué globalización?, ¿qué mercados? ¡La globalización todavía no ha llegado a África y mi gobierno está haciendo todo lo posible para que llegue pronto y podamos beneficiarnos de ella!». Ante una respuesta tan clara, yo sólo pude exclamar: «¡Bravo!».

En la misma reunión, los presidentes Obasanjo de Nigeria, Mbeki de Sudáfrica y Mkapa de Tanzania hablaron en términos similares. Expresaron la necesidad de que los gobiernos africanos garanticen la paz y la estabilidad ya que la incertidumbre política perjudica la inversión. Dijeron que se requieren gobiernos que garanticen el cumplimiento de la ley y el mantenimiento de los derechos de propiedad, que eliminen las trabas burocráticas que impiden la creación de empresas y que luchen contra la corrupción que plaga la administración pública. Sin estos requisitos, decían convencidos, la globalización y el progreso nunca llegarán al continente negro. Me dio la impresión de que, por fin, algunos líderes africanos estaban dispuestos a poner orden en sus países. Pero los africanos no podrán solucionar sus enormes problemas sin la ayuda de los países ricos. Y cuando digo ayuda, no me refiero solamente a darles limosnas sino más bien a dejarlos trabajar, producir y vender en los mercados mundiales. El año pasado, cuarenta millones de litros de leche se echaron a perder en el norte de Tanzania mientras los supermercados de la capital, Dar es Salaam, solamente vendían leche holandesa. ¿Cómo es posible que sea más barato comprar leche holandesa que leche tanzana en Tanzania? La explicación es bien simple: los productos europeos disfrutan de obscenas subvenciones, lo que les permite competir (deslealmente) con los de los países pobres. Los contribuyentes europeos y americanos pagamos más de mil millones de euros diarios (repito, diarios) en subvenciones y protecciones agrícolas. Con esa exorbitante cantidad se podría invitar a cada una de las vacas europeas a pasar un mes de vacaciones en un hotel de cinco estrellas en las Bahamas, con viaje de ida y vuelta en avión de primera clase. ¡Quien está loco no son las vacas, sino nuestras autoridades! «No queremos limosnas —decía indignado Wade—, queremos que nos dejen trabajar y competir en condiciones justas.» Y el presidente del Senegal tenía toda la razón. La solidaridad no se manifiesta condenando a los ciudadanos africanos a depender perpetuamente de nuestra caridad, sino permitiendo que se ganen la vida dignamente vendiendo los frutos de su trabajo en condiciones de igualdad. Y la eliminación de nuestras subvenciones agrícolas debería ser el primer paso para conseguir esa igualdad. Se calcula que la eliminación de la protección agrícola en Europa y Estados Unidos aumentaría el PIB africano en unos 100.000 millones de euros anuales. Es importante recordar que el total de la deuda africana que se busca condonar asciende «solamente» a 130.000 millones. ¡La posibilidad de ganar 100.000 millones cada año deja pequeños los beneficios de perdonar la deuda una sola vez! En este sentido, sería importante que las ONG que intentan moldear la opinión pública a favor de la condonación de la deuda, dedicaran una parte importante de sus energías a crear un movimiento de oposición al pernicioso (y costoso) proteccionismo de los países ricos. Los resultados de dicha campaña serían mucho más beneficiosos para África. No obstante, eso no será nada fácil puesto que los agricultores europeos forman un poderoso y violento lobby que bloquea carreteras y quema camiones con suma facilidad. De hecho, es irónico que uno de los líderes del movimiento antiglobalización es un tal José Bové, caricaturesco pastor francés con un extenso currículo de vandalismo en su haber. El movimiento que lidera ese señor se opone a la globalización porque, según dicen, perjudica a los países pobres. Pero a Bové no le interesan para nada los países pobres. El sólo quiere proteger las rentas de los agricultores franceses a través del chantaje político violento. Y dada la peculiar propensión de las autoridades europeas a bajarse los pantalones ante los chantajistas, quien acaba perdiendo son los más pobres de los pobres: los ciudadanos africanos. En Davos me dio la sensación de que los líderes del Tercer Mundo están cambiando para bien. Que cambien los europeos va a ser mucho más difícil, pero mantengo la esperanza.

*La Vanguardia*, 13 de febrero de 2003

## ... no podemos fracasar

Octubre de 1347. Un barco de mercaderes italianos ancla en Sicilia procedente de China. Los marineros, enfermos, presentan manchas negras en la piel. Octubre de 1352, cinco años más tarde, la tercera parte de la población europea (veinticinco millones de ciudadanos) ha muerto por culpa de la peste negra, una plaga mortífera de la que Boccaccio decía que sus víctimas «almorzaban felices con sus amigos y cenaban con sus ancestros en el paraíso».

Este episodio tiene el dudoso honor de ser la mayor catástrofe sanitaria de la historia, un récord que se puede ver pronto superado por la actual pandemia del sida en África. El sida mata a 3 millones de personas anualmente, infecta a 5 millones y ya ha dejado 15 millones de huérfanos en África. En países del sur como Botsuana o Suazilandia, una tercera parte (¡tercera parte!) de los ciudadanos está infectada, la misma proporción que murió en Europa por efecto de la peste bubónica.

En medio de esta catástrofe, van los obispos católicos y dan las culpas a la industria farmacéutica por poner unos precios a los antirretrovirales que los africanos no pueden pagar (los antirretrovirales son medicamentos que no curan el sida, pero impiden que los infectados por el virus VIH desarrollen el sida y mueran). Con todo mi respeto (que es mucho) por los obispos: se equivocan. Se equivocan porque hace tiempo que los países pobres pueden producir o importar antirretrovirales genéricos y venderlos a precio de coste sin pagar royalties a las multinacionales. Se equivocan porque, hoy por hoy, la mejor manera de luchar contra el sida en África es la prevención. No esa prevención beata que propone la Iglesia a través de la abstinencia sexual, no. Eso sólo funciona entre la gente pía, capaz de resistir las tentaciones del placer carnal. Para los normales, la mejor prevención es ese preservativo que la propia Iglesia se obstina en satanizar. Y se equivocan, sobre todo, porque el problema no es que los antirretrovirales sean demasiado caros, sino que son difíciles de administrar en África debido a la falta de hospitales, médicos y capacidad de distribución.

Por ejemplo, ¿sabían ustedes que la elefantiasis —esa dolencia que hincha las extremidades de los pacientes, haciendo que se asemejen a las de los elefantes— se cura tomando una pastilla cada seis meses? ¿Sabían, además, que esas pastillas son gratis? ¿Sabían finalmente que, a pesar de ello, la elefantiasis se extiende por todo el continente africano? La razón es bien simple: la falta de medios hace que una gran parte de la población deba viajar durante días para encontrar un médico o un hospital. Y si África no puede hacer frente a una enfermedad que se cura con dos pastillas (gratis) al año, ¿cómo va a luchar contra el sida con unos antirretrovirales que requieren un intensísimo seguimiento semanal?

El problema del sida se soluciona actuando en cuatro frentes. Veamos. Primero, hay que incentivar a la industria farmacéutica para que invente una vacuna que se administre una sola vez y que, por lo tanto, sea de mucha más fácil distribución que los antirretrovirales. Los primeros pasos ya se han hecho con eso que reclamábamos desde estas mismas páginas hace ya cuatro años: el fondo mundial del sida. La idea es que, con el dinero del fondo, se compren vacunas a precio de mercado (creando con ello los incentivos a hacer I+D) y se repartan luego por el continente africano. El fondo dispone ya de unos 4.000 millones de dólares, pero se necesita mucho más.

Segundo, debemos aumentar la «capacidad de distribución». La vacuna no servirá de nada si no se puede administrar. Y mientras no aparece ésta, debemos repartir condones (¡sí, señores obispos!... condones) e información. Por ejemplo, se debe explicar que, digan lo que digan los brujos tribales, el sida no se cura violando a niñas vírgenes de diez años. Para ello se requiere la colaboración de las instituciones que ya tienen redes formadas en África, entre las que destacan iglesias y multinacionales con implantación global como Coca-Cola o Motorola.

Tercero, debemos crear más capacidad de atención. Hacen falta hospitales y personal. En todo Mozambique, por ejemplo, hay sólo 400 médicos para atender a 18 millones de ciudadanos. Hagan ustedes las cuentas. A corto plazo, los países ricos pueden inducir a que algunos de sus doctores y enfermeras pasen temporadas en África a través de embajadas u ONG como Médicos sin Fronteras. En este sentido, el ejemplo es la tan criticada Cuba, líder mundial en conseguir que sus médicos ayuden a otros países pobres. A medio y largo plazo, debemos fomentar la formación con becas que permitan a miles (repito, miles) de africanos venir a estudiar a hospitales y universidades europeas.

Y cuarto, es necesario que nuestros políticos entiendan el problema y se comprometan a aportar recursos. Para mantener su interés es imprescindible el clamor popular. Todos los ciudadanos con ganas de cambiar el mundo que tan masivamente se manifestaron contra la guerra de Irak o contra la globalización deberían canalizar sus energías para conseguir que nuestros líderes no pongan, una vez más, el problema de África en el armario de los olvidos.

¡Sí! Estamos ante la tragedia humana más grande de los últimos siete siglos. Una tragedia que se puede evitar si todos nosotros —gobiernos, iglesias, ONG, multinacionales, filántropos y ciudadanos de todo tipo— actuamos a la par. Si no lo hacemos, la catástrofe será de proporciones bíblicas, tan horrenda que... no podemos fracasar.

*La Vanguardia*, 17 de febrero de 2004

# www.umbele.org

¿Saben lo que son trescientos millones de personas? Pues más o menos, la población de todos los países de la zona euro, los habitantes de Estados Unidos... o el número de ciudadanos africanos que viven en situación de pobreza extrema. A pesar de que el espectacular éxito económico de los paises asiáticos ha reducido la indigencia en el mundo, el continente negro cada día va peor. A la pobreza económica se añaden los numerosos conflictos étnico-religiosos y una pandemia como no ha visto el hombre desde que la peste bubónica acabó con la tercera parte de los europeos allá por el año 1350: el sida, la malaria y la tuberculosis diezman la población y han causado ya 14 millones de huérfanos, 14 millones de niños que deambulan por África sin esperanza y sin futuro.

La tragedia es tan grande que, cuando uno empieza a verlo de cerca, es muy difícil pensar en otra cosa. Aunque nadie tiene la solución a tan complicado problema (en economía no hay fórmulas mágicas), lo que parece claro es que ésta tendrá que involucrar a los políticos africanos, los gobiernos de Europa y Norteamérica, las autoridades religiosas, las instituciones internacionales como la ONU, el FMI o el Banco Mundial y a los líderes empresariales de todo el planeta.

Mientras tanto, ¿qué podemos hacer nosotros, los ciudadanos de a pie? Ésa es una pregunta que me hacen los lectores cada vez que escribo sobre África desde estas páginas, una pregunta que nunca supe cómo responder. Pero al ver las enormes ganas que tenía la gente de colaborar, decidí crear la Fundación Umbele. En swahili, *umbele* significa futuro. Y ése es, precisamente, el objetivo: devolver el futuro a los habitantes de África a base de canalizar recursos económicos desde los países ricos. Pero no de cualquier manera. El proyecto Umbele busca experiencia, honestidad, simplicidad, transparencia y eficiencia.

La idea es utilizar una red de personas que ya está allí, luchando contra la pobreza. Se trata de hombres y mujeres que tienen el respeto de todos los ciudadanos porque están dedicando su vida a ayudar a los desamparados. Tengamos o no simpatía por los obispos y las altas jerarquías eclesiásticas, seamos cristianos practicantes o no, todos los admiramos. Esas personas no son otras que... nuestros misioneros. La Fundación Umbele no es una fundación religiosa. Lo que pretende es aprovechar que los misioneros ya están allí para canalizar y administrar recursos en África. Primero, porque ellos ven los problemas desde muy cerca. Nuestro objetivo es ayudar a que la gente pueda mantenerse por sí sola, ayudándola a montar pequeños negocios, contribuyendo a que pueda volver a cultivar las tierras que abandonó por culpa de las guerras, dándole incentivos para que vaya a la escuela o de otras mil maneras. Teniendo en cuenta este objetivo general, queremos que los misioneros nos digan la mejor manera de hacer las cosas, propongan proyectos y nos ayuden a reflexionar. Es decir, queremos aprovechar su experiencia. Segundo, porque nos garantizan honestidad: unas personas que ya están sacrificando tanto para ayudar a los demás no pueden más que estar plenas de honradez. Y tercero, porque al estar ya trabajando en el territorio, pueden hacer cosas in situ sin necesidad de desplegar un nuevo, complicado y costoso ejército de voluntarios. Dicho de otro modo, aportan la simplicidad de acción.

La transparencia es otra característica importante de la Fundación Umbele. Los proyectos se publican en la página web de la fundación (www.umbele.org) y los misioneros que reciben dinero se comprometen a explicar, también a través de la web, cómo se han gastado todos y cada uno de los euros recibidos.

Finalmente, la eficiencia. El lema de la fundación es 1 euro = 1 euro, Un euro es igual a un euro: un euro que ustedes donen en Europa es un euro que llegará a África con la máxima eficacia, sin burocracias y sin intermediarios corruptos en los países de destino. ¿Cómo garantizamos todo eso? Pues, por un lado, el Banc Sabadell nos ayuda, y no sólo no cobra los gastos de transferencia, sino que, además, paga los costes de los bancos africanos. Por otro lado, todos los gastos de administración corren a cargo de los patronos de la fundación. Sin burocracia y sin costes financieros, ustedes sabrán que cuando depositan un euro en la cuenta bancaria de Umbele (Banc Sabadell 0081-0523-18-0001026805), su euro va a parar a la cuenta de un misionero honesto que va a hacer el mejor uso posible y que, además, le va a explicar a usted cómo se lo ha gastado.

En otro artículo les explicaré con más detalle algunos de los proyectos que ya tenemos entre manos, programas que van desde ayudar a refugiados de la guerra del Congo hasta la creación de micronegocios para mujeres en Yaundé (Camerún), y ayudas escolares a huérfanos del sida por todo el continente. De los millones de huérfanos que vagan sin rumbo por las polvorientas calles de África, de momento sólo podemos ayudar a unos cuantos. Pero confiamos en que, con el apoyo económico de todos ustedes, pronto serán muchos más.

En la encrucijada de la historia en la que nos encontramos, pocas cosas tienen tanta importancia como aliviar la tragedia de África. No está en nuestras manos solucionar todos los problemas. Ni siquiera algunos de los problemas. Lo que sí podemos hacer es dar un poco de esperanza, un poco de futuro, un poco de *umbele* a algunas de las personas que más lo necesitan. Vayan, si pueden, a la web de la fundación. Vayan, si pueden, a www.umbele.org.

*La Vanguardia*, 17 de septiembre de 2004

## Un salario para estudiar

Dentro de poco empezará el curso escolar en el hemisferio sur. Lamentablemente, millones de niños de Tanzania, Mozambique, Angola, Lesotho, Malaui, Madagascar o Suazilandia no sentirán aquella sensación especial que sentíamos nosotros en la víspera del primer día de clase, ansiosos por estrenar carpesano, plumier y bata y por saber quién sería nuestro nuevo profesor. Y es que unos 75 millones de niños africanos no van a ir al colegio este año porque sus familias no se lo pueden permitir. El tema es grave, porque un país no se puede desarrollar sin una ciudadanía educada. Es más, las niñas sin escolarización tienen más hijos y éstos gozan de peor salud y mueren antes de los cinco años con mayor probabilidad. La educación, pues, tiene importantes beneficios económicos, sociales y de salud pública.

El principal problema es que ir al colegio en África es muy caro. Por un lado, en muchos países se tiene que pagar matrícula. En Tanzania, por ejemplo, ésta es de unos 10.000 chelines tanzanos (unos 10 dólares por curso). Por otro lado, hay que comprar uniformes (17$), libros (5$) y transporte (3$). El coste total por niño es, pues, *sólo* de unos 35 dólares anuales, una cantidad no muy elevada para nosotros, pero toda una fortuna para los ciudadanos de Tanzania, cuya renta per cápita es de ¡240 dólares!

Esto, aun siendo una barrera importante, no es la más grande. Lo peor es que las familias más pobres —sobre todo las que viven en las zonas rurales— no pueden sobrevivir sin el salario del trabajo infantil. El coste de oportunidad de ir al colegio —es decir, el dinero que el niño deja de ingresar si va a la escuela en lugar de a trabajar— es más prohibitivo que los 35 dólares de gastos directos.

¿Cómo se arregla esta situación? Encontramos una posible pista en México: en 1997, el presidente (y economista) Ernesto Zedillo observó que los estados más pobres de ese país sufrían un problema similar al que he descrito para África e introdujo un inteligente programa llamado Progresa, a través del cual se pagaba dinero a las familias pobres a cambio de que los niños fueran al colegio. Al no perder el salario de los menores, pensó Zedillo, los incentivos para escolarizar aumentaban.

Han pasado siete años y el programa —rebautizado por Vicente Fox con el nombre de Oportunidades— llega ya a 5 millones de familias mexicanas. Progresa/Oportunidades ha sido catalogado por los expertos como un éxito espectacular. No sólo ha sido alabado por instituciones internacionales —la Unicef hace especial mención en su «Estado de la infancia en el mundo 2005»—, sino que ha sido copiado, entre otros, por los gobiernos de Bangladesh, Pakistán, Chile, Colombia, Brasil, Nicaragua y Honduras.

Implementar algo similar en África tiene un problema: se necesita un dinero que los gobiernos de ese continente no tienen. Por este motivo, la Fundación Umbele (www.umbele.org) acaba de lanzar un programa que intenta hacer algo parecido a través de la iniciativa privada.

Como ya expliqué en el artículo «www.umbele.org», Umbele recauda dinero entre ciudadanos de países ricos (es decir... ¡ustedes!) y lo envía a África sin perder ni un euro por el camino. Para conseguirlo, Umbele se sirve de una red de personas que ya están trabajando en África: nuestros misioneros. Pues bien, el nuevo programa aprovecha esa infraestructura y paga a las familias africanas un salario para que los niños acudan a la escuela. Los misioneros deben garantizar que los niños efectivamente van al colegio antes de cobrar, cosa que ellos pueden comprobar con facilidad, ya que normalmente trabajan en escuelas (por cierto, dado que Umbele no es una fundación religiosa, se comprometen a no utilizar el dinero con finalidades evangelizadoras).

Con este programa, no sólo se suplementan los ingresos de las familias más pobres, sino que, al mismo tiempo, se proporcionan los incentivos para que los menores no abandonen la escuela para ir a trabajar. En la medida de lo posible, el programa intenta beneficiar a mujeres y niñas. Primero, porque las niñas son las primeras que abandonan la escuela para buscar trabajo. Segundo, porque, como ya he dicho, la educación femenina tiene beneficios sociales adicionales en el campo de la salud. Y tercero, porque dando una fuente adicional de ingreso a las mujeres, se fortalece su posición en la familia y dentro de la comunidad.

El trabajo infantil es un fenómeno que produce —y debe producir— rechazo en los países ricos. Pero el simple boicot a las multinacionales tiende a generar resultados contraproducentes. A todos los que odian ver a menores trabajando, Umbele les proporciona un mecanismo para contribuir a solventar el problema: ¡envíen dinero para que, en lugar de trabajar, los niños puedan sobrevivir yendo a la escuela!

Sí. Ya lo sé. Para hacer que sigan estudiando los 75 millones de niños y niñas que este febrero no van a regresar al colegio, se va a necesitar mucho más de lo que ustedes, yo, la Fundación Umbele o todas las ONG del mundo podemos contribuir. Pero eso no es una excusa para no hacer nada. Piensen en cómo cambiará la vida de una sola (¡una sola!) de esas niñas si, en vez de ir a la fábrica, al campo, al prostíbulo o a buscar comida en los vertederos de basura, le damos la posibilidad de ir a la escuela. Y mientras lo piensan, recuerden que, para ella, quizá ésta sea la última oportunidad para salir del pozo, la oportunidad que brinda... un salario para estudiar.

*La Vanguardia*, 17 de diciembre de 2004

# Plan Marshall para África (I)

¡Ya tenemos un nuevo plan para salvar el mundo!: el pasado día 10 de marzo, y ante la indiferencia de los medios de comunicación españoles, Tony Blair presentó el esperado informe de la comisión para África: 453 páginas repletas de datos, análisis y recomendaciones. Algunos lo han bautizado ya como el plan Marshall para África. El documento basa su estrategia en lo que se conoce como la trampa de la pobreza, una vieja teoría económica atribuida a un economista polaco (no polaco/catalán, sino polaco de verdad) llamado Paul Rosenstein-Rodan allá por los años cincuenta: la idea es que, dado que las economías pobres sufren muchos problemas simultáneamente, atacar uno de ellos sin corregir los demás no soluciona nada. Es más, la suma de las pequeñas ayudas realizadas a lo largo de muchos años (como las llevadas a cabo por la comunidad internacional durante la segunda mitad del siglo XX) no tienen efecto alguno sobre el desarrollo económico. Para salir de la trampa hace falta hacer un gran esfuerzo (un *big push*, utilizando la jerga de expertos), aunque sea durante un corto período de tiempo. Y eso es lo que propone Blair: un gran esfuerzo durante los próximos diez años por parte de los gobiernos occidentales, los estados africanos y las organizaciones internacionales.

La principal contribución de los países occidentales debe ser la económica: actualmente la ayuda a África es de 25.000 millones de dólares por año. El plan propone aumentarla en

25.000 millones anuales durante los próximos cinco años y en 50.000 millones anuales entre 2010 y 2015. Para ello, se pide a los gobiernos que dediquen el 0,7% del PIB. Dado que los fondos se necesitan ahora y no se puede esperar a conseguir el necesario consenso político dentro de los países donantes, se intentará que los países ricos adelanten el dinero a base de pedir prestado en los mercados financieros a cuenta de los 0,7% de los futuros treinta años. Es decir, Blair pide que los países ricos donen el 0,7% de su PIB anual durante treinta años, pero quiere que se desembolse todo en los primeros diez. Así se conseguirá el *big push* que requiere la teoría.

Además de este dinero, el plan demanda la condonación de las deudas multilaterales que tienen los países africanos (es decir, las que tienen con el FMI o el Banco Mundial). También pide la eliminación de los aranceles y los subsidios agrícolas con el objetivo de dejar que los productores africanos puedan acceder a nuestros lucrativos mercados en condiciones de igualdad y justicia. En cuanto a las aportaciones no económicas, los países ricos deben comprometerse a encontrar soluciones clínicas a los problemas del sida y la malaria y a perseguir a las empresas de sus países que utilizan el soborno y la corrupción para obtener contratos en países africanos.

A cambio de la ayuda internacional, el plan Blair hace bien en poner deberes a los gobiernos africanos, empezando por la lucha contra la corrupción y la ineficiencia burocrática, principales responsables de la escasa inversión productiva en África. El informe también resalta —correctamente— las importantes barreras que representan la escasa educación y las pandemias del sida y la malaria. Para aumentar la escolarización, se demanda la garantía de acceso gratuito a la educación primaria de todos los niños y niñas del continente. En cuanto a la salud pública, los gobiernos africanos deben invertir no menos del 15% del PIB en sanidad y han de comprometerse a ayudar a los 14 millones de huérfanos del sida. Otros compromisos incluyen la inversión en infraestructuras (carreteras, electricidad, puertos y aeropuertos) e irrigación (el objetivo es doblar el área cultivable), y el respeto a la democracia, los derechos humanos y la sostenibilidad medioambiental.

El tercer grupo de instituciones que deben contribuir de manera fundamental son los organismos internacionales. El informe propone resucitar el Banco Africano de Desarrollo (que hasta ahora no ha hecho nada por falta de presupuesto). A la hora de canalizar recursos económicos, humanos y tecnológicos, la comisión apuesta por el Banco Mundial, la ONU y el FMI, organismos a los que exige reformas importantes y un mayor esfuerzo a la hora de ayudar a los países subsaharianos. También recomienda que, de ahora en adelante, sustituyan la concesión de créditos por donaciones, con el objetivo de reducir futuros endeudamientos, y reclama más transparencia y una mayor representatividad de los estados africanos en sus órganos de gobierno y decisión.

Después de leer las 453 páginas del informe y de escuchar el discurso de Blair, se puede decir que la comisión para África ha hecho un buen resumen de los problemas que aquejan al continente africano. También ha presentado un gran número de propuestas que han sido bien acogidas tanto por los líderes africanos como por las organizaciones internacionales. Debemos aplaudir la decisión del primer ministro británico de liderar la lucha contra la tragedia de África, la más grande que vive el hombre en la actualidad. Es importante que el continente subsahariano esté en las agendas de nuestros líderes políticos y la cruzada de Blair es un buen paso en esa dirección. Desafortunadamente, ahí se acaban los piropos. Y es que, en mi opinión, el gran plan Marshall para África es más de lo mismo que ya ha fracasado durante décadas y no sólo no erradicará la pobreza del continente, sino que puede hacer que las cosas empeoren.

Pero eso lo dejaré para el próximo artículo.

*La Vanguardia*, 17 de marzo de 2005

# Plan Marshall para África (y II)

Agosto de 2001. Un avión con 50.000 mosquiteras infantiles donadas por la beneficencia internacional aterriza en el aeropuerto de Addis Abeba (Etiopía). Al poco de ser descargadas las mosquiteras son robadas por la policía aduanera. Reaparecen a los pocos días en el mercado negro transformadas en... ¡vestidos de novia! Una vez más, la generosidad de los países ricos de nada servirá y 50.000 niños morirán de malaria porque los donantes no han entendido que en África hay corrupción.

En el artículo anterior comenté la reciente propuesta de Tony Blair para erradicar la pobreza subsahariana. El plan se basa en la teoría de la trampa de la pobreza que, esencialmente, dice que la confluencia de muchos factores adversos en África sólo puede ser superada con un enorme esfuerzo (un *big push*) financiero. Para ello, Blair propone que los países ricos adelanten a los próximos diez años el valor correspondiente al 0,7% del PIB de los próximos treinta años: así, la ayuda internacional se doblará hasta 50.000 millones de dólares anuales en los próximos cinco años, se triplicará en los siguientes cinco y, a partir de 2015, una vez África haya superado la trampa de la pobreza, la ayuda desaparecerá. Resumiendo, Blair pretende enviar a África más de 600.000 millones de dólares en los próximos diez años.

El primer problema del proyecto de Blair es que la teoría en la que se basa podría no ser correcta. Imagínense qué pasaría si, pensando que ésta es acertada, enviamos esa montaña de dinero pero, en realidad, la teoría correcta es que África tiene un problema de corrupción rampante —hipótesis nada descabellada, dicho sea de paso—. Seguramente la mayor parte del dinero desaparecería, como las mosquiteras de Etiopía, en los profundos bolsillos de los cleptómanos mejor situados. Y lo que es peor, sabiendo que la lluvia de dólares solamente duraría diez años, los ladrones se pelearían con urgencia para hacerse con el control político y eso acabaría corrompiendo los pocos sectores de la economía que todavía funcionan. El plan Blair, pues, podría no sólo ser inútil sino enormemente perjudicial.

Lo que me lleva al segundo punto: ¿qué pasará si de aquí a diez años aún no se ha erradicado la pobreza? Recuerden que la propuesta es que los países ricos adelanten el dinero de los próximos treinta años a los primeros diez por lo que la asistencia tras 2015 ¡será casi nula! ¿Y si África no ha salido del pozo y sigue teniendo problemas de sida y malaria? ¿Cómo se las arreglarán sin capacidad técnica para investigar y sin ayuda por parte de los países ricos? Lo más dramático es que la probabilidad de que el plan no funcione es elevada. Al fin y al cabo, la historia nos enseña que la asistencia exterior de los últimos cincuenta años ha sido mayoritariamente inútil: los países que crecen (como China) lo están haciendo sin beneficencia internacional y los que han recibido solidaridad multimillonaria (como Tanzania) no consiguen encarar la senda del crecimiento. Y claro, con tan decepcionante bagaje a nuestras espaldas, apostar todo el dinero de los próximos treinta años por una teoría no demostrada es como jugarse los ahorros de la jubilación a la ruleta.

El tercer gran problema es que Blair propone que las ayudas sean canalizadas a través del Banco Mundial y la ONU (y en menor medida el BAD y el FMI), organizaciones con un currículum de éxitos no muy ejemplar. Además de la extensa burocracia y la ignorancia de la ciencia económica (y, como científico de la economía, asumo mi parte de responsabilidad), detrás de ese fiasco se esconde el hecho de que el BM y la ONU intentan imponer su visión de cómo deben funcionar las cosas en África sin escuchar a los africanos. Y no me refiero a escuchar a los políticos. Ésos, en su mayoría, ya sabemos lo que van a decir: más obra pública para que amigos y familiares puedan enriquecerse con contratos millonarios. Me refiero a los ciudadanos: el desarrollo económico sólo se consigue cuando las personas pueden escoger libremente. En este sentido, fíjense en la magia del mercado: cada uno de nosotros escoge el producto que más le gusta y la suma de decisiones lleva a las empresas a producir los bienes deseados. Y cuando un empresario produce algo que nadie quiere, el mercado lo arruina y lo expulsa. Eso contrasta con las organizaciones internacionales que han construido escuelas vacías, carreteras que no van a ninguna parte y fábricas que producen... nada. En lugar de ser expulsadas por hacer cosas inútiles, resulta que Blair les quiere dar 600.000 millones de dólares para que sigan edificando monumentos a la incompetencia.

Finalmente, el súbito interés de Blair por África está sospechosamente próximo a las elecciones en el Reino Unido. Mi sospecha se magnifica cuando veo las 111 referencias al cambio climático, el calentamiento global y el desarrollo sostenible, referencias que, o bien están ahí para demostrar que don Tony tiene un buen sentido del humor o bien son electoralistas: la cantidad de $CO_2$ que pueda emitir África es tan ridículamente pequeña que preocuparse por ella es más bien grotesco.

En resumen, a pesar de que es importante que líderes del primer mundo se preocupen de África, la iniciativa del primer ministro británico es oportunista, está abocada al fracaso y puede acabar siendo perjudicial. El plan tiene muchos otros problemas pero les ahorraré la molestia de escucharlos. Déjenme decir, eso sí, que dista mucho de lo que en su día funcionó en Europa. Dista mucho de ser... el gran plan Marshall para África.

*La Vanguardia*, 21 de marzo de 2005

## Barreras en el océano

La continua llegada de cayucos africanos a las costas europeas está generando un apasionado debate sobre las bondades de la inmigración. La polémica despierta instintos primarios que van desde la xenofobia hasta la solidaridad. Pero como en tantos otros debates de la vida, el *problema* de fondo es económico: los africanos viven infinitamente mejor aquí que en sus países de origen. Ergo, intentan emigrar. Lo mismo pasa con los ciudadanos de Europa del Este o de América Latina (la llegada de estos últimos es mucho más numerosa aunque no tan dramática como la de los africanos).

Lo primero que hay que entender es que el *problema* no desaparecerá hasta que las condiciones de vida en los países de origen mejoren. Del mismo modo que España pasó de ser un emisor masivo de emigrantes cuando era un país pobre a atraer millones una vez se convirtió en rico, los inmigrantes no dejarán de venir hasta que sus países de origen mejoren.

Pongo *problema* en cursiva porque no está claro que la inmigración lo sea. De hecho, algunos observadores dicen que no sólo no es un problema, sino que es una panacea. Explican, por ejemplo, que «necesitamos a los inmigrantes porque realizan los trabajos que nosotros no queremos hacer», que «sus cotizaciones pagan nuestras pensiones» e incluso que «sin ellos no habría crecimiento económico». Además de inmorales (¿qué es eso de decir que necesitas a los pobres para que te paguen las pensiones?) estos argumentos son falaces.

Primero, existen muchos empleos que los europeos no aceptamos porque los salarios que pagan son bajos. Y los salarios son bajos precisamente porque hay inmigrantes. Sin éstos, el salario de los barrenderos sería más alto y entonces sí que habría europeos que querrían ocupar esos puestos de trabajo.

Segundo, en un Estado de bienestar como Dios manda (o al menos como mandan los libros de texto progresistas) los pobres reciben del sistema más de lo que aportan. Si es así, los ciudadanos pobres que llegan de fuera acabarán aportando al fisco una cantidad neta ¡negativa! Es decir, no sólo no contribuyen a solucionar los problemas de la seguridad social, sino que los empeoran.

Tercero, los estudios que estiman que sin inmigrantes nuestro crecimiento de los últimos diez años habría sido negativo tienen fiabilidad... ¡nula! Entre muchas otras razones, porque ignoran lo que hubiera pasado sin inmigración. Por ejemplo, si no hubiera gente que acepta recoger basuras a salarios bajos, las empresas se verían obligadas a comprar camiones automatizados. Es decir, sin inmigrantes se produciría cambio tecnológico, aumento de productividad y crecimiento económico.

Cuarto, los ciudadanos autóctonos observan con estupor cómo los inmigrantes congestionan los servicios públicos que ellos han financiado con sus impuestos a lo largo de los años. El estupor se convierte en justificado resentimiento cuando ven que los inmigrantes gozan de esos servicios sin haber cotizado nunca.

En resumen, los defensores de la inmigración tienden a exagerar sus argumentos. Ahora bien, eso no quiere decir que el fenómeno migratorio no tenga aspectos positivos: por ejemplo, los extranjeros traen unas habilidades distintas y un espíritu emprendedor del que a menudo carecemos los locales. También contribuyen a reducir los precios. Otro aspecto positivo es que, a falta de crecimiento económico en los países de origen, la inmigración es el mejor programa diseñado por el hombre para mitigar la pobreza en el mundo, mucho mejor que todas las ONG y todas las donaciones de todos los gobiernos del mundo juntas: mientras no mejoren las cosas allí, lo mejor que pueden hacer los africanos —para sí mismos y para sus familias a las que a menudo financian con sus remesas— es... emigrar.

El problema es que ningún país europeo puede absorber a todos los inmigrantes potenciales. Es más, sería irresponsable aceptar más personas de las que puede absorber. Sin puestos de trabajo no se contribuye a la reducción de la pobreza; sin respetar los derechos adquiridos de los autóctonos se fomenta el odio y se impide la integración y si no se garantiza el ascenso social, los nuevos ciudadanos acabarán odiando al país que los acoge (miren, si no, cómo ardían los coches en París).

En resumen, ni es verdad que los inmigrantes son la solución de nuestros problemas ni es verdad que nosotros somos la solución de todos los suyos. La inmigración comporta costes y beneficios para ellos y nosotros. El debate debería centrarse en estimar cuánta gente puede absorber un país para poder garantizar simultáneamente los derechos de los autóctonos y las oportunidades de los inmigrantes. Deberíamos pensar seriamente en cómo garantizar que los nuevos ciudadanos se integran lo suficientemente como para que, o bien ellos o bien sus hijos, puedan subir la escala social. Y una vez decidido cuántos nuevos ciudadanos podemos acoger con solvencia y garantías, ése es el número que se debe aceptar, legalmente y de manera ordenada.

Da la impresión, sin embargo, de que nuestros dirigentes hacen un cálculo bien distinto y se preguntan: ¿a quién votarán en su día todos estos ciudadanos potenciales? Respuesta: al partido socialista. Consecuencia: el gobierno... ¡no hace nada! Y no hace nada, no por incompetencia, sino porque no le interesa al partido. O mejor dicho, sí que hace: desvía la atención hablando, divagando, viajando, disfrazándose de bailarina africana y proponiendo, sin que se le escape la risa, utilizar satélites para poner barreras en el océano.

*La Vanguardia*, 17 de septiembre de 2006

## «1 euro = 2 euros»

Mohamed Yunus y el Banco Grameen han sido galardonados con el premio Nobel de la Paz por su contribución a la erradicación de la pobreza a través de microcréditos. La idea es brillante y se basa en la constatación de que ningún país en la historia del planeta se ha desarrollado sin empresas prósperas. En la medida en que la barrera que impide la creación y el crecimiento de esas empresas es la falta de capital (y no la falta de espíritu emprendedor, la falta de ideas o la falta de capacidad organizativa, que también pueden ser impedimentos), la existencia de esos microcréditos facilita a pequeños emprendedores comprar la máquina, el producto o la instalación necesaria que les permite crear o expandir su negocio. Con un crédito de pocos centenares de euros, una señora con iniciativa puede comprar secadoras, champús y tintes y montar una peluquería que le permitirá a ella y a tres o cuatro personas más ganarse la vida en Bangladesh.

Es muy importante que el capital no sea donado sino prestado. Al fin y al cabo, la única manera de crear riqueza y empleo de verdad es que el negocio sea sostenible y pueda sobrevivir sin donaciones que generen dependencia. También es importante el cobro de intereses (el Banco Grameen cobra el 18% anual) para impedir que los que piden prestado sean polizontes de la solidaridad y vividores del dinero ajeno. Es decir, para que el invento del microcrédito funcione, es bueno que el banco recupere tanto el capital como los intereses de la deuda.

El problema es que en muchos países subdesarrollados las instituciones legales, policiales y judiciales no garantizan el derecho de propiedad y no es fácil perseguir a los morosos. En ese contexto los microcréditos funcionan sólo cuando el prestamista *confía* en la buena voluntad del deudor (de hecho, la palabra crédito viene del latín *creditum*, que significa confianza) o cuando las relaciones sociales inculcan sentimiento de *vergüenza* a los morosos. Por ello, los microcréditos tienden a funcionar en aldeas rurales pequeñas donde todo el mundo se conoce y los vecinos infunden un sentimiento de culpabilidad a quien no paga lo que debe, mientras que tienden a no funcionar en grandes ciudades, donde el anonimato protege a los estafadores que pueden coger el dinero y salir corriendo sin importarles lo que piensan los vecinos.

Todo eso hace que, para recaudar un gran número de pequeñas deudas en zonas desperdigadas, los bancos de microcréditos se ven obligados a contratar enormes ejércitos de cobradores. Y eso tiende a ser tan caro que imposibilita la existencia de microcréditos en amplias zonas del mundo entre las que destaca, ¿cómo no?, África.

Escribo todo esto porque la Fundación Umbele acaba de lanzar un programa piloto de fomento de micronegocios en África a través de un mecanismo parecido a los microcréditos. La idea es que usted puede hacer una donación para financiar una parte de un crédito a un microempresario africano. Desde el punto de vista de usted, eso es una donación en el sentido de que no espera recibir el dinero de vuelta. El empresario africano, sin embargo, no recibe una donación sino un crédito que deberá devolver. ¿A quién va a devolver el dinero si, como todos ustedes saben, Umbele no tiene empleados en África que puedan ir a recaudar la deuda? La respuesta es que el dinero se devuelve a la figura central del programa Umbele: los misioneros que ya están desplegados por el continente. ¿Y por qué van los misioneros, que disponen de tan poco tiempo para realizar tareas fuera de sus hospitales y escuelas, a dedicar tiempo a hacer de cobradores? Pues ahí está el truco: porque el dinero que cobren de la deuda no va a ser devuelto a su donante original —es decir, usted—, sino que lo van a poder utilizar ellos para realizar su obra social.

Las ventajas de este mecanismo son múltiples: primero, dado que los misioneros son altamente respetados por los fieles de sus congregaciones y dado que los créditos se van a conceder sólo a aquellas personas que los misioneros acrediten como *fiables*, se espera que los deudores se sientan *obligados* a devolver el dinero si no quieren sentir vergüenza ante sus vecinos. Segundo, dado que el dinero se va a tener que devolver, sólo pedirán créditos los emprendedores que piensen que pueden pagar y, por lo tanto, tengan un proyecto empresarial más o menos sólido (de hecho, los participantes en el programa también disfrutarán de asesoría por parte de empresarios europeos... pero eso ya se lo contaré otro día). Tercero, como los misioneros ya están desplegados en África, no es necesario gastar ni un euro para administrar todo el proceso, con lo que se resuelve el problema de los enormes costes de administración de los bancos de microcréditos normales. Finalmente, el euro que usted dona acaba siendo utilizado dos veces: la primera vez por un emprendedor que quiere hacer crecer su pequeño negocio y la segunda, en una obra social como la ampliación de una escuela, becas, salarios, para que niños puedan estudiar en lugar de trabajar o mejoras de hospitales (es decir, los programas que tradicionalmente ha financiado Umbele).

El lema de Umbele es «1 euro = 1 euro» porque, gracias a la colaboración del Banco Sabadell-Atlántico, que paga los gastos financieros, un euro que ustedes dan en Europa es un euro que llega a África, entero. En esta línea, el nuevo programa de Umbele en el que un euro trabaja dos veces para beneficio de ciudadanos africanos bien podría llamarse «1 euro = 2 euros».

*La Vanguardia*, 17 de diciembre de 2006

## Soplan vientos de esperanza

¿Sabían ustedes que África ha mantenido tasas de crecimiento positivas durante doce años consecutivos? ¿Sabían que eso no pasaba desde... ¡nunca!? El crecimiento ha sido tan importante y tan beneficioso, que los niveles de pobreza extrema (el porcentaje de la gente que vive con menos de un dólar al día) han caído desde el 46% de 1995 al 37% de 2007.

¿A qué se debe este repentino éxito económico? Hay quien busca la causa en las subidas de precios de las materias primas que muchos países africanos producen. Claramente, los países exportadores de petróleo (Nigeria, Camerún, Gabón, Angola o Guinea entre otros) se han beneficiado del desmesurado aumento del precio del crudo. Pero no hay que olvidar que el resto de África es importadora de petróleo por lo que la subida de los precios de las materias que exportan se ha visto perjudicado por el encarecimiento del crudo que deben comprar. Puestos en la balanza todos los precios, el efecto neto para ellos ha sido negativo o nulo.

Si no son los precios, ¿qué explica el crecimiento sostenido de África durante doce años? Yo diría que hay al menos cinco factores importantes. Primero, por primera vez en la historia, la mayoría de los países africanos son democráticos. Cuando cayó el Muro de Berlín, en África había solamente tres democracias. Hoy hay veintitrés. Aunque las democracias no son inmunes a problemas de corrupción, inestabilidad, imperio de la ley, exceso de regulación o inefectividad del sector público (de hecho, la mayoría de los países africanos todavía tienen que mejorar mucho en este sentido), sí que es verdad que las dictaduras tienden a ser peores en cada una de esas áreas. Las democracias africanas son jóvenes y delicadas... pero poco a poco se van consolidando.

Segundo, después de las tan criticadas reformas del consenso de Washington de los noventa, la situación macroeconómica africana tiene una salud razonablemente buena: la inflación está por debajo del 10%, los déficits fiscales exorbitantes han sido eliminados y las balanzas comerciales están más equilibradas.

Tercero, la deuda que se contrajo en los años setenta, finalmente ha sido eliminada. Como era de esperar, las condonaciones masivas de los últimos años no han liberado los recursos económicos que habían prometido los profetas de la condonación. Pero sí han conseguido que los políticos africanos ya no se quejen todo el día de la deuda y ya no tengan excusas para no hacer los deberes.

Cuarto, las nuevas tecnologías están penetrando rápidamente por todo el territorio. La telefonía móvil, por ejemplo, está permitiendo que la gente más emprendedora aumente los rendimientos de sus negocios de forma creativa: los agricultores pueden enviar SMS a diversos mercados para averiguar los precios antes de emprender un largo viaje con sus carros, lo que les permite dirigirse al sitio que les es más favorable y ganar más dinero; los trabajadores autónomos —fontaneros, pintores, carpinteros, etc.— no tienen que estar todo el día delante de las tiendas esperando que alguien los contrate sino que cuelgan anuncios por las calles con el número de su teléfono móvil; los pescadores que no tienen refrigeración mantienen los peces vivos en jaulas dentro del mar hasta que reciben el SMS de los clientes demandando producto. Los móviles se están utilizando como bancos para realizar transferencias monetarias (tú vas al vendedor de tarjetas de móvil, le das 100 schillings y él te da un código secreto que tú envías a través del móvil a algún amigo tuyo en otra ciudad; éste se dirige a otro vendedor de tarjetas de la misma cadena, le entrega el código y, a cambio, recibe los 10 schillings;

éste es un método de transferir dinero utilizado por la compañía SafariCom en Kenia; es muy efectivo en países con pocos cajeros automáticos y menos sucursales bancarias).

Las nuevas tecnologías están permitiendo a los africanos saltarse algunos estadios de desarrollo ya que están pasando de la nada a la telefonía móvil sin pasar por la telefonía fija, lo que les ahorra costosas inversiones en infraestructura que no se pueden permitir. Este salto los acerca a los países ricos.

Finalmente, un factor que ha contribuido al crecimiento africano ha sido la aparición de China. El impresionante crecimiento del gigante asiático ha afectado a África de muchas maneras, unas positivas y otras negativas: China es un enorme cliente con 1.300 millones de compradores, China es un competidor con empresas que producen mucho y barato, China es un inversor (el ahorro generado por sus ciudadanos está sirviendo para financiar proyectos empresariales en África), China concede créditos con menos condiciones que el Banco Mundial o el FMI, y, quizá lo más importante, China es un *modelo a seguir*: en 1975, a la muerte de Mao, China era más pobre que África y su gran éxito económico no sólo demuestra que se puede conseguir, sino que da pistas sobre cómo se puede hacer.

África reúne las condiciones para salir del pozo de la miseria. No será fácil ni automático porque estas condiciones pueden quebrarse en cualquier momento: las democracias africanas son frágiles (y lo ocurrido en Kenia después de las elecciones es un trágico recordatorio), la inflación de los países ricos se puede contagiar, los líderes políticos se pueden volver a endeudar y la crisis financiera de Estados Unidos puede acabar afectando a China y, por ende, a los países africanos. No será fácil pero lo que sí es verdad es que, por primera vez en décadas, en África soplan vientos de esperanza.

*La Vanguardia*, 17 de marzo de 2008

# 4

Ecología y cambio climático

# Marketing climático

Compongo este artículo desde Washington, donde las temperaturas este verano han sido las más altas de los últimos cincuenta años. Muchos dan por hecho que eso se debe al cambio climático causado por la desenfrenada industrialización del último siglo. La explicación es la siguiente: el uso de combustibles fósiles provoca la emisión de partículas de $CO_2$ que se quedan flotando en la atmósfera terrestre. Esas partículas hacen de «espejo» de los rayos infrarrojos solares que deberían rebotar en la superficie de la Tierra y volver a salir hacia el espacio, pero que, por su culpa, se reflejan de nuevo hacia nosotros y calientan el planeta. Es el llamado «efecto invernadero». La industrialización comporta la emisión masiva de $CO_2$ y eso ha hecho que algunos científicos la responsabilicen del aparente aumento global de la temperatura del planeta durante el último siglo.

Digo algunos, porque siguen existiendo discrepancias en la comunidad científica. En particular, muchos dudan de que el calentamiento del planeta se deba a la emisión de $CO_2$ porque, entre otras cosas, más de la mitad del aumento de temperaturas ocurrió antes de 1940, ¡cuando todavía no había coches y cuando más de cuatro quintas partes del planeta no se habían industrializado! Por eso siguen buscando explicaciones «naturales». Al fin y al cabo, desde que el mundo es mundo, las temperaturas han subido y bajado constantemente.

A pesar de que no hay unanimidad entre los científicos, los

defensores de la teoría del calentamiento global parecen haber convencido a la prensa y a la ciudadanía de que el problema está ahí. Su estrategia consiste en alarmar a la población cada vez que se bate un récord de temperaturas en algún lugar del planeta. «Hoy ha sido el 17 de agosto más caluroso del último siglo en Sabadell», dirían los titulares. Y añadirían: «Eso no hace más que confirmar el temor del calentamiento global del planeta». No importa que la temperatura más alta nunca registrada en la Tierra sean los 58 grados de Al Aziziya, en Libia, en 1922, es decir, ¡hace ochenta años! Los continuos «récords locales» tienen mucho más impacto en la mente de los ciudadanos y por eso los sacerdotes del catastrofismo climático los repiten constantemente.

Tampoco importa que los récords también se batan por abajo. Es decir, que cada año se produzcan tantos récords de frío como de calor. Sin ir más lejos, mientras yo me freía en Washington, la mayoría de ustedes no podían disfrutar de sus vacaciones debido a las bajas temperaturas que ha habido en Cataluña este verano. Pero eso no es problema para los defensores de la teoría del calentamiento global. ¡Faltaría más! Únicamente es cuestión de sustituir el concepto de calentamiento global por el de cambio climático. Mientras el calentamiento global solamente se confirma cuando hace calor, el cambio climático se confirma tanto si hace calor como si hace frío... ¡y así siempre tenemos razón!

De hecho, la teoría del cambio climático es tan brillante que también permite hacer sonar las alarmas cuando hay grandes tormentas, como las que han vivido los países del centro de Europa mientras yo estaba en Washington y ustedes en Cataluña. El ministro ecopacifista alemán, Jürgen Trittin, dijo la semana pasada que las catástrofes climáticas en Europa van a seguir, porque «estamos pagando las consecuencias de cien años de industrialización desenfrenada». El problema es que, a diferencia de la teoría del calentamiento global, que, como hemos dicho, está respaldada por cierta evidencia teórica y empírica, no existe ninguna constatación científica de la relación entre la emisión del $CO_2$ y la fuerza o la frecuencia de las tormentas. A pesar de ello, los devotos creen ver confirmada su fe cada vez que ocurre cualquier fenómeno meteorológico con la misma facilidad que los creyentes en ovnis confirman su existencia cada vez que hay una lucecita en el cielo.

Pero lo más surrealista es que, incluso si el clima fuera normal cada día del año, la teoría del cambio climático se vería confirmada porque ¡lo normal es que el clima no sea siempre normal! Y claro, una «teoría» que nunca puede ser refutada, tanto si hace frío como si hace calor, tanto si hay tormentas como si no las hay, tanto si llueve como si hay sequía, es una teoría que vende... pero es una teoría científicamente inútil.

La pregunta es: ¿por qué algunos investigadores serios dejan que se perpetúe la farsa? La respuesta nos la dio uno de los líderes del movimiento ecologista y profesor de Stanford, Stephen Schneider, cuando, en una entrevista para la revista *Discover*, declaró: «Nosotros no sólo somos científicos, también somos seres humanos. Como tales, queremos un planeta mejor y para conseguirlo debemos conseguir el respaldo de la mayoría. Naturalmente, eso requiere una gran cobertura mediática y, para ello, debemos ofrecer escenarios escalofriantes, debemos hacer declaraciones dramáticas y no debemos mencionar las dudas que podamos tener sobre la validez de nuestras teorías».

Es decir, a pesar de que saben que la ciencia no establece una relación entre emisiones y cambio climático, a pesar de que reconocen que hay dudas sobre la validez de sus teorías, a pesar de que saben que están atemorizando a la población con sus constantes alarmas y a pesar de que corren el riesgo de perder credibilidad allí donde pueden tener razón, ellos deciden seguir adelante con sus fabulaciones porque lo más importante es «la cobertura mediática». El vergonzoso sacrificio de la ética científica en beneficio del marketing climático.

*La Vanguardia*, 17 de agosto de 2002

# Cambio climático (I): una verdad incómoda

Leo con estupor que el gobierno acaba de contratar a Michael Moore como asesor en temas de terrorismo y se ha comprometido a hacer llegar a todos los colegios españoles su película *Fahrenheit 9/11*. ¿O era Al Gore para temas de cambio climático (CC)? Bien, Moore, Gore, para el caso es lo mismo: ambos se dedican a hacer cinematografía propagandística con una preocupante falta de respeto por la verdad. En el caso del ex vicepresidente, su lucrativa cruzada político-climática le ha llevado a protagonizar *Una verdad incómoda*, una película bien hecha, dramática y a veces estremecedora, pero con un pequeño inconveniente: está plagada de mentiras incómodas.

Empecemos por la afirmación de que un 100% de los científicos están de acuerdo con sus postulados. Es verdad que hay casi unanimidad en que la Tierra se ha calentado (menos de un grado, eso sí) durante el último siglo. Desafortunadamente para la credibilidad de Gore, la unanimidad se acaba aquí. Y si no, comparemos las afirmaciones de la película, no con un estudio pagado por Exxon, sino con el último informe del Grupo Intergubernamental del Cambio Climático (IPCC) de la ONU, documento que analizaré con más detalle en el próximo artículo y que probablemente está sesgado a favor de posiciones ecologistas pero que, incluso así, demuestra que la película está llena de falsedades.

Gore muestra imágenes de un océano Ártico sin hielo y de

una Groenlandia y una Antártida descongelándose, cosa que, asegura, causará una subida del nivel del mar de siete metros. Es cierto que la masa de hielo del Ártico se ha reducido durante el último siglo (un proceso que, dicho sea de paso, empezó a principios del XIX, mucho antes de las emisiones de $CO_2$ industriales), pero es falso que lo mismo esté pasando en la Antártida: el IPCC dice que las temperaturas allí no sólo no han subido sino que han bajado (página 9) y se espera que su masa de hielo aumente durante el próximo siglo (página 13). La película muestra imágenes de una pequeña zona antártica cuyo hielo ha caído al mar, zona excepcional en un continente que se está enfriando.

Lo de los siete metros también es una exageración: la descongelación del Ártico tendrá consecuencias menores sobre el nivel del mar porque su hielo ya está flotando en el agua. Y como, según dice el IPCC, la Antártida no se va a derretir sino más bien al contrario, el aumento del nivel del mar no puede ser muy grande. Las previsiones del IPCC confirman esa lógica y auguran que el nivel subirá no los siete que dice Gore sino entre 0,18 y 0,59 metros (IPCC, página 11). Las terroríficas imágenes de Nueva York inundándose lentamente y de Holanda, Shanghai o Bangladesh desapareciendo y provocando cientos de millones de desplazados forzosos son, pues, según el propio IPCC, una fantasía cinematográfica concebida para hacer cundir el pánico.

Gore sugiere que el deshielo de Groenlandia hará que se detenga la corriente del Atlántico que trae agua caliente de los mares del Sur y provocará una nueva glaciación en Europa. Los científicos del IPCC están 90% seguros de que eso no pasará (página 12).

Tras mostrar imágenes de la ola de calor que sufrió Europa en 2003, Gore asegura que el calentamiento global causará millones de muertos. El IPCC dice (página 9) que los altibajos climáticos locales como los que sufrió Europa en 2003 no se pueden relacionar con el aumento de $CO_2$. Es más, para ser intelectualmente honesto, a la cantidad de gente que se morirá por culpa del calor, Gore debería restar la que dejará de morir de enfermedades relacionadas con el frío (hipotermias, gripes, enfermedades respiratorias y cardiovasculares relacionadas con las bajas temperaturas, etc.). La película no explica que durante ese mismo 2003 catastrófico en que murieron 34.000 europeos por la ola de calor, también murieron 100.000 europeos de frío.

Aventurándose en el terreno del género cómico, Gore afirma (sin que se le escape la risa) que la gripe aviar, la tuberculosis, el SARS e incluso la guerra de Darfur están causadas por el calentamiento global. Lógicamente, ninguna de esas aserciones aparece en el IPCC. También enseña un gráfico en el que los costes de las compañías de seguros para hacer frente a los huracanes se han disparado. El IPCC tampoco habla de eso porque todo el mundo sabe que los pagos del seguro aumentan cuando sube el precio de las casas y cuando hay más gente que vive en primera línea de mar en zona de huracanes.

Finalmente, el no va más de la hipocresía (si dejamos de lado el hecho de que Gore viaje en avión privado) es la imagen de una Nueva Orleans devastada por el *Katrina* y un Gore con lágrimas explicando que la causa del aumento de la intensidad y la frecuencia de los ciclones tropicales es el calentamiento global. El IPCC (página 6) dice que los datos no permiten ver tendencias a largo plazo en la intensidad o frecuencia de los huracanes o tifones ni permiten relacionarlas con las emisiones de $CO_2$. Es más, al tomar tierra, el *Katrina* era un huracán menor de fuerza 3-4 en una escala de 5. La razón por la que fue devastador no fue su inusual potencia, sino el hecho de que reventó unos diques de contención deteriorados por el tiempo. La ironía es que hacía años que los científicos estaban avisando al gobierno de que cualquier huracán que pasara por encima de los viejos diques podría romperlos y causar una catástrofe. Digo que es una ironía porque ¿adivinan quién era el vicepresidente del gobierno que decidió ignorar esos consejos y no reparar los diques? La respuesta, señor Gore, sí es una verdad incómoda.

*La Vanguardia*, 10 de febrero de 2007

# Cambio climático (II):
## mezclar ciencia y política

¿Recuerdan aquello de que el siglo XX ha sido el más cálido del último milenio, la década de los noventa la más cálida del siglo XX y el año 1998 el más cálido de la década? Ésa fue la frase estrella del informe del Grupo Intergubernamental del Cambio Climático (IPCC) de la ONU en 2001, la frase que hizo cambiar el debate sobre el calentamiento global. Ocupaba un puesto preeminente en la primera página del informe e iba acompañada de un gráfico que mostraba unas temperaturas extremadamente estables entre los años 1000 y 1900, que luego se disparaban hasta llegar al máximo en 2000. Era la prueba definitiva de que el siglo XX era anormal y, por lo tanto, de que el calentamiento estaba causado por el hombre.

La frase, repetida millones de veces durante cinco años, se utilizó para desacreditar a los herejes que habían osado decir que las temperaturas podían estar mostrando una recuperación natural después de la pequeña glaciación medieval. Al no mostrar ninguna glaciación medieval, el gráfico era convincente y demoledor, aunque tenía un pequeño defecto: ¡era mentira!

Los datos fueron construidos por Mann, Bradley y Hughes quienes, con los grosores de anillos de los árboles, la densidad de los corales e isótopos atrapados en los hielos glaciares y a través de un complejo método estadístico, reconstruyeron las temperaturas globales durante los últimos mil años. En 2003, los canadienses McKitrick y McIntyre descubrieron errores fundamentales en el trabajo de Mann que, una vez corregidos, revelaban que las temperaturas durante el siglo XIV habían sido más altas que las actuales. El siglo XX ya no era una anormalidad y la afirmación estrella del IPCC quedaba en entredicho.

Mann y sus colegas reaccionaron y empezó una lucha de titanes científicos. Había tanto en juego que en 2006, el National Research Council de Estados Unidos formó un comité de expertos liderados por el presidente de la Academia Nacional de las Ciencias Estadísticas Edgard Wegman para investigar el tema. Además de reñir a los paleoclimatólogos por utilizar técnicas estadísticas que no dominaban, el comité fue categórico: «el análisis científico no sustenta la afirmación de que el siglo XX, la década de los noventa y el año 1998 son los más cálidos del milenio». A pesar de que el IPCC había otorgado un convencimiento de entre el 66% y el 90% sobre la veracidad del trabajo de Mann, tanto el gráfico como la famosa frase han desaparecido del informe 2007.

Todo esto lo explico no sólo para recordar una vez más que podría ser que el calentamiento global del siglo XX fuese una oscilación natural que poco tiene que ver con las emisiones de $CO_2$, sino para advertir que cuando el IPCC afirma que hay consenso entre científicos sobre algo, puede ser que ese algo acabe resultando ser falso o que cuando dice que existe un convencimiento del 90%, ese convencimiento puede desaparecer en menos de cinco años.

Dicho esto, el IPCC acaba de hacer público un nuevo documento mucho más comedido, en el que dice que hay consenso y convencimiento sobre lo siguiente:

1) La cantidad de $CO_2$ en la atmósfera es más alta ahora que antes de la revolución industrial. 2) La temperatura media del planeta ha subido unos 0,74 grados durante el último siglo. La mitad de ese aumento se produjo antes de 1940. 3) Las temperaturas han subido en todos los continentes excepto la Antártida. 4) La masa de hielo en el Ártico ha bajado y algunos glaciares están remitiendo, aunque la cantidad de hielo en la Antártida ha aumentado. 5) El nivel del mar ha subido 18 cm en 100 años.

¿Y qué hay de la nueva frase estelar del informe IPCC-2007: «tenemos un convencimiento del 90% de que la mayor parte del calentamiento está causado por la acción humana»? Si el IPCC dice que están convencidos en un 90% yo me lo creo. Ahora bien, aquí todo se complica porque una cosa es medir temperaturas y otra establecer causalidad. Sabemos que la teoría del efecto invernadero es cierta: emitir $CO_2$ y dejarlo en la atmósfera contribuye al calentamiento del planeta. También sabemos que las temperaturas han fluctuado históricamente por razones naturales. A partir de aquí, para saber qué proporción del calentamiento es natural y qué parte está causado por las emisiones, los climatólogos utilizan complejos modelos matemáticos con los que, esencialmente, calculan cuál habría sido el aumento de temperaturas si no hubiera habido emisiones y lo comparan con el aumento observado de temperaturas. Al no poder explicar los modelos todo el calentamiento con causas naturales, una parte debe haber sido causada por las emisiones. Noten ustedes que para que esta conclusión sea fiable es fundamental que el modelo matemático sea correcto. Y aquí es donde existe gran incertidumbre entre los científicos.

Supongo que es esa incertidumbre sobre los complejos mecanismos que determina el clima la que ha llevado a los autores del informe del IPCC-2007 a no especificar qué parte del aumento de 0,74 grados está causada por el hombre, por lo que, en realidad, nos está diciendo que tienen una seguridad del 90% de que saben bien poco.

En 2001, el IPCC se apresuró a publicar y a defender una frase estrella que resultó ser falsa y eso dañó su credibilidad y la de la comunidad científica. En 2007, el IPCC ha enmendado su error, lo que ciertamente le honra, y ha adoptado una posición mucho más seria y honesta. En un asunto de tanta importancia como el clima, es crucial que el IPCC mantenga su credibilidad y no vuelva a mezclar ciencia y política.

*La Vanguardia*, 10 de marzo de 2007

## Cambio climático (III):
## a la vuelta de la esquina

A finales del siglo XIX, la humanidad se enfrentaba a un serio problema medioambiental: el estiércol. La población urbana se disparaba y, dado que el medio de transporte principal eran los coches de caballos, los excrementos se acumulaban peligrosamente en la ciudad causando hedor, enfermedades respiratorias y fiebres tifoideas. Los sabios, que proyectaban una explosión demográfica a lo largo del siglo XX, predijeron una crisis ecológica sin precedentes.

Han pasado cien años y el miedo a morir sepultados por boñigas ecuestres se ha evaporado. Los que no han desaparecido son los augures de la desgracia. Es como si tuvieran su propia ley de la termodinámica: ellos ni se crean ni se destruyen, sólo se transforman. En su actual encarnación, los catastrofistas (cuyo exponente más conocido es el actor Al Gore) nos dicen que el planeta se calentará tanto que el nivel del mar subirá 7 metros provocando inundaciones masivas y hecatombes varias.

Los científicos serios, cuya opinión intenta resumir el informe del Grupo Intergubernamental del Cambio Climático de la ONU (IPCC), son mucho menos dramáticos. Por ejemplo, sobre la subida del nivel del mar (que es el tema potencialmente más peligroso para el hombre), durante los noventa se decía que subiría un metro, en el informe de 2001 dijo que serían 49 cm y el de 2007 dice que el aumento medio será sólo de 34 cm. Parece que, a medida que los conocimientos mejoran, las predicciones científicas son cada vez menos pesimistas, cosa que contrasta con la creciente histeria de los profetas de la calamidad.

Ustedes se preguntarán: Y todo esto, ¿cómo lo saben? Los catastrofistas simplemente se lo inventan, por lo que deben ser ignorados. ¿Y los científicos? Pues la verdad honesta es que... tampoco lo saben: lo proyectan con complicados modelos matemáticos.

Para que las predicciones de esos modelos sean acertadas se necesitan dos elementos. El primero, un modelo matemático correcto. Sobre la fiabilidad de éstos no voy a opinar porque no soy climatólogo, pero los mismos climatólogos confiesan que sus modelos actuales son muy imperfectos ya que el clima depende de muchos factores que no acaban de entender con precisión. El mismo gráfico 2 del IPCC-2007 confiesa que el nivel de comprensión científica de los efectos de la radiación solar, el vapor o los aerosoles es *bajo*.

Pero aunque los modelos fueran correctos, acertar en las predicciones requiere un segundo elemento: saber cuántos gases de efecto invernadero va a haber en la atmósfera durante el siglo XXI. Y aquí es cuando abandonamos el terreno de las ciencias del clima y entramos en el de la especulación económica. Entre otras cosas, hay que saber cuál será el crecimiento de la población, su nivel de renta, su composición sectorial (la industria, por ejemplo, emite más que los servicios) o la tecnología que se utilizará para producir esa renta o para *secuestrar* el $CO_2$ previamente emitido. No hace falta decir que la capacidad de los economistas (e insisto que yo no soy climatólogo) de predecir esos factores a cien años vista con algún tipo de fiabilidad es, digamos..., ¡nula!

Y como el IPCC sabe que no hay fiabilidad, lo que hace es simular diferentes escenarios: en uno la población (y por lo tanto las emisiones) crece mucho, en otro poco; en uno nos hacemos ricos, en otro no; en uno seguimos utilizando petróleo, en otro no, etc. Luego utilizan diferentes modelos para estimar los aumentos de temperaturas según cada uno de esos escenarios y los hace públicos en su informe.

La ONU piensa que con eso soluciona el problema, pero se

equivoca: las predicciones sólo son realistas si los escenarios son realistas y algunos claramente no lo son. Por ejemplo, en el escenario llamado A2 se hace el supuesto de que la renta de los países pobres crecerá hasta los niveles que actualmente tenemos los ricos y que, a pesar de ello, la población mundial seguirá aumentando hasta alcanzar los 15.000 millones de personas. Eso es muy poco probable ya que cuando sube la renta la natalidad baja, como demuestra la experiencia de España y Europa en las últimas décadas.

Otro ejemplo: en el escenario A1FI, se proyecta que la renta per cápita mundial subirá desde los 3.900 dólares actuales hasta los 75.000 y que, a pesar de ello, seguiremos utilizando las mismas tecnologías intensivas en petróleo y carbón. Eso es muy poco probable ya que la mayor riqueza incrementará la demanda de esos recursos y, en consecuencia, su precio subirá (miren, si no, lo que ha pasado en los últimos años a raíz del crecimiento de China). Eso hará que la gente pase a utilizar aparatos que gasten menos (miren cómo bajó la demanda de 4×4 en Estados Unidos cuando el petróleo se puso a 70 dólares/barril) y que las energías alternativas que ya existen pasen a ser rentables y sustituyan a las fósiles.

Lo interesante es que estos dos escenarios tan poco probables desde el punto de vista económico son los que proyectan los aumentos más dramáticos de temperaturas y del nivel del mar. Claro que incluso los escenarios más razonables son poco fiables ya que incurren en el mismo error que cometieron los sabios del siglo XIX: ignoran las innovaciones que se van a producir a lo largo del siglo y que ahora no podemos ni imaginar. Al fin y al cabo, en 1900 no sólo nadie soñó que durante el siglo XX aparecerían el teléfono móvil, internet, los transbordadores espaciales o el biquini, sino que fueron incapaces de ver que el automóvil —que a la postre fue la solución al problema del estiércol urbano— estaba a la vuelta de la esquina.

*La Vanguardia*, 17 de marzo de 2007

# Cambio climático (IV): el tipo de interés

Imaginen que una constructora les enseña un estudio que demuestra que su casa se va a derrumbar dentro de cien años y les hace una oferta: ustedes y sus descendientes pagarán 3.000 euros al año durante un siglo; a cambio, la empresa irá haciendo obras para evitar tener que reconstruir la casa dentro de cien años, cosa que tendría un coste estimado de 500.000 euros. ¿Piensan que es una buena oferta?

La respuesta es... ¡depende de los tipos de interés! Fíjense en que la constructora les está proponiendo ahorrar 3.000 al año durante cien años a cambio de una casa valorada en unos 500.000 euros dentro de un siglo. Para saber si la oferta es buena, deben estimar cuánto dinero tendrían sus hijos si, en lugar de aceptarla, ustedes depositan los 3.000 euros anuales en un fondo de inversión. Si el fondo da un interés del 0%, dentro de cien años sólo habrá 300.000 euros en la cuenta. Como la constructora ofrece una casa valorada en 500.000, la oferta es atractiva. Pero si, como es más realista, los intereses son, digamos, un 6%, entonces invirtiendo 3.000 euros al año sus descendientes tendrán más de 18 millones en su cuenta. En este caso, la oferta de la constructora es mala y solamente sería atractiva si una casa en 2100 costara 18 millones de euros.

Este ejemplo refleja un principio económico importante llamado «principio del descuento»: cuando el tipo de interés es realista, sólo vale la pena sacrificar hoy cantidades importantes de dinero para prevenir catástrofes lejanas si éstas son extraordinariamente costosas.

Les explico esto porque el mismo principio debería guiar las decisiones sobre el cambio climático (CC) ya que, según los científicos serios, los costes de dicho cambio no se van a notar en décadas o quizá siglos. El principio del descuento sugiere que propuestas como el protocolo de Kioto, que comporten gastos elevados en el presente, no deberían adoptarse a no ser que los costes del CC se prevean descomunales. Ésa es la conclusión a la que llega la mayoría de los estudios como los de William Nordhaus, de la Universidad de Yale.

Un artículo reciente del profesor británico Nick Stern contradice todos esos trabajos y concluye que deberíamos gastar hasta un 15% de nuestro PIB para evitar el CC. A pesar de que Nordhaus y Stern utilizan los mismos modelos de evaluación del impacto económico del CC que estiman que los costes del CC en la actualidad son esencialmente cero y que se acercarán al 3% del PIB dentro de cien años, sus conclusiones son diametralmente opuestas. ¿Cómo se explica la diferencia? Respuesta: ¡otra vez los tipos de interés! Como en el ejemplo de la empresa constructora, cuando se usa el 0% (el caso de Stern) se concluye que vale la pena gastar mucho hoy para evitar el desastre y cuando se utiliza el 6% (Nordhaus), no. Así de simple.

La pregunta, pues, es: ¿qué tipo de interés deberíamos utilizar para tomar decisiones racionales sobre el CC? Los ecologistas usan un argumento de tipo ético para defender la aplicación del 0%: descontar el futuro, dicen, es dar menos peso o menos valor, a generaciones futuras y eso es una injusticia. Este argumento es atractivo... aunque muy debatible. Por ejemplo, el principio de justicia de Rawls requiere dar más importancia a las personas más desfavorecidas. Stern acepta este criterio cuando compara regiones del mundo, ya que da mayor peso a África porque es pobre. En una incomprensible pirueta intelectual, sin embargo, Stern no aplica la misma regla cuando compara generaciones. Al fin y al cabo, nuestros hijos no sólo van a heredar un planeta más caliente. También heredarán una tecnología y unas instituciones que les van a permitir ser mucho más ricos que nosotros. De hecho, las propias simulaciones de Stern y del IPCC suponen tasas de crecimiento de cerca del 2,5% que implican que la gente en el 2100 será entre 15 y 25 veces más rica que nosotros. Si es de justicia rawlsiana dar más peso a los africanos porque son pobres, entonces uno tiene que dar más importancia a las generaciones presentes porque también son pobres con relación a las futuras. Es decir, es de justicia aplicar un tipo de interés a la hora de evaluar costes intergeneracionales, por lo que las conclusiones de Stern están equivocadas.

Para que se hagan ustedes una idea de lo que significa esto: suponiendo que el protocolo de Kioto consiguiera eliminar futuras catástrofes climáticas y si el tipo de interés fuera del 6%, la tasa de crecimiento del 2,5% y los costes del CC se manifiestan dentro de cien años, solamente valdría la pena implementar Kioto (cuyo coste anual estimado es del 1% del PIB mundial) si las pérdidas ocasionadas por el cambio climático dentro de cien años fueran del 33% del PIB anual. Las peores predicciones de los más catastrofistas hablan de pérdidas diez veces más pequeñas que eso. Conclusión: el protocolo es una idea terrible.

Estos cálculos se han hecho bajo el supuesto de que Kioto acaba eliminando totalmente el riesgo de catástrofes. El problema para los defensores del protocolo es que ni siquiera eso es verdad. De hecho, se estima que si no hacemos nada, el aumento de temperaturas será de 2,8 grados en cien años. Y si implementamos Kioto, las temperaturas aumentarán en 2,8 grados no dentro de cien sino de... ¡106 años!

¿Vale la pena sacrificar el 1% del PIB (500.000 millones de euros) cada año (repito, cada año) durante cien años para posponer el calentamiento sólo seis años? La respuesta es no: malgastar dinero para no conseguir casi nada es una mala idea, sea cual sea el tipo de interés.

*La Vanguardia*, 11 de abril de 2007

# Cambio climático (V): entre unos y otros

En el debate sobre el cambio climático hay tres tipos de actores: en un extremo está una minoría que niega la evidencia científica del calentamiento global. En el otro extremo está una gran cantidad de gente que exagera los hechos científicos demostrados, que toma las predicciones basadas en modelos poco fiables como si fueran verdades inapelables, que atemoriza a la población augurando cataclismos varios, que insulta y desacredita a los discrepantes y que, después de cada tormenta, demanda irreflexivamente la implementación del protocolo de Kioto. Y a mitad de camino entre unos y otros existe gente que intenta analizar el problema racionalmente, separando lo que dicen realmente los informes científicos de la propaganda y, sobre todo, intenta utilizar el sentido común para diseñar políticas adecuadas. Es precisamente cuando el planeta se calienta cuando hay que mantener la cabeza fría y no dejarse llevar por el pánico o por la histeria de los extremistas.

En el artículo anterior expliqué que los enormes gastos que comportaría la implementación directa del protocolo de Kioto no compensan los reducidos beneficios que obtendremos dentro de cien años. ¿Quiere decir eso que no debemos hacer nada? No necesariamente. Lo que sí quiere decir es que: a) debemos invertir en cosas más productivas y b) si decidimos reducir emisiones, debemos hacerlo de la manera más barata posible.

La inversión más productiva relacionada con el medio ambiente es, sin lugar a dudas, el I+D. Dicen los expertos que hay tres áreas prometedoras en las que investigar. La primera es la de las energías alternativas. Aquí tenemos un ejemplo del perjuicio que puede causar el delirio de los radicales: los científicos dicen que la fusión nuclear, que dará energía limpia e ilimitada, aún tardará cincuenta años. Al exagerar los catastrofistas la urgencia del problema, nuestros líderes están abandonando la investigación en fusión nuclear porque creen que llegará demasiado tarde. Y eso es un grave error.

Una segunda línea prometedora es la de limpiar el $CO_2$ ya emitido como hacen los árboles con su función clorofílica. Se está progresando en el tema del secuestro de $CO_2$ pero todavía estamos lejos. La tercera línea es el almacenamiento de energía. Fíjense en la cantidad de energía natural —solar, eólica, mareas, tormentas, etc— que desaprovechamos simplemente porque no tenemos buenas baterías donde almacenarla. De hecho, el problema actual de las energías renovables no es que sean caras, sino que no son fiables porque no se generan cuando se necesitan sino cuando quiere la naturaleza. Si pudiéramos acumularlas cuando sopla el viento o luce el sol para utilizarlas cuando son necesarias, el problema se habría acabado.

En cuanto a la política de reducir emisiones, existen tres alternativas. La primera, que es la que proponía Kioto originalmente, es la regulación: el Estado asigna arbitrariamente unas cuotas de emisión y se pone en la cárcel a quien emita más de lo permitido. Imaginen que hay dos empresas, A y B, que emiten $CO_2$ y que, para A, el coste de reducir emisiones es muy bajo mientras que para B es prohibitivo. Si se obliga a las dos a reducir las emisiones en 50 toneladas (tm) cada una, quizá la empresa B tenga que cerrar, cosa que supondría importantes pérdidas económicas y aumento del paro. Se estima que hacer eso costaría el 5% del PIB mundial cada año.

La segunda es la que ha adoptado la Unión Europea: también se asignan cuotas de emisión pero se deja que las empresas compren y vendan esas cuotas. Si se permite que la empresa B le pague a la A un dinero para que ésta reduzca 100 tm en lugar de

50 tm, la reducción total de emisiones será la misma, pero los costes económicos serán mucho menores porque el ahorro lo hace la más eficiente. Se calcula que el coste de esa estrategia es del 1% del PIB anual.

La tercera vía es la que propone un creciente número de economistas que el profesor de Harvard Greg Mankiw llama el club de Pigou en honor al francés Arthur Cécil Pigou. La idea es aumentar los impuestos sobre productos que emiten $CO_2$ —por ejemplo la gasolina, el petróleo o el carbón— y, a cambio, reducir otros impuestos distorsionadores. Si el tipo impositivo es suficientemente alto, la empresa A (que, recuerden, es la eficiente) evitaría pagar esas tasas a base de reducir sus emisiones en 100 tm. A la empresa B le saldría a cuenta no reducir emisiones y pagar los impuestos. Fíjense en que la reducción global sería la misma que con las cuotas pero con una gran diferencia: con las cuotas, el dinero que paga B se lo queda la empresa A, mientras que con el impuesto, el dinero se lo queda el Estado. Y aquí está el truco de la propuesta: el Estado debe compensar las distorsiones causadas por la nueva tasa rebajando otros impuestos que ahora perjudican la actividad económica como el IRPF. ¿Resultado? Las emisiones se reducen exactamente igual que con las cuotas, pero el impacto económico negativo es mucho menor.

Un aviso: para que esta estrategia de sustitución de impuestos funcione, es importante asegurarse de que los políticos realmente utilizan la recaudación del impuesto pigouviano sobre el $CO_2$ para rebajar el IRPF —y reducir así los costes de la política medioambiental— y no para aumentar el gasto y satisfacer su conocida avidez fiscal y electoralista.

Sea como sea, existe un gran espacio para el debate medioambiental sereno y sosegado, lejos de la histeria de los extremistas de ambos lados y de las constantes amenazas y los insultos que profieren entre unos y otros.

*La Vanguardia*, 17 de abril de 2007

## Cambio climático (y VI): no es nuestra prioridad

Al Gore afirma que evitar el cambio climático (CC) no es una cuestión de política sino de moral. Es nuestra obligación ética, dice, dejar a nuestros hijos un planeta mejor.

La utilización de conceptos de moral y ética en el debate sobre el CC indica que algunos analizan el problema del calentamiento global no tanto desde la ciencia como desde la religión. En un discurso pronunciado en la universidad en California, Michael Chrichton equiparó al movimiento ecologista con una nueva religión, ya que hablaba de la irrupción del hombre en el paraíso terrenal con un pecado original contaminador llamado revolución industrial y que prometía la salvación eterna si se cumplían los mandamientos revelados en Kioto. A mí también me da la impresión de que algunos radicales del CC apuntan tics sacerdotales. Pero, a diferencia de Chrichton, no lo digo por el contenido de sus ideas, sino por la forma como las defienden, que a menudo recuerda a los tribunales de la Santa Inquisición. Por ejemplo, antes de siquiera entrar en debate, acusan a los que discrepan de estar al servicio, no del demonio, sino de Exxon (que me parece que es mucho peor) o de ser *neocons* pagados por el satánico Bush. Llaman negacionistas a los que no comulgan con sus ideas, equiparándolos con los nazis que niegan el Holocausto. Exigen censura a los medios de comunicación para acallar a los que se desvían del catecismo oficial. Piden que se silencie a los ignorantes que no tengan un título de Física, aunque el debate sea más un tema de estadística y economía que de climatología. Culpan a los sacrílegos de querer destruir el planeta e incluso los denuncian por no amar a sus hijos. Y claro, todo esto lo hacen sin aportar pruebas, porque los poseedores de la verdad absoluta nunca han necesitado pruebas para condenar al hereje a la pira purificadora. Les basta con hablar, como Torquemada, desde una supuesta superioridad moral.

A mí, la verdad, todo esto me parece bastante cómico. Una sociedad sana debe debatir los temas importantes de manera abierta y civilizada, sin actitudes inquisidoras. Les diré incluso que estoy de acuerdo con Al Gore cuando dice que tenemos la obligación ética de dejar un planeta mejor a nuestros hijos. Pero un planeta mejor no quiere decir un planeta más frío. Un planeta mejor es (también) un planeta sin pobreza. O un planeta sin sida o malaria, un planeta sin malnutrición, un planeta donde todo el mundo tenga acceso a la educación y al agua potable, un planeta sin guerras, corrupciones políticas o gangsterismo.

Y dado que hay muchas maneras de mejorar nuestro mundo, el debate debería centrarse en cómo priorizar a la hora de hacerlo y no en quién ostenta la superioridad moral.

Sí, ya sé que algunos dirán que no hace falta priorizar porque luchar contra el cambio climático no impide luchar también contra la pobreza. Pero eso es falso. Las restricciones presupuestarias existen, y cuando un gobierno dedica dinero o capital político a luchar contra el calentamiento, no puede dedicar esos medios a la cooperación internacional. Del mismo modo, cuando una empresa dedica recursos de responsabilidad social a mejorar el medio ambiente, no los dedica a promocionar infraestructuras de agua en África.

Y no. No vale decir que luchar contra el CC va a generar mayor crecimiento, porque la verdad es que reducir el $CO_2$ va a costar mucho dinero. Tampoco vale decir que luchamos contra el calentamiento para evitar que los africanos se queden sin agua dentro de cien años, porque los africanos no tienen agua hoy: en la actualidad ya hay dos millones de niños que mueren de diarrea cada año por falta de agua potable. Si todo esto lo hacemos para ayudar a los pobres, solucionemos primero los problemas de los pobres de hoy y después ya ayudaremos a los de dentro de un siglo.

La pregunta clave del debate del CC es, pues: si priorizáramos de manera racional, con información experta y sin las histerias generadas por películas de Hollywood, ¿qué problema de los muchos que tiene el mundo deberíamos atacar primero? Existe un grupo en Dinamarca llamado Consenso de Copenhague que ha intentado responder a esa pregunta. Primero reunió a un grupo de sabios que incluían a varios premios Nobel con los más expertos defensores de dar prioridad a la lucha contra el CC y pidió a éstos que expusieran sus ideas, sus razonamientos y sus evaluaciones de costes y beneficios de solucionar el problema. Luego hizo lo mismo con los que querían priorizar la lucha contra el hambre, la erradicación de la malaria, el acceso al agua potable y así hasta diecisiete problemas de primer orden mundial. Una vez escuchados todos los expertos, se pidió a los sabios que establecieran un orden de prioridades. El resultado: la lucha contra el sida y la malaria encabezaban la lista y les seguían la pobreza y la malnutrición, las barreras arancelarias que impiden a los países pobres comerciar y crear riqueza, el acceso al agua potable y la educación. Lo interesante es que el cambio climático ocupaba la última posición.

El Consenso de Copenhague repitió el experimento con veinticuatro embajadores de las Naciones Unidas y con un grupo de jóvenes, representantes de las generaciones futuras. En ambos casos los resultados fueron idénticos: puede que el calentamiento global sea un problema importante. Pero no es el único problema importante al que se enfrenta la humanidad. Una vez se comparan las urgencias y las necesidades, los costes y los beneficios, los pros y los contras, la lucha contra el cambio climático no es nuestra prioridad.

*La Vanguardia*, 10 de mayo de 2007

# El premio Nobel de la Paz

Enero de 1982: una joven guatemalteca de ascendencia maya llamada Rigoberta Menchú Tum se reúne en París con la escritora francesa de origen venezolano Elisabeth Burgos. De las conversaciones que mantienen durante dos semanas sale el libro *Me llamo Rigoberta y así me nació la conciencia*, que narra la trágica historia de la joven.

El libro explica que Rigoberta era hija de campesinos pobres que cobraban salarios miserables trabajando en condiciones de esclavitud en las plantaciones de café propiedad de ladinos (blancos descendientes de colonos españoles). La pobreza impidió que Rigoberta fuera al colegio y sólo aprendió español unos meses antes de ir a París. Un día, los guardaespaldas del terrateniente apalearon a su padre, Vicente Menchú, por defender a los campesinos mayas. A raíz de esa paliza, Vicente empezó un movimiento de liberación. El gobierno capturó a su hijo, Petrocinio, que fue torturado y quemado vivo delante de todo el pueblo, con su pequeña hermana como testigo principal. Luego el padre lideró una masiva manifestación de protesta que fue aplastada nada más llegar a la capital. Rigoberta se escapó a México, desde donde lideró el movimiento revolucionario. La historia era tan conmovedora que, en 1992, Rigoberta fue galardonada con el premio Nobel de la Paz.

En 1999, el antropólogo David Stoll investigó los hechos. Resulta que la familia Menchú era una familia relativamente rica, propietaria de 28 kilómetros cuadrados de tierra. Vicente, el padre, nunca tuvo que trabajar para los ladinos. Es más, no fue apaleado por los guardaespaldas del terrateniente sino por los hermanos de la madre, los Tum, otra dinastía rica que se disputaba la tierra con los Menchú. Tampoco es cierto que la pequeña Rigoberta no tuviera estudios: fue a la escuela de las monjas blancas y allí aprendió español muchos años antes de ir a París. Y aquello de que Petrocinio fuera quemado vivo también era invención: nadie en el pueblo recuerda que la policía incendiara al hermano de Rigoberta. Lo que sí es cierto es que un día éste desapareció y no se lo ha vuelto a ver, aunque testigos aseguran haberlo visto en Nueva York.

Tras la publicación del libro, Rigoberta acusó a Stoll de estar al servicio de la dictadura guatemalteca. Pero acabó confesando que mucho de lo que explicaba en su libro era una fabricación de la escritora: Elisabeth Burgos resultó ser una militante de diferentes causas rebeldes en Sudamérica, casada con Régis Debray, un revolucionario francés amigo del Che. Una vez desenmascarada la farsa, muchos han pedido que se le retire el premio Nobel a Rigoberta (como las medallas olímpicas a Marion Jones) pero, hasta la fecha, eso no ha sucedido.

Y es que, año tras año, el Comité Nobel de la Paz nos defrauda premiando a alguien que ha violado flagrantemente los principios pacifistas defendidos por Alfred Nobel o que no ha hecho nada para defender la paz. Según los estatutos, el premio Nobel de la Paz se otorga al individuo o grupo que más haya trabajado por la fraternidad de las naciones, por la abolición de los ejércitos o por la promoción de congresos de paz. Si preguntamos a la gente de la calle qué persona del siglo XX mejor encarnó estos principios, seguramente la mayoría señalaría a Mahatma Gandhi. Pues bien, Gandhi nunca ganó el premio Nobel de la Paz.

En cambio, sí han sido galardonados conocidos terroristas o líderes que han luchado por sus causas a través de la violencia: desde Yasir Arafat (que siempre apareció ante el público con su uniforme militar) hasta Henry Kissinger (instigador del golpe de Estado de Pinochet y que contribuyó a finalizar la guerra de

Vietnam más por necesidad de política interna que por convicción pacifista) pasando por Anuar el Sadat (conocido por eliminar a enemigos políticos a través de «accidentes» aéreos) o la propia Rigoberta Menchú (quien, a diferencia de Gandhi, promueve una revolución indígena violenta contra los blancos).

Entre los galardonados por defender causas que no tienen relación con la paz tenemos al ganador del año pasado, Muhammad Yunus, que creó un banco para dar crédito a los pobres; Wangari Maathai, que ganó por defender la sostenibilidad en Kenia, o Médicos Sin Fronteras por su labor humanitaria. La erradicación de la pobreza, la defensa de los árboles y la salud pública son causas extraordinariamente nobles... pero no tienen nada que ver con los objetivos del Nobel de la Paz.

Lo que nos lleva al premio de 2007 concedido a Al Gore y al IPCC de la ONU por su labor en la creación y diseminación del conocimiento sobre el cambio climático. ¿Qué han hecho para merecer este premio? La respuesta es que no han hecho nada. Absolutamente nada. Evitar el calentamiento del planeta puede ser muy importante, pero ni Al Gore ni el IPCC han trabajado por la fraternidad de las naciones, ni la abolición de los ejércitos ni han promovido congresos de paz.

Lo peor es que Al Gore comparte con Rigoberta Menchú su afición por fabricar historias. Y eso no lo digo yo, lo dice el otro ganador del mismo premio, el IPCC, cuyas aportaciones científicas demuestran que hasta nueve de las más dramáticas afirmaciones hechas por Gore en su documental son exageraciones que faltan a la verdad.

El premio de este año es, pues, una nueva farsa que reduce más, si cabe, el poco prestigio que le queda a la Fundación Nobel. Por favor, que alguien acabe con esta fantochada y elimine las instituciones que conceden premios con motivaciones políticas empezando, cómo no, por el Nobel de la Paz.

*La Vanguardia*, 17 de octubre de 2007

## La separación de la basura

Hace unas semanas se produjo en China una curiosa epidemia de enfermedades de transmisión sexual. Curiosa, porque la causa no fue, como cabría esperar, el desenfreno carnal sino unas gomas de cabello. Sí, sí. Unas gomas de cabello que, al parecer, habían sido hechas con... (por favor no se rían): ¡condones reciclados!

Y es que el último grito en moda medioambientalista pide que compremos papel reciclado, que pongan cánones a las bolsas de plástico del supermercado, que usemos botellas de cristal y, ¿cómo no?, que separemos las basuras en contenedores de colores.

La idea del reciclaje no es nueva. Nuestros antepasados lo hacían porque al ser tanta la escasez en la que vivían, valía la pena reutilizarlo casi todo. Durante los dos últimos siglos los costes de producción se han reducido mucho. Para muchos productos, eso ha significado que sea más barato tirarlos una vez utilizados que lavarlos, reciclarlos y volverlos a usar. Paralelamente a este progreso tecnológico han aparecido unos grupos de presión a los que les disgusta que la gente tenga la libertad de desechar lo que le plazca y eso ha hecho que, desde el punto de vista del reciclaje, los productos del mundo se dividan hoy en cuatro grupos.

Primero están los bienes que reciclamos voluntariamente: las cuberterías de acero inoxidable, los platos de duralex (no los de papel) o la ropa son ejemplos de bienes que todos preferimos lavar y reutilizar. Fíjense que para que la gente recicle este tipo de productos no hacen falta ni regulaciones, ni cánones, ni propaganda institucional.

En el otro extremo están los productos que nadie quiere reciclar como el papel higiénico. En este grupo también hay bienes que nuestros abuelos reciclaban y nosotros, al tener alternativas mejores, no, como los pañales de los bebés o las compresas femeninas (que antiguamente eran de tela y se reutilizaban tras un lavado).

El tercer grupo de bienes son los que no se reciclarían si no fuera por el marketing medioambiental. Perdón. No es marketing. Son «campañas» de sensibilización. En este grupo está el papel: durante el «día de la tierra» los maestros llevan a los niños de excursión a la montaña y, tras plantar un bonito árbol, les explican que cada vez que pintan un folio, están matando a una criatura tan preciosa como la que acaban de plantar. Independientemente de los daños psicológicos que sufren los pobres chavales cada vez que hacen los deberes, nadie les explica que el papel proviene de árboles plantados expresamente para ser transformados en papel. Reciclar papel para salvar a los árboles tiene tanto sentido como reciclar pan para salvar al trigo o reciclar boniatos para salvar... a otros boniatos.

En cualquier caso, para los árboles (que no para los pobres boniatos) la propaganda tiene tanto éxito que alguna gente está dispuesta a pagar por un papel de ínfima calidad, lo que hace que algunas empresas tengan incentivos a reciclarlo.

El cuarto y más problemático grupo incluye aquellos bienes que no se reciclan voluntariamente ni siquiera después de «campañas de sensibilización» pero a los que los medioambientalistas no renuncian. Aunque últimamente está creciendo la popularidad del canon a las bolsas de plástico, el producto estrella aquí todavía es la basura: esa basura que debe separarse en preciosos contenedores de colores. Dado que los ciudadanos normales no separarían la basura por iniciativa propia porque el coste de hacerlo es demasiado alto y el beneficio nadie sabe dónde está, los activistas recurren al Estado para que nos obligue bajo amenaza de multas y sanciones. Además, crean un cuerpo de vigilantes de bazofias para perseguir a quien utilice el contenedor equivocado, obligan a las empresas a llevar «contabilidades de residuos» y aparecen consultores (que, lógicamente, son los propios medioambientalistas) que cobran por asesorarnos sobre cómo cumplir con el reglamento.

A pesar de su popularidad, nadie ha demostrado que los costes de separación de basuras (que incluyen las molestias que sufrimos los ciudadanos, el espacio que ocupan tantos contenedores en casas de 50 m² y los gastos de recogida selectiva de residuos) sean inferiores a los beneficios sociales asociados a algún tipo de misteriosa externalidad que nadie ha conseguido medir. De hecho, hay evidencia de que la separación en casa es ineficiente hasta el punto que cada vez son más los ayuntamientos y las empresas de recogida que deciden separar los desechos ellos mismos, un fenómeno que en Estados Unidos se llama *single stream recycling*. La empresa texana Waste Management, encargada de recoger la basura de 20 millones de familias, hace tiempo que se ha pasado al *single stream*, a pesar de que este método los obligue a pagar unos costes de separación que en el sistema tradicional asumen los ciudadanos en casa.

Antes de que el *establishment* de la corrección política me condene a la pira purificadora, déjenme clarificar que no estoy sugiriendo que la gente no tenga derecho a reciclar. La gente tiene derecho a practicar los rituales que crean que mejor los acercan a sus dioses, sean éstos cristianos, musulmanes, paganos o medioambientales. Lo que es inaceptable es que alguna de estas religiones nos obligue a los infieles a participar en sus liturgias simplemente porque no creemos en ellas. Garantizar nuestra libertad manteniendo la separación entre Estado e Iglesia (y eso incluye a la iglesia medioambientalista) es mucho más importante para nuestro bienestar que la separación de la basura.

*La Vanguardia*, 17 de enero de 2008

# 5

# Estado del bienestar

## Catástrofes imaginarias

El pasado 29 de mayo, Bernard Cassen (director general de *Le Monde Diplomatique* y presidente de Attac) y yo nos enfrentamos en un debate sobre la globalización. En su discurso inicial, él presentó un panorama devastador, llegando a pronunciar las palabras «catástrofe» y «desastre» hasta 21 veces en 20 minutos: «La globalización neoliberal salvaje —¡no se olviden lo de salvaje!— de las dos últimas décadas —dijo— está llevando al mundo a una situación calamitosa».

Mi intervención consistió en presentar datos que demuestran que la fracción de la población mundial que vive bajo los umbrales de pobreza ha disminuido, que el número de pobres ha bajado entre 250 y 450 millones de personas y que las desigualdades de renta en el mundo se habían reducido desde 1980. También mostré que, en los países que habían introducido mercados y se habían abierto a las fuerzas de la globalización, la pobreza había disminuido entre 300 y 500 millones de personas, mientras que los que se habían cerrado vieron como el número de pobres subía entre 80 y 90 millones.

La reacción del señor Cassen fue sorprendente por tres razones. La primera es que, lejos de intentar desacreditarme o insultarme, se comportó como un caballero y aceptó mis estimaciones. La segunda es que bajó el tono de su discurso (en su segunda intervención, que duró otros veinte minutos, no pronunció las palabras «catástrofe» o «desastre» ni una sola vez). La tercera es que, como era de esperar, dijo que el bienestar de las personas no sólo es la renta y que si lo medía bien, el bienestar mundial no había aumentado.

Le propuse que me dijera cómo calcular el bienestar, que yo lo estimaría y nos reuniríamos dentro de un año para discutir los resultados. Sugirió seis medidas: 1) esperanza de vida y mortalidad infantil, 2) hambre, 3) educación, 4) acceso a agua corriente potable y alcantarillado, 5) tasas de suicidio y 6) tasas de encarcelación. De hecho, no hace falta esperar un año porque todos esos números ya han sido publicados por diversas organizaciones. Veámoslos.

1) El Programa de las Naciones Unidas para el Desarrollo (PNUD) del año 2001 muestra que la esperanza de vida en el mundo ha subido de 60 años en 1970 a 67 en 2000 y que la mortalidad infantil ha caído del 10% al 6% durante el mismo período.

2) La FAO señala que el consumo de calorías por persona en los países pobres era de 2.150 en 1970 y de 2.650 en 1999 (un aumento del 21%). La producción de alimentos en el Tercer Mundo ha subido un 52% y la fracción de la población que pasaba hambre ha pasado de 920 millones (35% de la población) a 810 millones (18% de la población). 810 millones es todavía un número demasiado elevado, pero ha habido progreso.

3) La Unesco calcula que el índice de alfabetización subió del 63% al 79% durante los últimos 30 años y que la tasa de escolarización primaria ha pasado del 82% al 99% y la secundaria del 25% al 60%.

4) La Organización Mundial de la Salud (OMS) estima que la fracción de la población mundial con acceso a agua corriente potable pasó del 25% en 1970 al 85% en el año 2000, mientras que la que tiene alcantarillado subió del 40% al 60%.

5) La OMS también calcula que las tasas de suicidio han pasado de 13 a 15 casos por cada 100.000 personas. Antes de culpar al neoliberalismo de ser el responsable de esa tendencia, es interesante recalcar que los países con más suicidios del mundo son los antiguos y actuales socialistas (entre los que destaca Cuba) y los países «socialdemócratas» del norte y centro de Eu-

ropa (Finlandia, Bélgica, Suiza, Austria, Dinamarca, Alemania, Suecia y Francia... todos por encima de 15). A modo de comparación, diremos que mientras el número en Estados Unidos disminuyó de 12,7 a 11,3, la Francia del señor Cassen vio cómo la tasa de suicidio aumentó de 15,4 en 1970 a 19 en el año 2000.

6) Finalmente, el International Center for Prison Studies estima que las tasas de encarcelación han subido casi uniformemente en todos los países de la OCDE. Cassen piensa que eso es malo, pero uno podría pensar que es bueno que los criminales estén en la cárcel y no en la calle.

En resumen, nuestro mundo no es perfecto... pero va mejorando: suben la esperanza de vida, el consumo de calorías, la producción de alimentos, la escolarización, el acceso al agua y al alcantarillado y bajan la pobreza, el hambre, las desigualdades, la mortalidad infantil y el analfabetismo. Las tasas de suicidio han subido un poquito, pero se concentran en los países socialistas. El único índice que parece «empeorar» es la tasa de encarcelación (aunque, insisto, eso no es necesariamente malo).

Si el señor Cassen ya sabía que todos los índices de bienestar que él mismo propone han mejorado con la excepción de la tasa de encarcelación y, a pesar de ello, decidió crear y presidir Attac, que propone la tasa Tobin como solución a los problemas globales, yo me pregunto: ¿exactamente cómo esperan que la tasa Tobin ayude a reducir la encarcelación en el mundo? Si, por el contrario, desconocía la evolución positiva de los datos, espero que a partir de ahora comunique a sus seguidores que el bienestar global está mejorando. Quizá no al ritmo que nos gustaría, pero mejorando al fin y al cabo.

Cassen dice que otro mundo es posible. Y tiene razón: un mundo en el que, en lugar de repetir obsesivamente que todo empeora, nos dediquemos a estudiar la verdad con el objetivo de distinguir y solucionar lo que son problemas reales, que los hay, de lo que son catástrofes imaginarias.

*La Vanguardia*, 18 de junio de 2002

# Ronald Reagan

«El crecimiento, la prosperidad y el bienestar se generan desde abajo, no desde el Estado. Sólo cuando se deja que el espíritu humano invente y cree, sólo cuando los individuos pueden tomar decisiones libremente y obtienen recompensa personal cuando tienen éxito, sólo entonces las sociedades están económicamente vivas y son dinámicas y libres» (Ronald Reagan, 1981).

Uno de los grandes éxitos del recientemente fallecido presidente Reagan fue cambiar la concepción que teníamos del papel del Estado en la economía. En los años setenta pocos cuestionaban que el gobierno era la solución a todos los problemas, que el gasto público debía ser cada día más grande y que los impuestos debían comerse una fracción creciente de nuestra renta. Todo eso cambió gracias a la revolución impulsada por él, revolución que acabó llamándose «reaganomics».

Sí. Es cierto que los teóricos del liberalismo económico como Friedrich Hayek o Milton Friedman hacía años que decían que el Estado no era la solución sino el problema y que la creatividad de millones de individuos intentando montar negocios con el objetivo de ganar dinero (sabiendo que, para conseguirlo, debían producir lo que los ciudadanos desean) era mucho más poderosa que la planificación de un pequeño grupo de burócratas iluminados. Es decir, hacía mucho que los liberales estaban convencidos de la superioridad del libre mercado como forma de organizar la economía. Pero los economistas liberales eran una selecta minoría con poca influencia política, y no fue hasta que Ronald Reagan implementó sus reformas económicas, a principios de los ochenta, que el liberalismo caló fuera del mundo académico.

Y calar, caló. Hasta tal punto que, hoy en día, el Partido Demócrata norteamericano compite con el Republicano en la carrera por reducir el papel del gobierno, que los estados de bienestar del norte de Europa ponen menos impuestos sobre las rentas del capital que sobre las del trabajo, que José Luis Rodríguez Zapatero se autoproclama liberal, que el programa electoral del PSC propone la reducción y la simplificación del sistema impositivo y que el *president* Maragall habla de la libertad empresarial a la hora de deslocalizar. Gracias a Reagan, casi nadie cuestiona la superioridad del mercado, las propuestas liberales ya no son tabú y los partidos de izquierdas ponen a personas de talante liberal (como Pedro Solbes, Miguel Sebastián o Antoni Castells) al frente de sus equipos económicos. Y es que, gracias a la revolución reaganiana, la lógica del liberalismo se ha instalado en el centro del espectro político y económico, y sólo los ultrarradicales (como Vicenç Navarro y otros soldados derrotados del marxismo universitario) siguen hablando del aumento de impuestos, del gasto público y del intervencionismo público tal como hacían en los años setenta. Ése fue, a mi juicio, el logro más grande del presidente Reagan.

Otro fue la victoria en la guerra fría. El comunismo prometió un mundo de igualdad y justicia, solidario y sostenible, sin opresión de los pobres por parte de los ricos. A la hora de la verdad, ese paraíso sólo existía en los libros de texto. En la realidad socialista, abundaban los gulags, la miseria, los desastres ecológicos y los muros, esos símbolos vergonzosos de la represión marxista. Pocos pensaban que tres años después de que Reagan exigiera aquello de: «¡Señor Gorbachov, destruya este muro!», el Muro de Berlín se derrumbaría y millones de ciudadanos disfrutarían de la prosperidad y la libertad que el comunismo les negó.

Lo más brillante es que la guerra fría se ganó sin necesidad de disparar ni un solo tiro. El sistema comunista se hundió porque no podía competir económicamente con el capitalismo liberal de mercado. Mijaíl Gorbachov va por el mundo pronunciando discursos pacifistas y seguramente ahora es un pacifista convencido. Pero la razón por la que accedió a reducir su arsenal nuclear es que la URSS no podía mantener el ritmo del creciente gasto militar de Estados Unidos sin gastar una fracción insoportable de un PIB cada vez más diminuto. Y las «reaganomics» tuvieron un impacto tan positivo para el crecimiento económico del país, que los soviéticos, desmoralizados, no tuvieron más remedio que tirar la toalla.

«Reagonomics» y derrota del socialismo. Dos caras de la misma moneda. Dos victorias de Ronald Reagan que quedan pequeñas al lado de su mejor logro: liderar al país en un momento de crisis y conseguir que los norteamericanos volvieran a sentirse orgullosos de serlo. Eso no era fácil después de Vietnam y de las terribles presidencias de Nixon (que dimitió por el escándalo Watergate) y Carter (que acabó su presidencia con cuarenta diplomáticos secuestrados en la embajada iraní). Lo consiguió siendo el gran comunicador, haciendo de padre de todos en los momentos más trágicos (uno de sus discursos más memorables fue cuando explicó a los niños que el Challenger había explotado en el cielo con la maestra Christa McAuliffe dentro), obrando según le dictaban sus convicciones y no según lo que apuntaban las encuestas y confiando profundamente en su país y en sus ciudadanos («soy optimista sobre el futuro de Estados Unidos —decía— y mi optimismo no viene de mi fe en Dios, sino de mi fe en nuestros ciudadanos»). Para tirar adelante, los países necesitan líderes... y eso lo sabemos de sobra los europeos, tan faltos como estamos de ellos en la actualidad. En aquellos momentos de depresión, Estados Unidos encontró a un gran líder en ese criticadísimo actor llamado Ronald Reagan.

*La Vanguardia*, 11 de junio de 2004

## «Michaelmooreísmo»

¿Recuerdan la memorable escena de Woody Allen bajando en ascensor hacia al infierno en *Desmontando a Harry*?: «Quinto piso: carteristas, mendigos agresivos y críticos literarios. Sexto piso: extremistas, asesinos en serie y abogados. Séptimo piso: medios de comunicación». Pensé en esa escena durante la campaña electoral norteamericana.

Y no lo pensé (sólo) porque temía que los abogados —sexto piso— convirtieran el recuento en un infierno de denuncias y contradenuncias, cosa que, felizmente, no pasó. Lo pensé, y espero que nadie se moleste, al observar que muchos medios de comunicación europeos —séptimo piso— eran poco objetivos y daban más credibilidad a las payasadas de Michael Moore, un señor cuya intención declarada era evitar la reelección del presidente, que a otros análisis más imparciales. Para entendernos: un *documental* de Moore sobre George W. Bush es tan objetivo como lo sería uno de Zaplana sobre Esquerra Republicana. Pasadas las elecciones, es hora de destilar la propaganda de la realidad. Por deformación profesional y por falta de espacio, hoy me referiré solamente a la economía.

Vaya por delante que, como he escrito repetidamente, la política económica de Bush no ha sido buena: el aumento del gasto público ha sido desmesurado, los aranceles del acero fueron una mala idea y los subsidios agrícolas que tanto perjudican a los países pobres volvieron a subir. Eso no quiere decir, sin embargo, que las catástrofes anunciadas estos días sean ciertas.

Se nos ha dicho, por ejemplo, que la economía americana era débil y que no crecía por culpa de Bush. La realidad es que el PIB de 2004 ha crecido en un 3,8% (entre ustedes y yo: ya nos gustaría a los europeos tener una economía tan *débil*). Las tasas de crecimiento en 2003 y 2002 fueron del 4,4% y 2,3%, respectivamente. Nos tenemos que remontar a 2001 para encontrar un trimestre, de hecho dos trimestres aunque no consecutivos, con crecimiento negativo: el primero (crisis causada por la explosión de la burbuja financiera de Clinton) y el tercero (11 de septiembre).

Se nos ha explicado que Bush solamente bajó los impuestos de los ricos. La realidad es que las rebajas fiscales fueron para todos los contribuyentes. Lo que pasa es que, en términos absolutos, los impuestos bajaron más para los que más pagan (si rebajan el 10% a todos, los que pagaban 1.000 dejan de pagar 100 y los que contribuían 10 sólo dejan de cotizar uno). ¿Sabían que en Estados Unidos, el 1% de las personas más ricas paga el 34% de todos los impuestos, que el 5% más rico paga el 53% de los tributos y que la mitad más rica del país paga el 96% del total? Es decir, la mitad más pobre del país casi no contribuye al fisco. Y recuerden una obviedad: no se pueden rebajar los impuestos a quien... ¡no paga impuestos!

Nos han enseñado imágenes de mendigos americanos mientras se comentaba que en ese país hay 35 millones de pobres. Imágenes muy desafortunadas porque la definición de *pobre* en Estados Unidos es alguien que gana menos de ¡18.000 dólares! y porque la mayoría de esos 35 millones no sólo no son mendigos, sino que son propietarios de casa, coche, televisiones y ordenadores.

Se nos ha dicho que durante el primer mandato de Bush se ha perdido empleo neto, cosa que no pasaba desde hacía 72 años. Es verdad que la ocupación ha bajado, pero esa pérdida ocurrió durante la recesión de 2001. Durante el último año se han creado 2 millones de puestos de trabajo y la tasa de paro ahora mismo es del 5,5% (otra vez entre ustedes y yo: ¡5,5%!). Finalmente, suenan las sirenas porque Bush ha generado el déficit fiscal más grande de la historia: 500.000 millones de dólares. Aquí los críticos tienen parte de razón... pero sólo parte. Es cierto que hay déficit y que no es bueno que lo haya cuando no hay recesión (cuando las vacas son gordas, el gobierno debería ahorrar).

Pero eso no quiere decir que la situación sea alarmante. Si ustedes o yo tuviéramos una deuda de esa magnitud, tendríamos un serio problema porque no ganamos suficiente dinero para poder devolverlo. Pero el gobierno de Estados Unidos gana mucho más dinero que ustedes o yo. Por esto los economistas no nos fijamos en el déficit en dólares sino con relación al PIB. Calculado así, el déficit fiscal norteamericano es del 4,5% del PIB. Es elevado pero no muy distinto al de Francia (4,1%) o Alemania (3,8%). Y no, Estados Unidos no cumpliría el pacto de estabilidad, pero eso es más un reflejo de la perniciosa euro-obsesión por Maastricht que una alarma fiscal en Norteamérica.

De cara al futuro, la verdad es que puede que el segundo mandato sea mejor que el primero: al no tener que buscar la reelección, Bush ya no caerá en tentaciones proteccionistas y podrá limitar subsidios sin miedo a perder votos en estados rurales. Además, la propia existencia del déficit no va a permitir alegrías fiscales adicionales. Y no parece que actualmente en la bolsa haya una burbuja como la que causó la crisis de 2001.

Resumiendo, nos pintaron un paisaje pesimista y, afortunadamente, exageraban: a pesar de que Bush no ha sido un buen gestor económico, las cosas en la locomotora del mundo no están tan mal. Estarán, eso sí, mucho mejor para todos cuando los medios de comunicación abandonen esa manía de dibujar una imagen tan deformada y negativa de Estados Unidos y, sobre todo, cuando desconfíen más de los que bien podrían formar parte de la escena de Woody Allen poblando, eso sí, el octavo y último piso: manipuladores, distorsionadores y demás devotos del *michaelmooreísmo*.

*La Vanguardia*, 7 de noviembre de 2004

## Babas de moralina barata

¡Qué raro!: en 2001, después de los escándalos de Enron y WorldCom, los expertos económicos de toda Europa inundaron los medios de comunicación con críticas al *neoliberalismo salvaje* (no se olviden lo de salvaje) *norteamericano* calificándolo de «capitalismo amiguista», «economía especulativa moralmente enferma» o de «sistema depravado, plagado de empresarios egoístas que roban a trabajadores y pensionistas». Se explicaba que los especuladores corruptos habían utilizado los hilos que mueven el lobby energético de Washington para que liberalizara la economía con el objetivo de evadir el siempre sano control público. En el otro plato de la balanza se ensalzaban los modelos europeos y, por encima de todos, el *Mitbestimmung* alemán, caracterizado por el consenso entre empresarios, sindicatos y gobiernos que, en teoría, reducía los conflictos laborales y las huelgas que martirizaban las economías de otros países. Es posible que este consenso sea bueno... aunque, últimamente, algunos expertos economistas alemanes lo están poniendo en duda porque resulta que los sindicalistas pueden perjudicar el progreso de la propia empresa. La razón es que ellos buscan, por encima de todo, la protección de sus (repito, sus) puestos de trabajo y el aumento de sus (insisto, sus) salarios. ¡Y es absolutamente razonable que así lo hagan! Lo que pasa es que eso puede perjudicar el crecimiento empresarial, la creación de riqueza y empleo ya que los parados, al no trabajar para VW, no pueden votar contra las decisiones que los desfavorecen. Éste no es un fenómeno extraño. De hecho es tan conocido que los economistas Assar Lindbeck y Dennis Snower lo bautizaron con el nombre de *insider/ outsider* para explicar que las demandas del trabajador que *está dentro* —es decir, el que ya tiene empleo— pueden acabar perjudicando los intereses de los que *están fuera*. A la vista de todo esto, no es obvio que el sistema norteamericano sea mejor que el europeo... aunque tampoco es obvio lo contrario.

Lo que está claro es que el debate sobre la superioridad de un sistema debe hacerse en términos académicos como los que he descrito y no en discusiones sobre quién es más ético. Y es que el problema de evaluar los sistemas basándose en la moralidad de los jugadores se hace obvio cuando uno se da cuenta de que en todas partes cuecen habas y resulta que el monopolio del mangoneo no lo tienen los *malignos* empresarios norteamericanos, sino que todos, incluso los *benévolos* sindicalistas europeos, pueden caer en la tentación del mal. Lo digo por el escándalo que recientemente está sacudiendo a la empresa alemana (sí, sí, alemana) Volkswagen (VW), símbolo por antonomasia del tan alabado sistema empresarial europeo. Resulta que los señores Helmut Schuster, un dirigente de la filial Skoda; Klaus Volkert, jefe del comité de empresa de VW, y Peter Hartz, jefe de personal, miembro del sindicato del metal, afiliado al partido socialdemócrata alemán y amigo personal de otro ex consejero de VW, el actual canciller Gerhard Schröder (¡y luego dicen que el sistema *incestuoso* y *amiguista* es el norteamericano!), están implicados en un escándalo de fraude, corrupción y... sexo. Se les acusa de crear una red de empresas ficticias que hacían negocios inexistentes con el fin de robar dinero a los accionistas (entre ustedes y yo, una cosa parecida pasó en Enron y WorldCom) y de sobornar a sindicalistas con derecho a voto en el consejo de VW con viajes de lujo a Brasil que incluían orgías con prostitutas. Lo que me devuelve a la frase inicial: ¡qué raro! Sí, sí, qué raro que la misma prensa que se apresuró a condenar la ética empresarial de Estados Unidos en 2001 no haya tratado el episodio alemán con la misma visceralidad.

Me dirán que la caída de Enron y WorldCom perjudicó a miles de personas, mientras que el escándalo de VW —todavía— no. Aunque esto sea cierto, la verdad es que lo de VW demuestra que todos los sistemas económicos pueden sufrir ante la avaricia de quienes lo dirigen, sean éstos empresarios, políticos o sindicalistas. La pregunta realmente importante no es quién es moralmente superior, sino cómo reacciona cada sistema ante los chorizos de turno, chorizos que parecen estar uniformemente distribuidos a ambos lados del Atlántico. En este sentido, lo único cierto es que los americanos han condenado a Bernard Ebbers, de WorldCom, a 25 años de cárcel y a vender todos sus bienes para devolver el dinero robado y que, con toda probabilidad, Kenneth Lay, de Enron, seguirá el mismo camino ya que está sentado en el banquillo de los acusados con un fiscal que pide 175 años de cárcel y una multa de 6 millones de dólares. Eso contrasta con el hecho de que VW cree haber cerrado la crisis con las simples dimisiones de Schuster, Volkert y Hartz. Con esto no quiero decir que el escándalo de VW demuestre que el sistema norteamericano es mejor que el alemán. Ni mucho menos. Lo que sí digo es que este episodio demuestra que los que sistemáticamente critican el sistema capitalista deberían abstenerse de darnos lecciones de ética cada vez que se produce un escándalo en Estados Unidos, a no ser que quieran seguir haciendo el ridículo cuando resulta que los héroes del sistema que ellos ensalzan traicionan a los trabajadores que les votaron a cambio de dinero.

Bueno, de dinero... y de unas buenas tetas de silicona en un burdel de Río de Janeiro. Unas tetas que, dicho sea de paso, nos recuerdan que Europa es demasiado importante para que los intelectualoides progres la chapoteen con sus babas de moralina barata.

*La Vanguardia*, 17 de julio de 2005

## Si el *Katrina* pasara por Barcelona

Nueva Orleans, 29 de agosto de 2005. A pesar de que las autoridades han ordenado evacuar la zona, miles de ciudadanos permanecen en sus casas. A las 6 de la mañana el huracán *Katrina* alcanza la costa, pero un cambio de rumbo de última hora evita el choque directo con la ciudad. El alcalde se siente afortunado... pero no sabe que lo peor está por llegar: los diques de contención del lago Ponchartrain han sido dañados y la urbe se sitúa unos metros por debajo del nivel del agua. Veinticuatro horas después, se abren en ellos dos enormes brechas que anegan la ciudad entera y causan centenares, quizá miles de muertos. Como casi todas las catástrofes, el *Katrina* saca a relucir lo mejor y lo peor de la naturaleza humana.

Entre lo peor se encuentra la incompetencia del presidente Bush (republicano), la gobernadora del estado de Luisiana y el alcalde de Nueva Orleans (ambos demócratas). Entre unos y otros, ni evacuaron a todos los ciudadanos, ni supieron rescatar y socorrer a las víctimas a tiempo, ni consiguieron imponer la ley y el orden hasta pasados muchos días. Más importante todavía, a pesar de que hacía décadas que los expertos advertían del envejecimiento de los diques de contención, no hicieron nada para repararlos. En el otro plato de la balanza, lo mejor está representado por los gobernadores de los estados vecinos que acogieron a los damnificados con cargo a sus presupuestos.

La cara buena la representa también el resto de la clase política norteamericana, que, a diferencia de los de otras latitudes, tiende a aparcar temporalmente sus diferencias cuando se enfrenta a situaciones catastróficas. Y así lo hizo también en esta ocasión. En el polo opuesto están los extremistas de siempre —norteamericanos y europeos— que no dejaron pasar la oportunidad para criticar la política exterior de Bush. Incapaces de analizar el mundo sin el estrechísimo prisma de Irak, insisten en que si no se hubiera declarado la guerra, se habrían dedicado los recursos a reparar los diques. Como si fuera razonable pensar que, justo ahora, los políticos hubieran utilizado el dinero de la guerra para hacer unas reparaciones que hace décadas que se reclaman.

En el lado bueno se sitúan todos aquellos ciudadanos que arriesgaron sus vidas para salvar a los que se encontraban atrapados en sus casas. En el malo, los despreciables señores que aprovecharon el caos para saquear todo lo que pudieron.

Positivos son los servicios meteorológicos que nos advierten con antelación del dónde y cuándo de los grandes ciclones en todo el mundo. Y esta vez no fue una excepción. La cara negativa de la misma moneda es aquello de Pedro y el lobo: al haber tantos avisos de tantas tormentas que no acaban produciendo tan grandes tragedias, la gente acaba desoyendo las órdenes de evacuación... y entonces es cuando se produce el desastre. Hablando de meteorología, negativa fue también la aparición de los sacerdotes del calentamiento global que, una vez más, aprovecharon para predicar aquello del cambio climático y criticar a Bush por no haber firmado el protocolo de Kioto. Dijeron que el *Katrina* era otra demostración de que las tormentas son cada día más devastadoras.

Además de que un solo episodio nunca demuestra una teoría, la verdad es que en este caso ni siquiera es cierto que el *Katrina* era una tormenta anormalmente fuerte: era un huracán de categoría 4 en la escala de Zaffir-Simpson que va del 1 al 5 (entre ustedes y yo: a lo largo del siglo XX se registraron al menos 23 tormentas de categoría 5 solamente en el Atlántico). El daño, pues, no fue consecuencia tanto de la extremada fuerza del huracán como de las inundaciones que causó el desmoronamiento de los diques. Por cierto, ¿realmente alguien piensa que si George Bush hubiera aceptado Kioto en el año 2000, el *Katrina* se habría evitado?

Finalmente, entre lo peor se encuentran la cara de felicidad detectada en algunos presentadores de noticiarios españoles y los comentarios de ciertos eunucos intelectuales antiamericanos que justificaron la desgracia ajena apelando a una supuesta arrogancia estadounidense y aprovecharon para despotricar contra las supuestas injusticias de esa sociedad. Sí. Es cierto que las imágenes de la televisión muestran que las víctimas son mayoritariamente de raza negra. Pero eso no es prueba de nada ya que... ¡el 80% de la población de Nueva Orleans es de raza negra! Sí. Es cierto que algunos de los que desobedecieron las órdenes de evacuar la zona eran pobres sin coche y también es cierto que, en América, la gente de ingresos bajos tiende a tener menos coches que los ricos. Pero eso no demuestra una especial injusticia social americana porque... ¡en Europa pasa exactamente lo mismo! ¿O es que el Estado de bienestar regala coches a los pobres? Más bien al contrario: dificulta su compra a través de exagerados impuestos, por lo que, según ese burdo argumento, si una sociedad es injusta con sus pobres por no proporcionarles coches para huir de las catástrofes ésta sería, precisamente, ¡la europea!

Y finalmente, sí, es cierto que los gobiernos actuaron con incompetencia extrema. Pero ni la ineficacia de los políticos es monopolio norteamericano (y no hace falta ir muy lejos para comprobarlo), ni la ineptitud del gobierno de un país justifica celebrar la desgracia de sus ciudadanos. Ciudadanos que, dicho sea de paso, siempre son la cara amable de las catástrofes al ser los que más rápida y masivamente ayudan al mundo cuando éstas se producen. Pregúntense, si no, qué habrían hecho ellos si el *Katrina* hubiera pasado por Barcelona.

*La Vanguardia*, 7 de septiembre de 2005

## Antes muerta que sencilla

Ya tenemos aquí el carnet por puntos, la solución mágica al problema de los accidentes de tráfico. El secreto de la iniciativa no es que retire el permiso de conducir a quien comete infracciones gravísimas. Eso ya ocurre desde hace años. La novedad es que lo retira también a quien comete un cúmulo de ilegalidades menores que van restando puntos. Mi primera reacción cuando oí la noticia fue la de preguntar si los que ponían las normas también perdían puntos. Lo digo porque da la impresión de que muchos alcaldes ponen límites de velocidad que no se corresponden con el sentido común, sino con su afán recaudatorio. Y eso no está bien, porque las multas son para regular el tráfico y no para que el alcalde financie sus pipicanes.

Desde aquel día, he pensado que se podría introducir un carnet por puntos para todos los políticos. Como en el caso de la conducción, el secreto no es que los ciudadanos pudiéramos echar a los mandarines que hacen grandes travesuras. Eso lo podemos hacer desde que hay elecciones y, de hecho, se hizo con el PSOE en 1996 a raíz del caso GAL y con el PP en 2004 por las mentiras del 11-M. El truco del carnet por puntos para políticos es que también los podríamos echar individual o colectivamente cuando cometieran un cúmulo de irregularidades menores, infracciones que restarían puntos en función de su gravedad. Aquí va mi propuesta de posibles castigos.

Las faltas más graves comportan la pérdida de todos los puntos. Eso pasa, por ejemplo, cuando uno niega la legitimidad de un gobierno democráticamente elegido para representar al Estado. Si, además, uno adopta esa postura inconstitucional e ilegal después de haberse autoproclamado defensor único de la Constitución y la ley, entonces pierde tres puntos adicionales por hipócrita y otro de propina por creerse que los ciudadanos somos bobos. Incumplir promesas electorales importantes como aquello de «aprobaré el Estatut que salga del Parlament de Catalunya» para acabar pasando «el cepillo de carpintero» o de «*plantarem* cara al PP» para acabar gobernando con ese partido, también se castiga con 12 puntos.

En la categoría de 6 puntos está la incapacidad de gestionar un simple agujero (repito, ¡un simple agujero!) en las obras del metro. Si encima, los culpables intentan eludir sus responsabilidades acusando a la oposición de cobrar el 3%, se pierden 6 puntos adicionales. Los mismos puntos vale la incapacidad de parar los pies a una pandilla de okupas borrachos después de erigirse en rey (o reina) de la *tolerancia cero*. Salir después en televisión diciendo que no se detuvo a nadie «porque es preferible no tener una ciudad policial» conlleva la pérdida de 6 puntos adicionales.

Pasearse en helicóptero con la familia cuesta 3 puntos. Intentar explicar ese abuso con el rollo de la conciliación de la vida laboral y familiar, 3 puntos más por intento fallido de tomadura de pelo. Colocar en la Generalitat a todos los hermanos, primos, amigos y mascotas después de criticar a Jordi Pujol porque su hijo tenía no sé qué cargo insignificante, 3 puntos. Los mismos que vale prometer la reducción del número de altos funcionarios para acabar multiplicándolos o fardar de manos limpias para acabar extorsionando a los empleados. También cuesta 3 puntos el presentarse a las elecciones denunciando la falta de independencia de los medios de comunicación y acabar haciendo listas negras de periodistas sospechosos, expulsar a tertulianos no afines o poner a ex ministros socialistas (competentes, sin duda, pero claramente no independientes) en los puestos más altos de la radio y la televisión.

Dos puntos valen las coronas de espinas, la presentación de

mociones de censura que se retiran el día antes de la votación y los intentos de obligar al *president* a celebrar las elecciones en día laborable (con el consiguiente coste de 190 millones de euros pagados con dinero ajeno), con el objetivo sectario de favorecer al candidato del PSOE. Claro que si el president hace ver que acepta esa imposición y luego hace la cama a sus correligionarios convocándolas un día festivo, pierde 2 puntos por utilizar al país para realizar ajustes de cuentas personales.

Dos puntos vale votar sí, no, abstención, nulo, blanco y negro en un mismo referéndum, aunque si eres capaz de explicarlo sin que se te escape la risa se te perdona uno. Finalmente, crear un centro seudouniversitario de intoxicación progresista que acaba convirtiéndose en símbolo de todo lo que no debe ser una universidad cuesta 2 puntos, y si encima pones al Chupacabras de rector, 2 puntos más por no prever el desastre que siempre va asociado a ese personaje.

Si las autoridades creen que el carnet de conducir por puntos va a solucionar los problemas de tráfico, me pregunto por qué no piensan que el mismo sistema serviría para solucionar el problema del descrédito de la clase política. Una explicación es que saben que para merecer ser nuestros líderes, el carnet los obligaría a dejar de engañar a los ciudadanos, a evitar hacer falsas promesas, a no manipular la prensa, a abstenerse de salir a diario en los medios de comunicación diciendo tonterías y a administrar competentemente nuestros recursos. Y eso les sería demasiado costoso.

Otra posible explicación es que los políticos saben que, quince días después de introducir el carnet por puntos, no quedaría ni uno de ellos en activo. Y todos sabemos lo que cuesta dejar el coche oficial.

Como decía sabiamente la canción de la niña María Isabel, «Antes Muerta Que Sin Silla».

*La Vanguardia*, 17 de julio de 2006

## Universalidad + Igualdad = Mediocridad

¿Qué tienen en común los nativos de Uganda, un decano de Harvard y la Fundació Jaume Bofill? Veamos. En 1982, tras un brote de ébola en Uganda, la OMS envió centenares de médicos. A las pocas semanas, los nativos constataron que en los pueblos donde había más doctores, había más gente que moría. Dedujeron que los doctores traían la enfermedad y... los asesinaron.

En 1988, un decano de Harvard observó que los estudiantes que habían ido a clases particulares de SAT (exámenes de entrada parecidos a la selectividad), tenían peores notas que los que no lo habían hecho. Concluyó que las clases privadas eran perjudiciales y recomendó que no se utilizaran.

En 2008, la Fundació Jaume Bofill ha publicado un estudio que estima que las escuelas que agrupan a los niños por niveles (es decir, que enseñan a ritmos distintos a los estudiantes que mejor siguen las clases y a los que les cuesta más) obtienen peores notas medias que las que ponen a todos los niños en una misma clase. El informe recomienda que el gobierno impida la separación.

Estos tres ejemplos tienen una cosa en común: cometen el error estadístico elemental de confundir correlación y causalidad. Los doctores en Uganda no fueron repartidos al azar sino que se asignaron más doctores a los pueblos donde había más problemas. No eran los doctores los que causaban la infección, era la infección la que causaba la aparición de doctores. Los estudiantes de Harvard no utilizaban las clases particulares de forma aleatoria: los que tenían más dificultades tendían a utilizarlas más, por lo que sus notas inferiores no indicaban que las clases particulares eran perjudiciales sino que tenían mayores dificultades.

Y las escuelas que deciden agrupar por niveles lo hacen porque tienen más problemas de adaptación, integración y educación de una parte de los estudiantes. No es que la agrupación cause peores resultados sino que los peores resultados causan la agrupación. Es más, los centros que no agrupan por niveles tienden a rebajar el listón para que los niños menos avanzados puedan seguir, y con ese listón inferior los estudiantes con más talento sacan mejores notas, cosa que hace subir el promedio en las escuelas que no separan. Pero esas notas superiores no deben ser confundidas con un mejor resultado sino con una menor exigencia.

Todos estos fallos hacen que el estudio de la Bofill sea fatalmente defectuoso y no aporte ninguna evidencia seria sobre si la agrupación por niveles no funciona. Para saber si funciona, el estudio debería tomar escuelas escogidas al azar que agrupasen a los estudiantes por niveles y, tras impartir las mismas clases con los mismos contenidos y exigencia, comparar todas sus notas con los de las escuelas que no agrupan. La clave es que la selección sea al azar (porque si se deja a los directores que elijan, lo que va a pasar es que las escuelas con más problemas van a decidir agrupar y eso va a sesgar los resultados) y que el nivel de exigencia sea idéntico.

Otra clave es que se analicen todas las notas y no sólo las notas medias. La no separación puede beneficiar a los estudiantes mediocres... pero perjudica a los que tienen más capacidad o más ganas de trabajar al impedirles desarrollar todo su potencial. Si a uno sólo le preocupan los estudiantes «malos» (como parece ser el caso de la Bofill), entonces uno aplaude su progreso e ignora el perjuicio causado a los demás. Pero ignorar a los mejores estudiantes es injusto, y lo irónico es que esa injusticia se comete con los estudiantes buenos y a la vez pobres ya que los ricos pueden pagarse escuelas privadas que agrupen por niveles. Es curioso:

una vez más, la izquierda que dice defender a los pobres acaba creando un sistema que perjudica a... ¡los pobres!

Y no sólo la prohibición de agrupar por niveles es injusta sino que puede tener consecuencias negativas sobre la competitividad general de la economía y el progreso a largo plazo. Hace tiempo que nuestros líderes políticos nos dicen que para ser competitivos, se debe innovar e investigar. Eso está bien, pero ¿quién creen los señores ministros que va a ser el estudiante que, al final del ciclo educativo, va a innovar o investigar: el estudiante medio o el de más talento de la clase? Respuesta obvia. Pues si a ese estudiante más avanzado se le impide desarrollar todo su ingenio intelectual porque se le obliga a seguir el ritmo de los más lentos, ¿qué calidad investigadora e innovadora y qué competitividad piensan los ministros que vamos a tener? Si mañana queremos científicos de primer nivel mundial, hoy debemos permitir que los chavales de más talento y con más ganas de estudiar tengan acceso a conocimientos más avanzados y a clases que reten las fronteras de su intelecto. ¿No ponemos a nuestros mejores deportistas en centros de alto rendimiento? ¿Pues por qué no hacemos lo mismo con nuestros mejores estudiantes? ¿O es que, para los señores ministros, la ciencia y la innovación no son tan importantes como las medallas olímpicas?

El problema de fondo es que los políticos progresistas persiguen (y nos obligan a todos a perseguir) dos objetivos contradictorios: igualdad y universalidad en la educación. Eso es un problema porque la única manera de conseguir que todos los niños tengan educación secundaria y que todos sean iguales, es impedir que los buenos sobresalgan, obligándolos a converger a la mediocridad. Puesto en términos matemáticos que todos los estudiantes y todos los ministros, buenos y malos, pueden entender: Universalidad + Igualdad = Mediocridad.

*La Vanguardia*, 17 de noviembre de 2008

# Funcionarios doctrinales

Cuando Marco Polo llegó a China en 1271, se encontró con una civilización milenaria que había sido capaz de inventar el papel, la porcelana, la imprenta de bloques de madera, la pólvora, el compás, las cometas, la carretilla, los fuegos artificiales o los canales con compuertas. Un mundo maravilloso que parecía estar a años luz de esa lóbrega Europa medieval pero que... a pesar de que Marco Polo no se daba cuenta, estaba cambiando de manera irreversible: con la llegada de los mongoles y la dinastía Yuan, esa China que tantos inventos había producido empezó a dejar de generar ideas y se vio superada por una Europa que, en pocos siglos, fue capaz de hacer las revoluciones científica, industrial y social que dieron lugar al mundo occidental que hoy conocemos.

Por qué la civilización china quedó tan atrasada en tan poco tiempo es uno de los rompecabezas más fascinantes de la historia. Entre las muchas teorías existentes, la más convincente es la de Geoffrey Lloyd y Nathan Sivin: los conocimientos en China estaban en manos de una burocracia feudal (el mandarinato) cuya misión era controlar y administrar ese gigantesco país. Los burócratas decidían a través de un complejo y durísimo sistema de exámenes, no sólo quién era apto para acceder a los conocimientos sino qué tipo de conocimientos eran aceptables. Es decir, el Estado decidía qué se debía estudiar y cómo se debía estudiar. La monopolización de los conocimientos y la educación por parte del funcionariado hizo que desapareciera el pensamiento libre e independiente y el escepticismo sistemático que se requiere para que surjan las ideas y la innovación. Los «sabios» chinos eran poco dados a buscar nuevos conceptos por miedo a irritar al *establishment* doctrinal.

Digo que la teoría de Lloyd y Sivin es la más convincente porque se ve confirmada por otros episodios históricos. En el siglo IX, Bagdad estaba intelectualmente a la cabeza del mundo mediterráneo. Fue en el seno del islam donde se tradujeron los grandes clásicos griegos y romanos, se originaron los hospitales, se realizaron grandes progresos en filosofía, astronomía o matemáticas (la palabra álgebra proviene del árabe *al jabar*). Sin embargo, ese liderazgo desapareció en apenas dos siglos debido a la inflexibilidad de las autoridades fundamentalistas. Los astrónomos islámicos ya habían observado que los planetas no describían círculos sino elipses alrededor del sol (algo que Kepler redescubrió en el siglo XVII), pero nunca tuvieron la libertad para pensar que esas órbitas elípticas respondían a unas leyes de la gravedad y a un heliocentrismo contrario a la versión oficial del islam.

Retrasando todavía más el reloj, otro fundamentalismo, el cristiano, contribuyó a poner fin al pensamiento clásico grecorromano. Durante su época dorada, la Grecia de Tales de Mileto, Ptolomeo, Pitágoras y Aristóteles era una pura olimpiada de sabiduría, donde la inteligencia, la agudeza, la creatividad y el pensamiento eran premiados como si de competiciones deportivas se tratara. De hecho, en la Grecia clásica no había mucha distinción entre educación deportiva e intelectual. Toda esa libertad de la que gozaron los pensadores clásicos dejó paso a la «verdad absoluta» dictada por el dios medieval cristiano, una «verdad» defendida con la espada desde el poder militar. Eso frenó el progreso científico durante siglos, hasta que Tomás de Aquino reintrodujo a un Aristóteles que se había conservado gracias al islam.

Les explico todo esto porque parece que estamos asistiendo, en directo, a una nueva pérdida de liderazgo intelectual: la de Europa. Las grandes universidades de Alemania, Francia, Inglaterra, Suiza o Italia, que eran las mejores del planeta hace sólo cincuenta años, han dejado de liderar el mundo intelectual. ¿Por qué?

Pues por la misma razón que chinos, islámicos o grecorromanos perdieron su hegemonía: el control monopolístico por parte del Estado.

La gravedad de la situación universitaria europea está llevando a nuestros líderes a introducir reformas como la del Plan de Bolonia. El problema es que el tan criticado plan parece un intento burdo de crear un espacio de mayor movilidad para nuestros estudiantes y licenciados. Aunque esto de la movilidad está bien, no soluciona el problema principal. Es más, lo empeora porque al buscar más coordinación, se evita la competencia entre universidades por la obtención de fondos, estudiantes y profesores. Esa falta de competencia hace que las universidades no tengan incentivos a mejorar la oferta educativa o a generar más ideas que los demás. Y el progreso de las ideas es muy difícil sin un escepticismo generalizado que no se puede dar si los pensadores son funcionarios del Estado con miedo a perder la financiación cuando se enfrentan al poder y no tienen alternativa a la que acudir.

No. El Plan de Bolonia no ha causado el declive universitario europeo, pero sí representa una oportunidad perdida para enmendar la situación y sí demuestra que nuestros líderes políticos todavía no han identificado el problema real. Marco Polo no vio que su admirada China estaba ya en decadencia por culpa del monopolio público del conocimiento. Siete siglos después se está repitiendo la historia y Europa perderá definitivamente el liderazgo intelectual que ha ostentado desde el Renacimiento si no introduce profundas reformas que conlleven más competencia entre universidades, un menor control estatal de la educación y la ciencia y, sobre todo, menos burócratas de la intelectualidad y funcionarios doctrinales.

*La Vanguardia*, 11 de enero de 2009

# 6

# Internacional

## Tasa Tobin, pero sin Tobin

¿Se han preguntado por qué a veces el dólar cuesta 200 pesetas y a veces cuesta 90? Hay quien dice que es por culpa de los especuladores que compran dólares cuando están baratos para venderlos cuando están caros. Para evitar que esos usureros desestabilicen el valor de las monedas, se podrían reducir sus ganancias y una manera de conseguirlo es cobrarles un «impuesto» o «tasa» cada vez que compran y venden divisas. Esta idea no es mía. Tampoco es nueva. La tuvo el ganador del premio Nobel, James Tobin, en 1971. La idea nunca tuvo muchos adeptos y pronto se abandonó.

En diciembre de 1997, Ignacio Ramonet la resucitó en un editorial de su *Monde Diplomatique* y, desde entonces, la «tasa Tobin» ha sido el estandarte de los antiglobalización. Para éstos, sin embargo, el principal objetivo no es la reducción de las fluctuaciones monetarias sino la recaudación fácil de un dinero que se pueda utilizar para ayudar a los países pobres (usando el cuento de la lechera, calculan que se van a recaudar unos 300.000 millones de euros anuales; irónicamente, y ya que hablamos de leche, eso es precisamente lo que gastamos en proteger a los agricultores de los países ricos en perjuicio de las economías del Tercer Mundo). Las buenas intenciones de los antisistema deben ser aplaudidas, pero no deben esconder el hecho de que la tasa Tobin sigue siendo una mala idea. Y lo es por diversas razones.

Primera, en teoría, la tasa Tobin solamente debe gravar los

movimientos de capitales «especulativos» de corto plazo y no los capitales «productivos» o inversiones de largo plazo. En la práctica, es muy fácil transformar los unos en los otros, por lo que a todos los especuladores les resultará sencillo evadir el impuesto y eso lo hace ineficaz.

Lo que nos lleva al segundo problema: al no poder distinguir entre «especulativos» y «productivos», los defensores de la tasa Tobin acabarán pidiendo impuestos para «todos» los capitales. Eso reducirá la inversión extranjera, lo que será especialmente dañino para los países del Tercer Mundo cuyo principal problema es la falta crónica de inversión. La tasa Tobin es perjudicial.

El tercer problema es que, para ser viable, debe ser adoptada por todos los países del mundo sin excepción. Una diferencia importante entre las mercancías y las divisas es que las primeras son físicas, por lo que el gobierno puede impedir, por ejemplo, que salgan del puerto si antes no se abonan los impuestos correspondientes. Eso contrasta con el dinero que, hoy en día, no es más que un conjunto de números almacenados en algún ordenador. Piensen en lo que pasa, por ejemplo, cuando pagan con tarjeta de crédito: el ordenador de su banco reduce su saldo en X pesetas y el ordenador del vendedor aumenta su saldo en la misma cantidad. Ni una sola moneda o billete se mueve físicamente de lugar. De hecho, ¡todo pasa sin que ustedes sepan siquiera dónde está el ordenador que guarda su cuenta! Eso hace que los capitales se puedan mover fácilmente de un ordenador a otro, con una llamada telefónica o a través de internet, desde cualquier parte del mundo. Y si los especuladores pueden comprar divisas en Sabadell pagando la tasa Tobin, o en el Atolón de la Vaca sin pagarla, ¿dónde creen que se va a realizar la operación? Mientras quede un solo paraíso fiscal en el planeta, la tasa Tobin es inviable.

En cuarto lugar, y suponiendo que la tasa Tobin se pudiera implementar, ¿cuál sería el tipo impositivo? La propuesta inicial era del 0,1%, pero cada vez son más las voces que proponen el 0,5%. La codicia de los recaudadores los llevará pronto a decir que no pasa nada si se sube al 1%, y después al 10% e incluso al

50%. Cuando esto suceda, los movimientos internacionales de capitales, especulativos y productivos, se paralizarán, y eso podría ser muy peligroso.

El quinto problema se refiere a la utilización del dinero. Los defensores de la tasa Tobin presuponen que las donaciones favorecen el desarrollo del Tercer Mundo. En realidad, sin embargo, las limosnas sistemáticas no contribuyen al crecimiento económico de los países pobres y los condenan a la dependencia permanente. Es más, diversos estudios económicos demuestran que los donativos a países con malas políticas económicas son incluso perjudiciales. La propuesta, pues, no ayudará a reducir la miseria de los pobres por lo que es inútil.

Y finalmente ¿quién administra el dinero? Tobin sugirió que los ingresos fueran a parar al FMI y al Banco Mundial. «Curiosamente», esa parte de su propuesta ha sido ignorada por los globófobos, enemigos acérrimos de dichos organismos. Dicen que se debería crear una nueva institución internacional «más democrática». Dada la tendencia que tienen estos grupos a boicotear violentamente todas las reuniones internacionales, incluyendo las de líderes elegidos democráticamente, el proyecto parece incoherente.

En resumen, la propuesta estelar del movimiento antiglobalización es ineficaz, perjudicial, inviable, peligrosa, inútil e incoherente. Una mala idea a la que se intenta dar credibilidad intelectual a base de reiterar que la ideó ¡todo un premio Nobel! Sólo hay un pequeño problema: James Tobin no está de acuerdo con la actual propuesta e incluso dice, irritado, que los globófobos la han manipulado hasta el punto que los acusa de abusar de su nombre y de su reputación.

Tenemos, pues, la «tasa Tobin pero sin Tobin», que es igual de surrealista que los «huevos al plato pero sin plato» de Salvador Dalí, aunque con mucho menos interés artístico o intelectual.

*La Vanguardia*, 11 de septiembre de 2001

## Gente interesada

El famoso caballo de carreras «Silver Blaze» había desaparecido y su entrenador encontrado muerto en el campo. Se sospechaba de varios individuos y el Doctor Watson, el querido Doctor Watson, había recopilado toda la información sobre lo ocurrido durante la fatídica noche. Antes de partir, el inspector Gregory, de Scotland Yard, le preguntó a Sherlock Holmes: «¿Existe algún otro detalle acerca del cual desearía usted llamar mi atención?». Sherlock contestó: «Sí, acerca del curioso incidente del perro durante la noche». Gregory exclamó perplejo: «¿El curioso incidente del perro? ¡Pero si esa noche el perro no hizo nada!». A lo que Sherlock Holmes, con su temple habitual, contestó: «Ése es, precisamente, el curioso incidente».

Efectivamente: el perro no hizo nada, ni siquiera ladró. Y la aplastante lógica de Sherlock Holmes le llevó a concluir que el único que podía haberse acercado al caballo sin hacer ladrar al perro era... el propio entrenador. Caso solucionado.

Los episodios en los que el silencio del perro delata al culpable, se repiten frecuentemente, incluso fuera de las novelas. Uno de los más recientes es el mutismo que los grupos antiglobalización han mantenido a raíz de los acuerdos firmados en Doha en el marco de la Organización Mundial del Comercio. En esa reunión, los ministros de economía se comprometieron, entre otras cosas, a negociar la reducción de las barreras arancelarias que protegen a los productores agrícolas y textiles de la Unión Europea, Japón y Estados Unidos.

Como ya hemos denunciado a menudo desde estas páginas, uno de los factores que impiden el desarrollo económico de las regiones pobres del mundo es la ridícula y extravagante política proteccionista de los gobiernos de los países ricos. No hace falta ser muy agudo para darse cuenta de que los países subdesarrollados no pueden producir y exportar bienes tecnológicamente sofisticados. Mientras no alcancen un mínimo nivel de capacidad técnica, pues, deben limitarse a producir productos básicos como la agricultura, la pesca, el textil o la minería. En este sentido, su estrategia de crecimiento económico a largo plazo debe consistir en producir esos bienes sencillos y exportarlos a los países ricos. Con las divisas conseguidas, deben mejorar sus infraestructuras, crear instituciones que garanticen la libertad y los derechos de propiedad, financiar la educación de sus trabajadores y empezar a adoptar tecnologías un poco más sofisticadas que les permitan producir y exportar bienes con un poco más de valor añadido: primero relojes, juguetes o productos electrónicos simples y, más adelante, automóviles, electrónica avanzada e informática. Ése fue el camino que siguieron Japón, Corea, Hong Kong, Singapur, Taiwán y los demás «milagros» económicos del Sudeste asiático. Y ése es el camino que está siguiendo China. Simple, ¿no?

Pues no. Porque para que toda esa estrategia funcione, es necesario que empiecen exportándonos los únicos bienes que hoy en día son capaces de producir. El problema es que los gobiernos de Estados Unidos, la Unión Europea y Japón, defensores cuando les conviene de la globalización, se empeñan en cerrar sus lucrativos mercados a los productos agrícolas y textiles del Tercer Mundo. Es más, no contentos con eso, se dedican a subsidiar masivamente (¡con más de 400.000 millones de euros anuales!) a sus productores, con lo que resulta más barato comprar leche europea que leche africana en África. Ante esta grotesca situación, los dirigentes del Tercer Mundo han acusado reiteradamente a los gobiernos de los países ricos de hipocresía económica. Y tienen toda la razón.

Pues bien, en Doha, Estados Unidos, Europa y Japón se comprometieron a dialogar con el objetivo de acabar con esta situación tan perjudicial para el Tercer Mundo. Es cierto que, de momento, solamente se acordó «dialogar» sobre el futuro desmantelamiento de ese proteccionismo salvaje y que todavía queda mucho por hacer. Pero el simple hecho de que los ricos accedieran a hablar del tema representa un paso tan grande, tan nuevo y con unos potenciales beneficios para los pobres tan extraordinarios, que todos los observadores han coincidido en calificar el acuerdo de Doha de gran éxito para los países subdesarrollados.

Y es por ello que uno esperaba que el movimiento antiglobalización, autoproclamado defensor de los intereses del Tercer Mundo, inundara los medios de comunicación con mensajes de celebración. La realidad, sin embargo, ha sido muy distinta ya que lo único que ha inundado los medios ha sido el silencio. Un silencio revelador. Como el perro que no ladró en «El Misterio de Silver Blaze», el mutismo de los globófobos viene a confirmar lo que sospechábamos desde hace tiempo: esos grupos atacan la globalización, no para defender a los países pobres sino para proteger los intereses económicos de los grupos de presión proteccionistas de los países ricos. Entre esos grupos destacan los lobbies textiles norteamericanos, los agricultores europeos y, sobre todo, los violentos campesinos franceses liderados por el símbolo por excelencia del movimiento antiglobalización: el recalcitrante y convicto pastor de cabras, José Bové.

La retórica de los globófobos es hermosa y llena de mensajes solidarios. Pero sus acciones y, en este caso, sus inacciones, son más reveladoras que sus palabras. Como dijo Sherlock Holmes: «Lo importante es separar lo que son hechos absolutos e innegables de lo que son fantasías creadas por reporteros y gente interesada».

*La Vanguardia*, 17 de diciembre de 2001

# Infausto anticapitalismo populista

Escribo este artículo desde la playa de Copacabana en Río de Janeiro, donde la asombrosa habilidad de los jugadores de fútbol-playa certifica por qué Brasil es la pentacampeona del mundo. Ni los futbolistas, ni los *surfers*, ni los bañistas parecen muy adinerados, pero se respira un ambiente de optimismo: Luiz Inácio (Lula) da Silva acaba de ganar las elecciones y todos creen que su situación va a mejorar.

Desde fuera, muchos somos también los que, a pesar de no comulgar con su ideario, celebramos su victoria. Primero, porque una democracia no es tal si las «izquierdas» no pueden mandar sin que degeneren en un populismo chapista o sin que haya un golpe de Estado. Y segundo, porque hay reformas que sólo pueden llevar a cabo las «izquierdas»: si la derecha liberaliza el mercado, se convoca huelga general y si lo hace la izquierda, no. Eso se vio claramente en la España de Felipe González.

El problema es que el optimismo no se corresponde con la situación real del Brasil cuya economía se encuentra en la cuerda floja. En parte, el problema es la coyuntura internacional: no han ayudado ni la desaceleración mundial, ni la caída de los precios de materias primas, ni el miedo a invertir en países emergentes como consecuencia del impago de Rusia en 1998. Tampoco ayuda que las instituciones públicas sigan siendo ineficientes, la burocracia siga siendo un lastre y la economía siga protegida y cerrada al comercio exterior, a pesar de las reformas del gobierno de Cardoso.

Ahora bien, el principal problema de Brasil es de tipo fiscal: la deuda pública ha pasado del 30% al 60% del PIB en los ocho últimos años, a pesar de que el gobierno ha ingresado ingentes cantidades de dólares de las privatizaciones que nadie sabe dónde han ido a parar. Una deuda del 60% es sostenible en una economía desarrollada de Europa, pero es fatídica en un país incapaz de recaudar impuestos por la rampante evasión fiscal (el otro gran deporte nacional) o de generar divisas a través de la exportación.

La estructura de la deuda de Brasil tiene dos características perniciosas. La primera es que está en dólares y con intereses variables. Eso es un doble problema porque cuando sube el dólar como lo está haciendo, la deuda en reales se multiplica y cuando los acreedores creen que el gobierno no pagará los intereses, suben la prima de riesgo hasta el 25% (y lo pueden hacer porque los intereses son variables)... y la deuda se hace impagable.

¡Pues que no se pague!, dirán aquellos que creen que la solución a todos los problemas es la cancelación de la deuda. Ahí es donde entra la segunda característica: la deuda pública no está en manos extranjeras sino de bancos e inversores locales. El impago provocaría la insolvencia del sistema financiero, el cierre de los bancos y la paralización de la inversión. La consecuencia sería una recesión sin precedentes y el desempleo masivo. Sólo hay que retroceder unos meses para ver que eso es exactamente lo que ha sucedido en Argentina... ¡y los peor parados han sido los pobres!

La tragedia, pues, sólo se puede evitar haciendo que la deuda sea sostenible ganando la confianza de los acreedores. Para ello, el presidente Da Silva debe seguir la línea moderada y sensata que apuntó como candidato y que está apuntando durante la transición, sin volver al marxismo radical que le hizo perder las anteriores elecciones. Tampoco iría mal que la comunidad internacional, a través del FMI, concediera un gran crédito que indique que se está dispuesto a apostar fuerte por Brasil. Y no me refiero a los 30.000 millones de dólares que ya ha prometido. Me refiero a una ayuda que ronde el 20% del PIB, la proporción que ha servido para que Turquía y Uruguay salieran del paso. Claro que el 20% del PIB brasileño son 120.000 millones de dólares, cantidad que representaría el mayor desembolso de la historia del FMI. Si la asistencia no puede ser de esa magnitud, mejor será que no se conceda nada. Una ayuda menor sólo haría aumentar la deuda externa del país y aplazar la crisis unas semanas... como ya sucedió en Argentina a finales de 2001. En el mundo de las finanzas internacionales, las cosas a medias no funcionan.

Dado que no parece probable que el FMI dé un crédito de esa envergadura, el presidente Lula debería actuar bajo el supuesto de que no la tendrá. Su única estrategia en ese caso, es conseguir un gran consenso con todas las fuerzas políticas y sociales pidiendo el sacrificio común a corto plazo para alcanzar crecimiento a medio plazo: los banqueros deben renegociar la deuda y no cobrar tipos de interés del 25%, los evasores fiscales —entre los que destacan los futbolistas brasileños que juegan en Europa— deben pagar sus impuestos, el partido de Cardoso no debería embarcarse en una oposición destructiva y, sobre todo, los seguidores de Lula deben entender que la mayor parte de las promesas electorales —empezando por la subida del 100% de los salarios mínimos— no se podrá hacer realidad, al menos hasta que la economía haya salido del pozo.

En este sentido, el presidente Lula debe hacer un gran esfuerzo pedagógico para explicar a sus seguidores por qué se van a incumplir las promesas que tanta euforia han generado en Brasil. Si no lo hace, el optimismo dará paso al desengaño y las esperanzas que todos tenemos ahora de que, por fin, un partido de izquierdas gobierne bien en América Latina se desvanecerán, abriendo de nuevo las puertas a eso que tanto daño ha hecho y está haciendo en el continente: el infausto anticapitalismo populista.

*La Vanguardia*, 6 de diciembre de 2002

## ¡Que se *vashan* todos!

Berta Vidal de Battini describía a uno de los genios mitológicos guaranís, el «Cuarahú-Yara» o «Dueño del Sol», como «un ser bajo, poderoso y retacón, capaz de causar grandes perjuicios, pero gran amigo de los campesinos del norte de Argentina que le ofrecían tabaco y alimento a cambio de favores y protección».

Sin llegar a ser la antigua Grecia, Argentina es un país rico en mitos donde las fábulas se crean continuamente. Una de las más recientes es la que dice que la actual crisis económica ha sido causada por el «consenso de Washington»: «Argentina era el estudiante más aplicado del FMI y siguió al pie de la letra todas sus fórmulas neoliberales y por esto llegó el desastre», reza el nuevo mito. A pesar de su atractivo populista, esta convicción es una cómica ficción porque, si hay un ejemplo de país que ha sido víctima de su propio gobierno, éste es el país de los gauchos.

De hecho, si Argentina es un buen estudiante de alguien, lo es de la Madre Patria, la España tradicional donde la gente no se hacía rica a través de la competencia y la creación de buenos productos (el botijo, la pandereta y la siesta son grandes inventos españoles de la época... aunque difíciles de patentar), sino a base de arrimarse al poder político para conseguir algún favor del gobierno en forma de monopolio o permiso para saquear al personal. Esa gran tradición española llegó a América de mano de los virreyes, esos seres políticamente privilegiados con licencia para robar. De hecho, uno se pregunta si la descripción de

Berta Vidal es la de un mítico genio guaraní o la de un virrey español.

El principal problema argentino es que su clase política aprendió tan bien la lección que todavía hoy uno debe pasar por el gobierno si se quiere hacer rico de verdad. Sabiéndolo, los contribuyentes se niegan a pagar impuestos y, claro, entre el dinero que se evade y el que se embolsan los políticos, el sector público sufre déficits fiscales de difícil sustentación. En los años ochenta, esos déficits se financiaron imprimiendo pesos, cosa que dio lugar a terribles hiperinflaciones. En 1991, el superministro Domingo Cavallo le quitó la máquina de imprimir dinero al gobierno, ligó el peso al dólar y saneó y liberalizó el sistema financiero. Siguieron unos años de prosperidad, durante los cuales se vendieron empresas públicas argentinas a Iberia, Telefónica, BSCH y BBVA entre otras. El FMI nunca recomendó que el dinero recaudado desapareciera en los profundos bolsillos de cacos políticos sin escrúpulos, sino que pidió que fuera ahorrado para cuando viniera una crisis de confianza. También recomendó que se abriera la economía al comercio exterior para generar dólares que serían necesarios en tiempos de vacas flacas. No se hizo: en el año 2000, la suma de exportaciones e importaciones no llegaban al 20% del PIB, un número ridículo para quien se precie de ser el «alumno más aplicado del FMI».

En 1998, la crisis empezó a sacar sus feas orejas. La causa fue, en parte, la mala suerte: primero el impago de la deuda rusa causó la desconfianza de los inversores internacionales en los países emergentes. Luego, la subida del dólar y la devaluación del real brasileño encarecieron los productos argentinos y abarataron los de la competencia. Finalmente, la crisis de las vacas locas perjudicó a todos los países productores de carne, entre los que destacaba Argentina.

Las autoridades resucitaron a don Domingo Cavallo. Y ahí es donde empezaron los problemas de verdad, porque el que apareció en escena no era el Cavallo liberal de los viejos tiempos sino un egomaníaco con ambiciones presidenciales que no hizo más que recortar la libertad. Empezó por forzar el despido del presidente del Banco Central, Pedro Pou, acusándole falsamente de delitos financieros. En su lugar nombró a un tal Roque Maccarone que se dedicó a desmantelar las normas de supervisión bancaria que debían asegurar una respuesta adecuada a una crisis de confianza. También eliminó el límite que tenían los bancos de comprar deuda del gobierno. Todo esto acabó por destruir el sistema financiero. No contento con ello, Cavallo introdujo barreras comerciales recaudatorias que reducían aún más la apertura exterior. Y, ¿cómo no?, impuso el famoso «corralito financiero» que impedía a los ciudadanos de a pie sacar el dinero que tenían en el banco. Ni qué decir tiene que todas estas medidas «antimercado» (que, por supuesto, no contaban con la aprobación del FMI), no hicieron más que desatar el pánico y la desesperación. Lo que hubiera sido una crisis normal pasó a ser una catástrofe económica sin precedentes. Catástrofe a todas luces causada por el Estado, digan lo que digan los mitos de nueva creación.

A pesar de que la tragedia lleva ya tiempo fraguándose, el colmo de la desvergüenza no se ha visto hasta hace un par de semanas, cuando el gobierno de Eduardo Duhalde se ha dedicado a difundir imágenes de niños de Tucumán hambrientos con el objetivo de hacer que la opinión pública mundial le ayude a conseguir nuevos créditos internacionales. La utilización de niños moribundos por parte de los líderes argentinos para conseguir todavía más dinero representa, ya, la cima de la inmoralidad.

¿Cómo se endereza este desastre político? Un camarero travesti de Rosario, usando esa «sh» que los argentinos utilizan para pronunciar la «y», soñaba con un mundo ideal sin políticos cuando, con esa gracia e inocencia que caracteriza a los camareros travestis de Rosario, me decía: «¡que se *vashan* todos!»

*La Vanguardia*, 17 de diciembre de 2002

## Más globalización...
## y menos ONU y Banco Mundial

«La ONU alerta del incremento de la pobreza en el mundo pese al auge económico global.» Éste era el titular que los periódicos de aquí ponían la semana pasada a la noticia de la presentación del informe anual de Desarrollo Humano. La ONU «confirmaba» aquello de que el crecimiento económico beneficia sólo a unos cuantos y que la globalización neoliberal (salvaje, no se olviden de lo de salvaje) no sirve para erradicar la pobreza del mundo.

Les debo confesar que, cuando leí esa noticia me sorprendí porque yo había visto versiones preliminares del informe y no era ésa la conclusión a la que llegaban. Me conecté rápidamente a internet y conseguí una copia final del informe. Y cuál no fue mi sorpresa cuando, efectivamente, en la página 5 leí: «En el mundo hay 1.200 millones de ciudadanos que sobreviven con menos de un dólar al día. Durante los años noventa, la fracción de la población mundial que vive en situación de pobreza extrema cayó del 30% al 23%. Pero en un mundo de población creciente, el número de pobres se redujo sólo en 123 millones».

Los datos publicados por la ONU, por tanto, indican claramente que la pobreza en el mundo se ha reducido. Misteriosamente, el titular de periódico decía exactamente lo contrario. Es cierto que el comentario que acompaña a los datos indica que los economistas de la ONU creen que esta reducción es muy pequeña («sólo» 123 millones de seres humanos han dejado de ser pobres). Ahora bien, que la tasa de pobreza se haya reducido en una cuarta parte durante una década en la que la población mundial ha aumentado en 1.000 millones de personas (y recuerden que la mayor parte de ésas nacieron en países subdesarrollados) es un éxito casi sin precedentes históricos. De hecho, solamente la década de los ochenta, la otra década de la globalización neoliberal, supera a los noventa en reducción de pobreza.

Todo esto sería cierto si los datos de la ONU fueran correctos. El problema es que la ONU toma ciegamente los datos del Banco Mundial, una institución que recibe dinero para erradicar la pobreza. Es decir, una institución a la que por un lado le interesa decir que en el mundo hay muchos pobres (cosa que justifica su propia existencia) y por otro, le interesa decir que se está mejorando (cosa que demuestra que no todo el dinero se pierde en los pasillos de la burocracia y la incompetencia)... aunque sólo un poco (o sea, que con un poco más de presupuesto se arreglará todo). «Curiosamente», ésta es la conclusión a la que llega el Banco Mundial.

Calcular bien los índices de pobreza es importante, entre otras cosas, porque en el año 2000 la ONU se propuso conseguir los «objetivos del milenio». El primer objetivo era que, para el año 2015, la tasa de pobreza extrema debía ser la mitad de la de 1990. Rápidamente, el Banco Mundial pidió un aumento de presupuesto de decenas de millones de dólares para conseguirlo. Y para saber si se alcanza el objetivo, las tasas de pobreza deben ser estimadas correctamente. He aquí la importancia de los datos. Ahora bien, como parte interesada, el propio banco no debería ser el único evaluador del éxito de sus programas, ¿no? Pues hasta hace bien poco, lo era.

Afortunadamente, algunos investigadores académicos han puesto fin a ese monopolio de los datos y han hecho sus propios cálculos. En un libro reciente, el economista indio Surgit Bhalla critica ferozmente la metodología, el secretismo y las conclusiones a las que llega el Banco Mundial. Sus estimaciones indican que, entre 1990 y 2000, la fracción de la población mundial con menos de un dólar al día ha caído del 25,4% al 13,1%. Es decir, la tasa de pobreza se ha reducido a casi la mitad. Según Bhalla, el número de pobres dista mucho de los 1.200 millones estimados por el Banco Mundial y la ONU y se sitúa en 647 millones de ciudadanos. En una serie de estudios aparecidos recientemente, un servidor estima que la tasa de pobreza ha bajado del 20% al 12%, una reducción menor que la estimada por Bhalla pero bastante superior a la de la ONU. Note el lector que, si estos estudios son correctos, el objetivo del milenio de reducir la pobreza a la mitad casi ya se ha conseguido... ¡con doce años de antelación! y por lo tanto, el incremento de presupuesto demandado por el Banco Mundial no está justificado.

A pesar de que discrepan con el Banco Mundial (y por ende, la ONU) sobre la magnitud de la pobreza y su evolución desde 1990, los nuevos estudios confirman que la región del mundo que más ha mejorado es Asia, que tanto América Latina como el mundo árabe no han empeorado pero tampoco han mejorado mucho y que los problemas de pobreza se concentran en el continente africano. La pregunta es: ¿por qué no ha crecido África? Y, en particular, ¿es por culpa de un exceso de globalización neoliberal? La respuesta es clara y rotundamente no: en África no invierten las multinacionales, los ciudadanos africanos no pueden emigrar libremente, sus productos no se pueden exportar a los países ricos por culpa de nuestro absurdo proteccionismo agrícola y las tecnologías que ya existen en el mundo desarrollado (como las pastillas antirretrovirales que impiden que el VIH se convierta en sida) no llegan al continente negro. Es decir, si la globalización económica se caracteriza por el libre movimiento de capital, trabajo, mercancías y tecnología y si ninguno de esos factores ha llegado todavía a África, la solución al mayor problema económico del mundo no es menos sino más globalización. Más globalización... y menos ONU y Banco Mundial.

*La Vanguardia*, 17 de julio de 2003

# El «fin» del milagro chino

Escribo este articulo desde Shanghai. Mirando por la ventana de mi habitación veo docenas de rascacielos iluminados formando un perfil de ciudad que recuerda al de Manhattan. En la calle, millones de ciudadanos, sorprendentemente bien vestidos, compran y venden en medio de un bullicio donde se mezclan bazares tradicionales, vendedores de productos falsificados y tiendas de marcas familiares que van desde Starbucks a BMW pasando por McDonalds o Armani. Afortunadamente, lejos quedan los tiempos de Mao Tse Tung, la revolución cultural, el gran salto adelante, el comunismo chino... y de los millones de muertos de hambre causados por un sistema de planificación miserable y empobrecedor.

Durante mi estancia hablo con diferentes líderes políticos. Figura que el experto en crecimiento económico soy yo, pero el éxito que está teniendo este país me aconseja no dar lecciones sino callar, escuchar y aprender. Los gobernantes, orgullosos de sí mismos, me explican que el «milagro» se ha basado en cuatro pilares fundamentales. El primero ha sido la introducción de mercados y la apertura de éstos al exterior, importando tecnología y capital y exportando productos industriales basados en mano de obra barata. Sorprende ver cómo políticos «comunistas» ensalzan las bondades del mercado. Claro que la evidencia hace callar incluso a los más fanáticos: desde 1978, unos 400 millones de ciudadanos chinos han dejado de ser pobres. El capitalismo está erradicando rápidamente toda la pobreza que generó el socialismo.

El segundo pilar es que las reformas se han hecho desde dentro, sin imposición por parte de países ricos o de instituciones internacionales. En diversas ocasiones he escrito desde estas páginas que lo que funciona en un país no tiene por qué funcionar en otros porque las culturas, las historias, las experiencias y las actitudes de los ciudadanos son distintas. Y China ha sabido encontrar instituciones propias que, de momento, parecen funcionar. Por ejemplo, ha combinado el capitalismo de mercado con una propiedad privada limitada. También ha conseguido que los municipios compitan entre ellos ya que se pueden quedar el dinero de los impuestos una vez pagada al Estado central una cuota establecida. La competencia entre gobiernos es una brillante estrategia para un país tradicionalmente ahogado por la burocracia y la corrupción.

Tercero, las reformas se están introduciendo lentamente: primero se prueba una política en una ciudad o región. Si funciona, ésta se extiende a todo el país y si no, se desestima y se introduce otra. Esta experimentación gradual (que los economistas llaman *learning by doing* o «aprender haciendo») parece haber dado mejores frutos que los consechados, por ejemplo, en Rusia donde las reformas se hicieron de golpe (estrategia que se dio en llamar el «bing bang»). Esa rapidez produjo un vacío institucional que permitió que unos cuantos espabilados del partido se apoderaran de los recursos del país y formaran una oligarquía corrupta.

El cuarto pilar sobre el que, según los políticos chinos, se fundamenta el éxito económico de su país es lo que llaman «socialismo de mercado». Al principio no entiendo muy bien de qué me están hablando ya que utilizan palabras tradicionales de la filosofía china. Ya saben, aquello del yin y el yang, el equilibrio entre cuerpo y alma o entre hombre y naturaleza, el pequeño saltamontes y todo esto. Finalmente, deduzco que creen haber introducido mercados manteniendo la «armonía social», es decir, reduciendo desigualdades entre personas, regiones, etnias y sexos. Es decir, la filosofía china sustituye a la retórica progre de la izquierda europea para explicar que el mercado es «malo» y que el Estado debe corregirlo. La diferencia es que los chinos no se lo creen. Al fin y al cabo ellos saben lo trágico que es vivir en una economía socialista de planificación... algo que los progres europeos sólo «conocen» a través de la lectura de las obras completas de Mao. Y digo que no se lo creen porque si ustedes miran los datos, verán que en China las desigualdades de renta entre ciudadanos, regiones y etnias han aumentado dramáticamente y que las mujeres siguen teniendo un papel testimonial (entre ustedes y yo, ninguno de los líderes políticos con los que me reuní era mujer).

Ignorando el cuarto pilar —colocado en los discursos oficiales con finalidades claramente propagandísticas—, la lección es que el éxito de China se ha basado en la introducción gradual de mercados y la apertura a las fuerzas de la globalización. La pregunta es si este «milagro» durará mucho tiempo. Y la respuesta es que... ¡no lo sé! Hay quien dice que el sistema financiero, inundado de créditos impagables, está a punto de quebrar. Otros dicen que, a medida que los ciudadanos se enriquezcan, las demandas de libertad harán incompatible el sistema de mercado con la falta de democracia política. Un tercer grupo opina que, al basarse en industrias de salarios bajos, el crecimiento económico hará que éstos suban y eso acabará por matar a la gallina de los huevos de oro. Finalmente, otros auguran una revaluación del yuan (un encarecimiento de la moneda china con el consiguiente encarecimiento de los productos chinos), cosa que frenará las exportaciones que han sido el motor del milagro.

Es posible e incluso probable que el gigante asiático pronto deje de crecer. Ahora bien, dadas las sorpresas que nos ha dado en los últimos treinta años, yo no apostaría mucho dinero a favor de los que auguran el fin del milagro chino.

*La Vanguardia*, 13 de mayo de 2005

## Suecia: ¿espejo o espejismo?

Han vuelto los Juegos Olímpicos de Invierno con sus paisajes nevados, sus palacios de hielo, sus esquiadores y sus patinadores, sus trineos y... ¡con los miles de suecos que se ponen enfermos cada vez que hay olimpiadas! Y es que, curiosidades de la vida, el deporte televisado parece ser contagioso en los países nórdicos. Al menos eso es lo que se deduce de un estudio de Peter Skogman Thoursié de la Universidad de Estocolmo que demuestra que cuando dan deportes por la tele miles de suecos no van a trabajar porque están enfermos. Claro que a lo mejor, en lugar de epidemia deportiva, lo que pasa es que la benevolencia del Estado fomenta la cara dura generalizada.

¡Cómo! ¿El Estado del bienestar por excelencia no funciona a la perfección? ¿No habíamos quedado que en Suecia, ese país que «ha sabido combinar bienestar y riqueza», todo iba tan bien? De tanto que los profesores de izquierdas nos han repetido que Suecia era el nirvana yo casi me lo había creído...

Bien. De hecho no. No me lo había creído. Hace tiempo que sospecho que mucho de lo que pasa en Suecia es propaganda progresista, y lo sospecho porque he estado ahí y lo he visto, he hablado con ciudadanos y economistas y he analizado los datos.

Empecemos por la riqueza. Según la OCDE, el Producto Interior Bruto per cápita sueco de 2004 era de 29.148 dólares (ajustando por el poder adquisitivo). En comparación, el de Estados Unidos es de 36.557 dólares: ¡un 22% superior! En 1975, la renta relativa de Suecia era de 91%. Es decir, si el PIB americano era 100, el sueco era de 91. Desde entonces, la renta relativa bajó paulatinamente hasta tocar fondo en 1993 con un 75%. Desde entonces, se ha recuperado un poquito hasta el 79% actual.

Suecia es hoy el cuarto país más rico de la Unión Europa. ¡No está mal! Bien, de hecho no estaría mal si no fuera porque, si en lugar de estar en la UE estuviera en América, Suecia sería el séptimo estado ¡más pobre de los Estados Unidos!

Durante décadas, el contrato social implícito en Suecia era que tú pagabas unos impuestos elevados y cuando te iban mal las cosas el Estado te protegía. El problema apareció cuando una enorme crisis a principio de los noventa dejó al sector público sin recursos por lo que no pudo cumplir su promesa... justo cuando los ciudadanos más lo necesitaban. Eso despertó a muchos suecos del sueño en el que habían vivido, por lo que echaron a los socialdemócratas del gobierno. Los liberales introdujeron reformas y fomentaron la libertad de elección de servicios como la escuela, la sanidad o las pensiones. Intuyendo el descontento popular, los socialdemócratas cambiaron de plataforma hasta el punto que, cuando volvieron al poder, no hicieron marcha atrás sino al contrario. A muchos les sorprenderá saber que, hoy en día, Suecia tiene un sistema de cheque escolar y tiene una parte de la seguridad social privatizada: dos de las políticas que más ferozmente critican los progres españoles que tanto quieren que nos parezcamos a los escandinavos.

Esas tímidas reformas explican la ligera recuperación de la renta relativa durante los noventa... pero son insuficientes para garantizar el crecimiento futuro. Y eso preocupa, y mucho, a los propios suecos. Los impuestos todavía son opresivos, la regulación es excesiva y el mercado laboral es tan inflexible que el único que crea empleo es el sector público: en los últimos cuarenta años el sector privado no solamente no ha creado ni un solo puesto de trabajo neto (repito, ni uno solo) sino que ¡ha perdido hasta 300.000! La tasa oficial de paro es de un 5%. No está mal. Ahora bien, me cuenta uno de los economistas más influyentes de Suecia, el que fue presidente del comité que otorga los premios Nobel de Economía, Assar Lindbeck, que el dato tiene trampa. Primero, por el viejo truco de las jubilaciones anticipadas: cuando el gobierno quiere reducir la tasa de desempleo, se despide a unos cuantos trabajadores de entre 50 y 65 años, se les pone el cartel de prejubilados y se contrata a jóvenes sin trabajo. Como los prejubilados no cuentan como parados, la tasa oficial de desempleo cae con la artimaña. Pero la verdad es que todos esos prejubilados están desempleados y si los contabilizásemos como tales, la tasa de paro subiría unos 10 puntos.

Segundo, porque el Estado es muy generoso con el ausentismo laboral por enfermedad (hasta el punto ridículo que uno puede pedir la baja por razones psicológicas si no le cae bien su jefe). Si se contabilizaran como parados a los falsos «enfermos» la tasa de paro subiría otros 5 puntos. Total, que en lugar del 5% oficial, la tasa de paro real del «paraíso» sueco se acerca más bien al 20%.

Naturalmente, todos estos abusos acaban disparando el gasto social... y eso da alas a aquellos devotos de la socialdemocracia del sur (liderados, cómo no, por el legendario Chupacabras) que todavía creen que un elevado gasto social es un signo de modernidad y bienestar. En realidad, dilapidar recursos impositivos en subsidios de paro, prejubilaciones inducidas y falsas bajas por enfermedad no es una señal de que las cosas van bien sino todo lo contrario: ¿o es que debemos celebrar el hecho de que durante esta semana, el gasto social en Suecia subirá para financiar a todos aquellos desconsiderados que decidirán quedarse en casa a mirar las olimpiadas estafando así a sus conciudadanos?

Muchos son los que creen ciegamente que Suecia es el objetivo a perseguir, el espejo en el que nos debemos reflejar. Vistos los resultados, me pregunto si es espejo o espejismo.

*La Vanguardia*, 17 de febrero de 2006

## No tienen otro remedio

Desde hace unos meses, cada quince días algún banco importante anuncia un agujero financiero relacionado con las hipotecas *subprime*. De momento, el récord lo tiene Citigroup con un agujero de 24.000 millones de dólares, seguido de Merrill Lynch con 22.500, la Unión de Bancas Suizas con 18.700. Y así, de millardo en millardo, totalizan un agujero global de 181.500 millones de dólares.

¿Qué pasa cuando esos bancos anuncian pérdidas tan exorbitantes? Pues, en circunstancias normales, el precio de sus acciones cae en picado y son compradas a precio de saldo por otra entidad financiera privada (véase el caso de Bear Sterns que cotizaba a 160 dólares por acción hace unos meses y fue adquirida por JP Morgan por cuatro dólares hace unas semanas). Lo interesante, sin embargo, es que durante la presente crisis han aparecido unos nuevos jugadores en la partida financiera: los llamados «fondos soberanos», compuestos por dinero acumulado por los gobiernos de países productores de petróleo más China y Singapur.

La idea de los fondos soberanos surgió en los años setenta, cuando el gobierno americano decidió poner los recursos que generaba el petróleo de Alaska en un fondo cuyos rendimientos eran repartidos entre los ciudadanos de ese estado. Esa idea fue copiada rápidamente por otros países productores de petróleo para estabilizar sus finanzas: cuando el precio del petróleo está alto, ellos invierten una parte de las ventas en los fondos soberanos. Cuando el precio baje, los ciudadanos podrán vivir, literalmente, de las rentas de esos fondos. Así estabilizan sus economías. Hoy, el mayor fondo del mundo es el de Abu Dabi (que administra 875.000 millones de dólares), seguido por el de Noruega (350.000), el de Arabia Saudí (300.000) y el de Kuwait (250.000). A esos fondos de petróleo se unen los de dos países cuyos gobiernos obligan a los ciudadanos a ahorrar de manera compulsiva (Singapur y China), cuyo monto es ya de 470.000 y 200.000 millones de dólares respectivamente. Se calcula que, entre unos y otros, los fondos soberanos administran cerca de 3 billones de dólares.

Al principio, los fondos soberanos se invertían en bonos del Estado, con intereses seguros pero miserables. Poco a poco, compraron empresas privadas para obtener una mayor rentabilidad. Lo que nos devuelve a la crisis financiera actual: durante los últimos meses, se han dedicado a comprar o rescatar bancos occidentales con problemas. El fondo de Abu Dabi rescató al Citigroup, el de Singapur rescató a la Unión de Bancas Suizas, el fondo Chino ha comprado parte de Barklays, mientras el de Dubai ha comprado participaciones importantes del Deutsche Bank.

Esta gran inyección de dinero público ha sido bienvenida por el sector financiero occidental ya que, de momento, ha evitado una catástrofe económica... pero ha generado recelo entre los legisladores que no saben exactamente cómo tratar el tema. En Estados Unidos, por ejemplo, los fondos públicos de la seguridad social no pueden ser invertidos en empresas privadas. Ante esa restricción, uno se pregunta: si el dinero público americano no puede invertir en empresas privadas, ¿por qué se deja que lo haga el dinero público de otros países?

En principio, debería haber libertad de invertir allí donde uno guste. Pero ¿los gobiernos también? Existen tres razones que recomiendan limitar la libertad de los fondos públicos. Primero, la regla básica del capitalismo es que las empresas deben intentar maximizar la rentabilidad de los inversores. El problema aparece cuando un socio mayoritario (en este caso el fondo soberano extranjero) tiene «otros» objetivos políticos. Por ejemplo, un fondo de Abu Dabi que compra una empresa de aviación puede intentar promocionar destinos en Abu Dabi no rentables desde el punto de vista empresarial, pero deseables políticamente. Eso perjudicaría al resto de los propietarios de la empresa y debe ser impedido.

Segundo, los fondos públicos pueden ser sometidos a presiones políticas que perjudiquen a los accionistas. Ejemplo: no hace mucho, el fondo de Noruega estaba metido en un banco privado que especuló contra la moneda de Islandia. Los accionistas ganaban mucho dinero con esa operación... hasta que el gobierno de Islandia llamó al de Noruega y amenazó con represalias diplomáticas. Noruega obligó al banco privado en el que participaba a dejar de especular y los accionistas perdieron dinero. Tercero, los gobiernos pueden tener la tentación de utilizar las empresas participadas para contratar a directivos no porque estén capacitados para dirigir esos negocios sino a cambio de favores políticos.

En honor a la verdad, si exceptuamos el episodio de Noruega-Islandia, hasta ahora los fondos soberanos se han comportado de forma impecable por lo que, de momento, los problemas existen sólo a nivel teórico. Dicho esto, es preocupante que, cuando se les ha pedido que firmaran un compromiso de no actuar con criterios políticos, se han negado rotundamente. Y negativa levanta sospechas.

Cuando la tormenta económica haya amainado, el paisaje financiero será peculiar: el dinero público estará infiltrado en el corazón financiero del capitalismo occidental al ser los estados de países extranjeros los propietarios de los principales bancos occidentales. Está por ver si los líderes políticos que tantas trabas ponen a los gobiernos locales para que participen en empresas privadas, hacen la vista gorda a los fondos soberanos porque piensan que no habrá problemas... o porque saben que no tienen otro remedio.

*La Vanguardia*, 17 de marzo de 2008

## El problema es la intervención

Dicen que lo que separa la civilización de la anarquía son sólo siete comidas: la paz social sólo es posible cuando los ciudadanos tienen cubiertas las necesidades básicas y, cuando falla la comida, empieza la revolución. Esa dicha se está haciendo realidad estas últimas semanas en países como Haití, Kenia, Camboya, India o Vietnam, donde el encarecimiento de los alimentos está generando reacciones violentas.

¿Por qué suben los precios? Naturalmente Al Gore y sus seguidores se han apresurado a dar las culpas a las sequías y huracanes presuntamente causados por el cambio climático. Pero esa justificación es simplista e interesada ya que también están subiendo el petróleo, el carbón o el acero, y eso no tiene nada que ver con el clima.

¿Cuáles son, pues, las razones de verdad? Por el lado de la demanda, el crecimiento de países como China, India y el resto de Asia hace que miles de millones de ciudadanos quieran comer más y mejor. Comer mejor quiere decir comer carne y ya se sabe que para producir 1 kilo de carne se necesitan 6 kilos de cereales. Es decir, cereales que antes iban al consumo humano directo ahora van al consumo de vacas, cerdos o pollos y eso aumenta su demanda y, por ende, su precio.

El crecimiento de esos países también aumenta la demanda y el precio de acero, petróleo, gas natural, carbón, energía, o madera. Esto genera mayores costes de producción, costes que son traspasados a los precios finales de los alimentos.

Por el lado de la oferta, existen dos fenómenos curiosos causados por los políticos occidentales. En Estados Unidos, la obsesión por los biocombustibles (causada a partes iguales por la histeria del cambio climático —y la creencia que el biodiésel emite menos $CO_2$ que los combustibles fósiles— y por la búsqueda de la independencia energética de Oriente Próximo) ha hecho que el gobierno diera importantes incentivos fiscales a la producción de biocombustibles. Cerca del 30% de las tierras que antes se dedicaban a producir comida para personas, ahora producen para los automóviles. Consecuencia: los precios de los alimentos se han disparado.

Europa no está (¡todavía!) tan obsesionada por los biodiesels aunque tenemos otro tipo de obsesión: la aversión a los transgénicos. Ésta ha causado reducciones importantes de la oferta mundial de alimentos. Y no me refiero a la oferta europea. Me refiero a la oferta de países africanos que, al tener miedo de no poder exportar algún día sus productos agrícolas a Europa, se niegan a adoptar maíz, trigo o arroz transgénicos que les permitiría obtener productividades superiores.

A estos factores de oferta y de demanda se han sumado últimamente algunos especuladores que, al ver que los precios subían, se han dedicado a comprar esperando vender más caro y algunos gobiernos, como el de Argentina, cuyas barreras a la exportación no han hecho más que reducir la oferta mundial de alimentos y contribuir a su encarecimiento.

¿Qué se puede hacer para mitigar las consecuencias del encarecimiento de los alimentos? A corto plazo, hay que enviar comida a los 100 millones de ciudadanos que la ONU estima que van a pasar hambre. Se podrían utilizar, por ejemplo, los excedentes que generan los subsidios de los países ricos, empezando por las 400.000 toneladas de arroz que el gobierno de Japón compra a sus agricultores a precio subsidiado y que acaba tirando al mar.

A medio y largo plazo, la solución pasa por aumentar la oferta ya que la reducción de la demanda sería una inmoralidad (aunque estoy seguro que algún líder de ICV pensará que lo mejor que pueden hacer los chinos es introducir una «nueva cultura de la alimentación» y dejar de comer carne).

Para fomentar la oferta se pueden hacer diferentes cosas. Primera: dedicar recursos a la investigación con el objetivo de aumentar la productividad agrícola en países de climatología complicada. La revolución verde de los años cuarenta y cincuenta (financiada por las fundaciones Ford y Rockefeller) permitió aumentar la productividad agrícola y alimentar a miles de millones de ciudadanos. Se necesita una nueva revolución verde para países africanos. Una posibilidad sería redirigir una parte de la ayuda pública al desarrollo (que ahora se está perdiendo en los profundos bolsillos de corruptos africanos) al I+D agrario. Nosotros, por ejemplo, podríamos aportar nuestro granito de arena dedicando la próxima Marató de TV3 a la investigación agrícola en el Tercer Mundo.

Segunda, seguir el ejemplo de Brasil y promocionar la creación de medianas y grandes empresas agrícolas. Sí, ya sé que desde Europa tenemos la imagen idílica de las aldeas pobres del Tercer Mundo pobladas por familias felices que producen sus propios alimentos y que la venta de éstos en los mercados mundiales no es más que una explotación comercial. Esa imagen idílica es falsa. Los productores familiares son ineficientes y para aumentar su productividad, tendrían que aumentar su escala, adoptar tecnologías modernas y exportar a los mercados mundiales.

Tercera, impedir que los países como Argentina penalicen a los exportadores. Si los agricultores son forzados a vender en los mercados locales a precios reducidos, no tendrán incentivos a hacer lo que es necesario: aumentar la oferta.

Y finalmente, abandonar inmediatamente la locura de los subsidios a los biocombustibles y las prohibiciones de transgénicos. Como pasa tan a menudo en economía, la solución de los problemas no es la intervención del sector público. Al contrario. El problema es la intervención.

*La Vanguardia*, 17 de mayo de 2008

## Obama es el más atractivo

Tiene el movimiento elegante de Tiger Woods, la belleza aristocrática de Denzel Washington, la simpatía contagiosa de Michael Jordan y la destreza verbal de Martin Luther King.

Barack Obama, el primer candidato afroamericano a la presidencia de Estados Unidos, posee un extraordinario atractivo personal que le convierte en el favorito de todas las encuestas (sobre todo las que se hacen en Europa). Ataviado siempre con un traje oscuro, una camisa blanca, una corbata roja o azul y un pin de la bandera norteamericana en la solapa... ¿Qué? ¿Un pin con la bandera norteamericana? ¡Pero si hace unos meses Obama decía que eso de los pins era un abuso que los republicanos hacían de la bandera con objetivos partidistas y se negaba a ponerse el que le regalaron el 11 de septiembre! ¿Cómo es que ha decidido volver a ponérselo?

Curioso, ¿no creen? De hecho, igual de curioso que toda una serie de transformaciones que el carismático candidato ha ido experimentando últimamente: hace sólo tres meses Obama era una especie de mesías de izquierdas adorado por toda la progresía del mundo (sobre todo la europea) y ahora parece que el mesías está abandonando a sus fieles y abraza posiciones más de centro liberal.

Cuando era de izquierdas hace tres meses, Obama se oponía vehementemente al tratado de libre comercio que Estados Unidos tiene con Canadá y México (los progres piensan que la globalización perjudica a los trabajadores de los países ricos porque se llevan los puestos de trabajo a los países pobres, por lo que todo político de izquierdas debe oponerse al libre comercio). Ahora que es moderado, dice que el tratado comercial de países norteamericanos se debe cumplir y que el comercio es beneficioso para la sociedad.

Cuando era de izquierdas hace tres meses, Obama se oponía a la ley FISA (ley de espionaje e inteligencia en el extranjero) que pretendía perdonar a las compañías de telecomunicaciones que espiaron a ciudadanos estadounidenses después del 11 de septiembre. Ahora que es moderado, votará a favor de la ley.

Cuando era de izquierdas hace tres meses, Obama se comprometió a no utilizar fondos privados para financiar su campaña electoral (ya se sabe que la progresía no tolera la financiación privada de campañas electorales). Ahora que es moderado (e inmensamente rico, gracias a las donaciones privadas, dicho sea de paso), ha renegado de su promesa.

Cuando era de izquierdas hace tres meses, dijo que, a diferencia de Bush, él se reuniría con todos los presidentes del mundo (incluido el iraní Ahmadineyad, o los hermanos Castro) «sin condiciones previas». Ahora que es moderado, apunta que toda reunión internacional requiere una «preparación».

Cuando era de izquierdas hace tres meses, Obama decía que los impuestos sobre la renta debían subir para financiar, entre otras cosas, una seguridad social universal. Ahora que es moderado, propone recortes impositivos «para las clases medias».

Cuando era de izquierdas hace tres meses, declaró que la ley que prohibía portar armas en Washington era plenamente constitucional. Ahora que es moderado y que el Tribunal Constitucional ha rechazado esa ley, ha declarado que la Corte Suprema tiene razón.

Cuando era de izquierdas hace tres meses, Obama dijo que nunca podría repudiar a su pastor, el reverendo Jeremias Wright, por más discursos racistas que pronunciara desde su púlpito. Ahora que es moderado, lo ha repudiado sin ninguna contemplación.

¡Ah! Y no nos olvidemos de lo mejor: cuando era de izquierdas hace tres meses, Obama prometió que Estados Unidos saldría de Irak «dieciséis meses después de su llegada a la presidencia». Ahora que es moderado, dice que sólo se irán cuando «Irak esté estabilizado y haya seguridad en todo el país».

En sólo tres meses, el candidato Barack Obama ha experimentado un cambio copernicano. ¿A qué se debe semejante mutación? Pues una de dos: o bien ha recibido la visita iluminadora de algún arcángel que le ha hecho ver la luz... o su estrategia para alcanzar la Casa Blanca pasa por moderar sus posiciones progresistas radicales. Yo, que no soy muy dado a creer en visitas celestiales, más bien me inclino a pensar que esa cínica y alarmante falta de principios corresponde a una estrategia claramente estudiada.

Por un lado, Obama sabe que para ganar las primarias, un candidato demócrata tiene que hacer ver que es muy de izquierdas porque en las primarias sólo votan los militantes más radicales. Para ganar las elecciones generales, sin embargo, el mismo candidato tiene que moverse hacia el centro porque los votos de la izquierda los tiene ya asegurados. Es decir, los votantes radicales que le auparon hacia la candidatura creyendo que se iría de Irak enseguida, nunca votarán a McCain por más que Obama los traicione y diga ahora que se quedará en Irak el tiempo que haga falta; conclusión: a traicionarlos. Al no poder perder votos por la izquierda, la estrategia óptima es ir lo más a la derecha posible para poder arañar los votos de los republicanos más moderados.

Por otro lado, fíjense que los «principios» del nuevo y moderado Obama se acercan mucho a los que defiende McCain. Eso no es una casualidad: Obama piensa que, si no hay diferencias ideológicas sustanciales entre los dos candidatos, los ciudadanos acabarán valorando factores personales superficiales como la simpatía, la estética o el carisma. Y claro, todo el mundo sabe que, teniendo lo mejor de Tiger Woods, Denzel Washington, Michael Jordan y Martin Luther King, en los aspectos superficiales, Obama es el más atractivo.

*La Vanguardia*, 13 de septiembre de 2008

# Venezuela está sola

Aeropuerto de Caracas, Venezuela, 11 de junio de 2009. Delante de mí camina una mujer blanca, de unos cincuenta años y de apariencia potentada. Se dirige a la clase business de Lufthansa. Al verla, un policía le exige el pasaporte. La mujer, que no había hecho o dicho nada, le dice que se espere un momento porque sus manos están ocupadas con maletas. El policía, contrariado ante la falta de sumisión, la detiene. La señora no aparece en el vuelo de Frankfurt. Un ejemplo más de la arbitrariedad con la que las autoridades bolivarianas de Venezuela abusan del poder que les da el ex teniente coronel Hugo Chávez.

Después de un intento fallido de golpe de Estado en febrero de 1992, Chávez ganó unas elecciones democráticas en diciembre de 1998. Desde entonces ha intentado imponer lo que llama «revolución bolivariana», una revolución que, creo, se ha basado en cuatro ejes fundamentales. El primer eje es político: desde 1999, Chávez ha ido sometiendo a los partidos políticos de la oposición a una campaña de hostigamiento, persecución y asfixia económica y mediática. El proceso culminó en las elecciones municipales de noviembre de 2008, cuando los opositores Antonio Ledezma y Manuel Rosales ganaron las alcaldías de Caracas y Maracaibo, respectivamente. Lejos de aceptar los resultados democráticos, Chávez reescribió las leyes y creó un ente por encima de la alcaldía de Caracas, desposeyendo al alcalde de todo poder efectivo hasta el punto de que Antonio Ledezma no puede ejercer su cargo. El alcalde electo de Maracaibo, segunda ciudad más poblada de Venezuela, corrió peor suerte si cabe: ante las acusaciones de corrupción y la falta de garantías que le ofrecía un sistema judicial entregado al régimen, Manuel Rosales optó por exiliarse en Perú.

El segundo eje, el mediático-informativo, consiste en ir estrechando el nudo a la libertad de expresión. Ante las constantes amenazas de los «círculos bolivarianos de la verdad», la mayoría de los medios de comunicación han ido claudicando uno tras otro. En 2007, las únicas voces críticas eran Radio Caracas Televisión y Globovisión. El 27 de mayo de 2007 se produjo uno de los mayores atentados a la libertad de expresión que ha vivido América Latina en los últimos treinta años: Radio Caracas fue cerrada por expreso mandato presidencial y ante la pasividad de los tribunales de justicia y la opinión pública internacional. Y la semana pasada tuve la oportunidad de comprobar que Globovisión está a punto de seguir el mismo camino: la única cadena televisiva independiente que todavía se atreve a exponer a la luz pública los abusos del régimen se enfrenta a una desproporcionada multa de 2,5 millones de dólares cuyo impago la va a obligar a cerrar. El presidente del canal y magnate de la automoción, Guillermo Zuloaga, ha sido acusado de irregularidades en el almacenamiento de vehículos y «violación de las leyes medioambientales» por (por favor, no se rían) poseer animales disecados en su mansión particular.

El tercer eje, el económico, es eso que Chávez llama el «socialismo del siglo XXI» y que, al parecer, consiste en ahogar la economía a través de la persecución empresarial: los propietarios de negocios son sistemáticamente amenazados y vilipendiados por unas autoridades que no dudan en expropiar las fábricas de quien no se somete. Decenas de entidades reguladoras impiden que las empresas operen y compitan en un entorno internacional. La arbitrariedad y el abuso de poder que demostró el policía del aeropuerto no hacen más que fomentar la corrupción rampante de un sector público ineficiente y voraz. Los industriales se levantan cada día con la espada de Damocles de la nacionalización, sabiendo que el sistema judicial no los va a proteger de los abusos del tirano. En 1999 había 14.000 empresas en Venezuela. Hoy sólo quedan 8.000. Venezuela ha caído hasta las últimas posiciones del mundo en los rankings internacionales de competitividad, calidad institucional, infraestructuras, libertades, eficiencia empresarial, sanidad y educación. Los alimentos escasean. Los índices de pobreza se disparan. Los jóvenes más preparados han huido o están huyendo del país en busca de libertad, ilusión y las oportunidades que la revolución bolivariana les niega. El socialismo del siglo XXI está conllevando el mismo fiasco económico, la misma miseria, la misma falta de libertad, la misma corrupción rampante y la misma pobreza que el socialismo del siglo XX. La ideología colectivista que no funcionó en Europa del Este, en China, en la Unión Soviética, en Corea del Norte o Cuba no va a funcionar en Venezuela o el resto de Latinoamérica por más que Chávez utilice la factura del petróleo para camuflar sus catastróficas consecuencias.

Y claro, ante ese evidente fracaso, el descontento de la ciudadanía es cada vez mayor. Sin embargo, con el sistema político secuestrado, la libertad informativa exterminada y el poder económico sometido, esa insatisfacción popular no sale a la luz pública. Sólo queda la presión internacional, y eso es lo que mantiene vivo a Chávez, porque Estados Unidos está demasiado preocupado buscando terroristas en Oriente Medio y los europeos seguimos enamorados de cualquier payaso que tenga un discurso antiamericano. Y ése es el cuarto eje de la revolución bolivariana: una política exterior con marcado discurso antiamericano. Es la manera de comprar la opinión pública de la IPPE (Internacional Papanatas Progresista Europea, Barbeta *dixit*). Venezuela está mal. Y lo que es peor: Venezuela está sola.

*La Vanguardia*, 17 de junio de 2009

# Agradecimientos

Doy las gracias a Nuria Tey por haberme perseguido durante años para hacer este libro. Agradezco las múltiples conversaciones con Laura Fábregas i Beltran, conversaciones que han dado forma a numerosos pensamientos expuestos a lo largo del libro. También doy las gracias a Montse Vila i Ametller, por su excelente labor de traducción y por sus comentarios sobre los textos y a Isabella Antonelli, por su arte. Finalmente, agradecer como siempre a Maria Martín i Pujol, sin quien yo no existiría por lo que nada de esto sería posible.

ESTE LIBRO HA SIDO IMPRESO
EN LOS TALLERES DE
NOVAGRAFIK
MONTCADA I REIXAC